U0462228

屈子书院

讲坛·第1辑

朱汉民 王琦 主编

家国情怀与文明传承

湖南大学出版社·长沙

内 容 简 介

文化是一个国家与民族的"根"与"魂",文化兴则国运兴,文化强则国家强。在中华民族复兴的今天,如何继承与发扬中华优秀传统文化,使之与中国的现代化建设和文明发展相适应,是一个重要的时代课题。本书汇集了湖南大学、北京大学、清华大学、浙江大学、中国社会科学院等高校与研究机构的知名学者在屈子书院讲坛演讲的内容,呈现了朱汉民、景海峰、刘海峰、颜炳罡、彭林、程方平、李相海、董平、王中江、吴光、李宗桂、李存山、杜保瑞等教授对乡贤典范、礼乐文明、家风家训、科举制度、知行合一、成己成人、中国文化精神等问题的独特见解,反映了当代学者的家国情怀与文明传承的使命和担当,体现了他们立足传统、面向现代的理性思索与人生智慧。

图书在版编目(CIP)数据

屈子书院讲坛.第1辑,家国情怀与文明传承 / 朱汉民,王琦主编. — 长沙:湖南大学出版社,2021.6

ISBN 978-7-5667-2172-3

Ⅰ.①屈… Ⅱ.①朱… ②王… Ⅲ.①社会科学-文集 Ⅳ.①C53

中国版本图书馆CIP数据核字(2021)第070986号

屈子书院讲坛·第1辑

家国情怀与文明传承
QUZI SHUYUAN JIANGTAN · DI-YI JI
JIAGUO QINGHUAI YU WENMING CHUANCHENG

主　　编:朱汉民　王　琦
责任编辑:王桂贞
特约编辑:王增明
印　　装:湖南雅嘉彩色印刷有限公司

开　　本:710 mm × 1 000 mm　1/16	印　张:16	字　数:260千
版　　次:2021年6月第1版	印　次:2021年6月第1次印刷	

书　　号:ISBN 978-7-5667-2172-3
定　　价:68.00元

出 版 人:李文邦
出版发行:湖南大学出版社

社　　址:湖南·长沙·岳麓山　　　　　　邮　编:410082
电　　话:0731-88821691(营销部)　88820008(编辑部)　88821006(出版部)
传　　真:0731-88822264(总编室)
网　　址:http://www.hnupress.com

版权所有,盗版必究
图书凡有印装差错,请与营销部联系

文化、叙事与书院创新

"叙事"是历史、文化、时代精神以及个体选择相结合的载体。某种程度上，叙事是在解释或说明一个社会、一个时期的重要公共信念，而信念一旦形成，将潜移默化或者直接影响每个人的行为选择。《人类简史》的作者尤瓦尔·赫拉利认为，现代人的祖先之所以能够将脑容量更大的尼安德特人淘汰出局，从地球上所有的生灵中脱颖而出，成为莎士比亚笔下所说的"宇宙的精华，万物的灵长"，依靠的就是会讲故事这一本领。会讲故事，也即具有叙事能力，意味着能用故事作为纽带维系人群，把分散的个体结合成愿意相互合作的共同体。赫拉利认为，人类所有大规模合作的系统，包括宗教、经济、贸易、法律制度、政治体制等，均产生于其叙事能力。人类社会的叙事能力在一定程度上，决定了一个社会的组织秩序与运行效率。

叙事能力的演变，伴随着人类合作机制的形成与文化知识的累积。最初的叙事是一种诉诸听觉的人际沟通，相对于视觉沟通的"点对点"形式——手势只能比画给少数人看，听觉沟通是一种更为公开的"点对面"传播，因为声音可以 "一视同仁"地传递到周围竖起的耳朵里。不难想象，早期人类社会中诸多信息的发布，包括号令下达、舆论引导、故事讲述、技艺传授等，就是在这样沟通的基础上形成的。听觉沟通虽有被人意外听见的危险，但说话人可以通过"低声私语"控制传播范围，这种压低嗓门的方式作为一种后设符号（metasignal）也在传递信息：听到的人在接受信息的同时也获悉自己被纳入一个相对较小的群体，而听不到或听不清楚的人则明白自己被排除在这个范围之外。叙事的组织功能，并没有随着人类社会叙事技术的进步而弱化，而是以不同的方式表现出来。因此，即便进入印刷时代，用笔"讲"故事的人也是在对想象中的某个群体发声，将自己的思想、观点传递给特定的受众。司马迁在其《报任安书》中所说的"藏之名山，传之其人"，即表达了这样的意涵。人类知识的累积方式与信息的传播技术，直接影响着人类的叙事能力，从而进一步影响了人类社会的组织方式。

在当下高度联通的世界中，通过口述、新闻媒体、数字技术和社交网络传播的流行叙事，已经深深影响了人们的决策，乃至整个经济和社会的走向。数字经济时代的叙事模式，构成了所谓的数字叙事。数字叙事包括通过数字工具生成的故事（涉及各种形式的网络参与或交互的信息），数字平台发布的新闻，以及数字平台消费形成的信息流、数字流等。数字叙事可以包括几乎所有的电视节目、电影或音频，也涵盖了通过互联网计算机外其他媒介都无法呈现的信息。具体来说，数字叙事包括了三种模式。第一种是多媒体（multimedia）叙事。在同一个平台中集合了一组相关内容，这些内容会同时利用文本、视频、音频、交互式媒体或静态图像来产生某种集成体验。第二种是跨媒体（transmedia）叙事。讲故事的人使用数字平台以及一系列其他渠道传播故事，每一种媒体都为故事世界的整体体验增添了一些重要的元素，读者则通过积极地追踪和重组这些分散的内容以获得完整的体验和意义。第三种则是交叉媒体（crossmedia）叙事。有些故事本来是为某种特定形式的媒体制作的，人们可以通过访问数字平台，浏览或下载自己感兴趣的内容。因此，如何利用新一代信息技术传播中华传统文化，运用数字叙事讲好中国故事，传递文化基因，成为数字经济时代的重大课题。

新一代信息技术不但改变了人们的叙事方式，也将改变人们学习与互动交流的方式，并进一步改变文化传承的载体。书院作为传统文化的象征性符号，在传统文化叙事中，具有独特的信息传递功能。随着现代教育体系与公共文化体系的完善，传统书院的教学、藏书和祭祀等功能，由于社会结构性的变化，其价值已渐趋式微。但是书院作为一种叙事方式，在新一代信息技术发展的情况下，有可能重新焕发出勃勃生机。书院的讲学活动，可凭借信息技术的发展与网络直播等数字媒体技术，突破时间与空间的限制，让不同地域、不同特点的学生，自由选择不同学派、不同观点的学者，进行中华优秀传统文化的学习与熏陶，从而大大降低听讲成本，为传统文化低成本、快速、广泛传播提供了有效的载体与通道。

屈子书院讲坛是在数字经济时代，利用信息技术重塑书院叙事的实践者，通过互联网时代的数字叙事，为传统书院的现代表达提供了一个新范式。通过线上线下相结合的方式，将国内外不同文化领域内专家的思想观点予以传播，从而实现了其文化公益的目的。自开讲以来，讲坛影响日益扩大，线下听众范围从汨罗拓展到岳阳云溪、平江以及长沙等地，线上听众则每场高达40万以上。随着新一代信息技术的发展，VR（VR为Virtual Reality的简写）全景视频在直播、视频中的运用，将极大地拓展书院讲学的功能边界。VR技术通过遮挡用户的视线，将其感官带入独立且全新的虚拟空间，为用户提供沉浸式、代入感更强的体验，这将为书院恢复传统的学术研讨提供技术支持，其未来发展前景不可限量。

屈子书院讲坛成立的初衷，是以面向社会大众传播中华优秀传统文化为己任。其主要宗旨是秉承屈原的求索精神与爱国精神，深入挖掘屈子文化与湖湘地域文化资源，整合国内外传统文化研究与现代传播的资源，拉近学术与大众、传统与现代的距离，打造立足湖南、影响全国、辐射海外的高端文化品牌，彰显新时代的文化自觉与文化自信。自2019年4月开讲到2020年10月，屈子书院共邀请了国内外十多位在中国传统文化研究领域做出重大贡献的专家，来书院担任主讲嘉宾，并由凤凰网湖南"风直播"面向海内外同步直播。12场讲座，共计为线下、线上600多万名听众从不同视角展现了中国传统文化，从而提升了参与者对中国传统文化的认识与理解。在这个传统文化传播泥沙俱下的时代，如何将优秀的传统文化内容与参与者分享，并提升参与者的文化素质，是书院应该承担的历史责任。为此，屈子书院将每一次主讲嘉宾的主要观点通过200多家新闻媒体进行广泛报道，尽最大努力来传播优秀传统文化。同时，"屈子书院"公众号通过撰写新闻报道、创造短视频、设立直播回看、汇编书籍出版等形式，全方位、多渠道、多矩阵拓展讲坛的传播深度与力度，满足不同层次参与者的需求。由此可见，屈子书院已经走出了传统书院的藩篱，成为互联网时代传统文化数字叙事的典范，为中华传统文化的新媒体传播探索了一条有效的途径。

从屈子书院讲坛的实践来看，对传统文化的现代传播至少有两个成功的经验：一是传统文化与现代新媒体有机结合，形成了互联网时代书院数字叙事的新模式；二是传统文化与旅游的有机结合与赋能，提升了当地的知名度与社会影响力。书院数字叙事对传统文化传播的当下意义主要表现为三大功能：（1）唤醒功能，即唤醒大众逐渐模糊甚至陌生的中国传统文化记忆，特别是唤醒青年用户群体对传统文化的认知，将它们逐渐带回互联网用户的日常生活实践中；（2）激活功能，即激活传统文化原有的生命力，通过展示、围观、讨论和分享，令远离现代生活的传统文化重新焕发出新的活力；（3）复现功能，即通过对传统文化的研究、记录以及历史场景复现等形式，为再现和诠释中国传统文化提供新途径。可见，新一代信息技术作为数字经济时代的新兴传播方式和话语叙事形态，既为传承与发扬中华优秀文化提供了有效方式，又促进了中华优秀传统文化的创造性转化与创新性发展，使得传统文化以一种新方式植根在中国人内心，"活"在当下，潜移默化地影响着中国人的思想与行为。

此外，书院的数字叙事在高频率传播传统文化的同时，也将文化事件发生的空间信息一同扩散，对该区域的文化符号、场景要素等进行宣传，从而提高该区域的知名度，成为吸引游客的有效方式，进而促进文旅融合。其实，通过文化活动，打造文化IP，提高地方知名度，是有迹可循的。书院讲坛大咖莅临，其新观点、新思想、新方法的传递与交流，开拓了当地的参与者的眼界，提供了新的发展思路与方式，提高了信息流动的频率。当某个地方成为信息源泉，就意味着该区域将会成为数字经济时代的注意中心，成为打卡目标地。讲坛的信息溢出效应，为文旅融合的信息共享机制提供了微观基础。由此可见，书院讲坛赋能当地经济社会文化建设，在数字经济时代有其内在的逻辑。屈子书院在数字经济时代所创新的叙事模式，吻合了这个时代传统文化传播的特点，从而激活了传统书院的功能，并为文旅融合提供了一个新的契机。

中华优秀传统文化是中华民族的精神命脉与价值源泉。在中华民族振兴与文化复兴的伟大实践中，我们不仅要深入挖掘其内在基因，探寻中华民族文化自信的根源与依据，而且要深刻理解中国传统文化的"常道"与"新命"，把握数字经济时代文化传播的特点，为中华优秀传统文化的创造性转换与创新性发展提供技术支持与发展平台。希望未来屈子书院能够坚守初衷，守正创新，开拓进取，为传播与弘扬中华优秀传统文化贡献自己的力量！

是为序。

刘祚祥

2021 年 3 月于长沙

屈子书院：爱国忧民　修远求索

王　琦　朱汉民

　　湖南汨罗屈子书院是为了纪念屈原与弘扬其爱国主义精神而建立的祭祀、讲学与培养人才的场所，创建于北宋大中祥符年间（1008—1016），又名汨罗书院、清烈书院、屈原书院等。屈子书院几经兴废，其办学与搬迁始终与屈子祠相伴相随。

千年书院　弦歌不绝

　　公元前278年，秦将白起率兵攻破楚国郢都，屈原满怀忧愤，于五月初五投汨罗江以身殉国。汨罗先民们感佩屈原爱国忧民之精神，为其立祠，"汉末犹存"。《湖广通志》云："汨罗庙在汨罗江上，祀楚屈原。《水经注》：'罗渊北有屈原庙，庙前有碑。又有汉太守程坚碑记在原庙。'"可见屈子祠至少在汉代就已修建。因屈原曾任三闾大夫等职，并曾被封为昭灵侯、忠洁侯，故屈子祠又有屈原庙、汨罗庙、昭灵侯庙、忠洁侯庙、三闾庙、三闾大夫祠、屈原祠等不同名称，中间虽经战乱屡次被毁，但在唐、宋、元、明、清等诸代多次重修，历代香火不断。

　　北宋大中祥符年间，在汨罗庙东始建汨罗书院，承担起培养人才、教化乡民、纪念先贤等任务。元仁宗延祐五年（1318），屈原被封为"忠节清烈公"，屈子祠与书院也相应分别更名为"忠节清烈公庙"与"清烈书院"。《湘阴县图志》曰："《通志》载元至元间茶陵张希辙充湘阴清烈书院山长，元封屈原清烈公，书院亦以为名。"茶陵举人张希辙是书院历史上第一位有姓名可考的山长。又据元致和元年（1328）湘阴知县刘行荣《重建忠洁清烈公庙记》载："古唐孙侯天才元质来继守，庙东仍创斋居，出其赢余贸田三十六亩，州士彭翼飞又输私田五百益之。"可见书院仍建在庙东。

明代屈子祠复名汨罗庙，书院亦随之更名为汨罗书院。清乾隆十九年（1754），书院随同屈子祠搬迁到汨罗玉笥山。清咸丰甲寅年（1854），书院曾毁于兵燹。同治年间（1862—1874），当地富绅欧阳博吾见"玉笥山有书院遗址，群谋拓其祠之地以为兴学计"（《湘北欧阳氏族谱·博吾公寿序》），捐钱千贯修复屈子祠山门，并在祠东新建了教室和庖厨，书院同时被恢复。1926年，欧阳博吾后人欧阳淑回乡，利用屈子祠和书院旧舍，创办了私立汨罗初级中学，并从祠产中拨谷 700 石，于祠西新建教室和办公用房。新中国成立后，在屈子祠内创办了湘阴县第二十三完全小学，后改名为屈子祠完全小学。"文化大革命"中，屈子祠东西两侧的汨罗书院、汨罗初级中学等建筑被拆，千年书院至此被损毁。

屈子精神　与日争光

汨罗是屈原晚年行吟栖息之地、魂归之处。屈原"哀民生之多艰"的爱国忧民的高尚情操、"虽九死其犹未悔"的追求美政的崇高理想、"路漫漫其修远兮，吾将上下而求索"的进取精神，感动着一代又一代汨罗人。先民们在屈原投江之日"命舟楫以拯之"，"以竹筒子贮米，投水以祭之"的风俗，逐渐演变为中华民族端午吃粽子、插艾叶、龙舟竞渡等社会习俗，端午节也成为中国首个入选世界非物质文化遗产的节日。汨罗屈子祠及屈子书院的建设为人们祭祀屈原、传承屈子精神树立了一座独特的历史文化地标。这里走出了明代治世能臣、户部尚书兼太子少傅夏原吉，明宣德年间（1426—1435）为守城全家十八口同日捐躯的琼山知府易先，清雍正五年（1727）进士孟启谟。这里也是清代名臣郭嵩焘，新中国开国元勋任弼时，文艺名家杨沫、白杨、康濯的故乡。

同时，屈子祠与屈子书院所承载、传承的屈子精神，不仅是汨罗人民的宝贵财富，更是湖湘文化的源头与中华民族精神的源泉。从古至今，贾谊、司马迁、颜延之、杜甫、韩愈、柳宗元、刘禹锡、贯休、文天祥、郭嵩焘、左宗棠、郭沫若、毛泽东等凭吊缅怀屈原，他们或忆古思今感时伤怀，或寄寓经世济民之情，留下了大量的吊屈原赋、祭屈原文等作品，激励着一代代中华儿女，在国家生死存亡之际，敢于舍生取义、杀身成仁。湖南在中国近现代史上，仁人志士辈出，便是屈原爱国主义精神长期感召与浸润的结果，体现了屈子精神对湖湘人格建构与湖湘文化发展所产生的重大影响。

书院重建 生机焕发

在中华民族复兴与文化大发展大繁荣的背景下，2009 年 12 月，中共中央政治局原常委李长春等同志亲临汨罗屈子祠视察，提议重建屈子书院，并亲笔题写"屈子书院"牌匾。重建后的屈子书院位于湖南省汨罗市玉笥山北麓，其建筑将《楚辞》意境意象与楚地特色的纹饰、色调、图腾等元素有机结合，采用湖湘传统院落东、中、西三路式布局，由牌坊、求索堂、沅湘堂、藏骚阁、清烈堂、众芳阁等 19 个单体建筑组成，整体风格古雅、简拙、恬淡、舒展。书院占地15000 平方米，建筑面积 4539.2 平方米，是中国目前体量最大的穿斗式偶数开间的全木结构仿古建筑，与屈子祠、汨罗江、玉笥山等自然人文景观融合，成为屈子文化园的有机整体。

屈子书院现已逐渐恢复其三大功能。一是讲学功能。以"屈子书院讲坛"为载体，秉承屈原的求索精神与爱国精神，倾力打造以传播中华优秀传统文化为己任的公益性学术讲坛，深入挖掘屈子文化与湖湘地域文化资源，整合国内外传统文化研究与传播的优秀力量，拉近学术与大众、传统与现代的距离，彰显新时代文化自觉与文化自信。屈子书院自 2019 年 4 月在沅湘堂正式启动每月一讲的"屈子书院讲坛"以来，已邀请了来自北京大学、清华大学、中国社会科学院等高等学府与研究机构的知名学者前来讲学，共计为线下线上 600 多万名听众带来了思想的盛宴。每期讲坛新闻不仅在新湖南、凤凰网等主流媒体进行报道，而且逐渐深入到 200 多家市、县级媒体。二是展示功能。在屈子书院的西厢阅风厅、质正堂、椒兰堂等处，集中展示了屈原《离骚》《天问》《九章》《九歌》等 25 篇作品；书院东厢的众芳阁、清烈堂等建筑以现代多媒体技术展示播放屈原浪漫千古的短片，全国屈原庙（祠）时空分布以及汨罗端午文化、民情民俗。三是藏书功能。以藏骚阁为载体，收集国内外屈学研究、楚辞研究等各类文献资料与研究专著，为全国屈学研究与诗词交流提供学术资料。

重建后的屈子书院以崭新的面貌、包容的姿态积极参与文化传播与学术交流活动。屈子书院已经与中国屈原学会、中国诗词学会、中国书院学会、中南大学、长沙理工大学等单位建立了长期合作关系；设立了中国屈原学会汨罗屈原文化研究院，为深入研究屈原文化、弘扬屈原爱国主义精神打造学术高地；加入中国书院学会，成为其理事单位，将学术灵魂注入古老而年轻的书院。

屈子书院，这座承载着屈原爱国主义精神的文化地标，在 21 世纪的今天，秉承"守正创新"的理念，正焕发出勃勃生机。

（本文于 2020 年 10 月 16 日发表于《学习时报》，并于 2020 年 10 月 28 日被"学习强国"转载）

目

次

乡贤典范与湖湘人格

第 1 讲

朱汉民，湖南汨罗屈子书院院长，湖南大学岳麓书院国学院院长、博士生导师，湖南大学学术委员会副主任，岳麓学者领军教授。任国际儒学联合会副理事长、中国书院学会会长、中华孔子学会副会长、湖南省文史馆馆员等。担任岳麓书院院长二十多年，推动了岳麓书院的现代复兴。担任国家重大学术文化工程《（新编）中国通史·中国思想史》主编，主持国家社科基金重大项目、重点项目，国家《清史》学术工程项目等十多项。出版《玄学与理学的学术思想理路研究》《儒学的多维视域》等著作二十余种。获评"国务院政府特殊津贴专家""湖南省首届优秀社会科学专家"，获"湖南省徐特立教育奖"。

直播二维码　　　直播在线参与人数：145.2 万

导言

　　湖湘文化源远流长，从屈原、王夫之到曾国藩、毛泽东等，湖湘大地涌现出一大批杰出的历史人物，塑造了独特的湖湘人格，推动了中国历史发展的进程。新文化运动领袖陈独秀写了《欢迎湖南人底精神》，肯定杨度"若道中华国果亡，除是湖南人尽死"，充分表达了"湖南人底精神"。这种独特的湖湘人格从何而来？湖湘人格的建构过程，与湖南人对乡贤的历史记忆、文化诠释关系密切。湖南人通过建立祠堂、创办书院、刊刻书籍等活动推动其对乡贤的历史记忆与文化诠释。屈原人格精神不断被后人追忆，其精神气质深刻影响了湖湘士人；曾国藩、郭嵩焘、谭嗣同等人在诠释王船山时，受到了其人格精神的影响；而曾国藩的人格精神又受到蔡锷、青年毛泽东等人的推崇，从而深刻影响并塑造了近代湖湘人格。

　　在中共湖南省委网络安全和信息化委员会办公室、湖南省文史研究馆、中共汨罗市委宣传部的指导下，由朱汉民教授策划，汨罗屈子书院、屈子文化园、凤凰网湖南频道联合打造的"屈子书院讲坛"系列活动于2019年4月28日下午拉开序幕。朱汉民教授以"先贤典范与湖湘人格"为题发表演讲，并与刘石林先生、李兵教授进行了会讲。讲座由凤凰网湖南频道全球同步直播，在线参与人数多达145.2万；长沙理工大学教授、湖南汨罗屈子书院执行院长王琦担任嘉宾主持。

今天我们非常荣幸地会聚在屈子文化园，共同庆祝屈子书院恢复讲学活动。屈子书院原名汨罗书院、屈原书院、清烈书院，始建于北宋大中祥符年间（1008—1016），至今已有一千多年的历史，中间虽几经兴废，但弦歌未绝。重建后的屈子书院，不应只是建筑的重筑，更应是其讲学、藏书等功能的恢复。屈原是湖湘文化的源头，对湖湘文化影响深远，所以今天我们一起来探讨一个和屈子书院直接相关的话题：乡贤典范与湖湘人格。

湖湘人格是地域性湖湘文化的重要表现。湖湘地区在中国近代史上涌现出了一大批杰出的人物，他们表现的精神气质成为一种重要的文化现象。湖湘人格的建构与湖南人对乡贤的崇敬密切相关。湖南人为乡贤建立祠堂，不断记忆和诠释乡贤，就是湖湘人格的建构活动。

我今天在这里想跟大家一起探讨的是：湖湘人格到底是怎么形成的？屈子祠作为一个祠堂，它和书院的传统到底有什么关系？这就是我今天演讲的主题——"乡贤典范与湖湘人格"。

一、乡贤：湖湘人精神的源泉

首先我讲讲湖湘人格的含义。"人格"最早是从西方翻译过来的，是"面具"的意思。用社会学家的话来说，人格就是我们在这个世界上扮演的不同角色。我们在单位可能是领导，回到家里可能是父亲，同时还可能是父母的孩子。人在不同的场合要扮演不同的角色，这个就是人格。除了"角色"这个含义，心理学家认为"人格"还包含一个独立的自我内在的东西，即心理学所说的性格、特征、气质、情感、习惯等。人格是由人类先天获得的遗传素质与后天环境相互作用而形成的。人格既有个体的性格、气质、习惯等心理特点和情感倾向，又有品德、理性、信仰以及相关的尊严、崇高等精神向往和灵魂追求。

我们今天讨论的人格主要是后者，既包括心理文化，又包括精神文化。人格在不同的民族、不同的个体中都有差别。湖湘人格是一个极具特色的重要历史现象。历史上许多学者发现了湖南人的一系列独特的精神气质。比如：杨毓麟认为湖南人有一种"特别独立之根性"[1]，陈独秀赞美"湖南人底精神"[2]。在他们的心目中，湖南人的性格有很多相似性特征，可看作是"家族相似性"。这些精神在王船山、黄兴、蔡锷等身上体现得非常鲜明。近代中国就需要这样一种精神，今天也必须弘扬这种精神。

湖湘人格的"家族相似性"从何而来？不同的地域有不同的文化，不同的文化塑造不同的人格。我们借助生物遗传的比喻，得出湖湘人格的基因是多元的结论：一方面继承了南方的苗蛮、楚蛮的悍直、刚勇、任气的民性；另一方面继承了中原的儒家文化、德性修养的士人传统。人格是心理素质和文化的结晶，这种结晶一定要把生理的、心理的文化和道德的、认知的、审美的文化结合起来，把精英文化和民俗文化结合起来。用人类学家的词来描述，人格就叫精神气质，它是生理的、遗传的和环境的互动，再加上后天大量的教育而形成的。

那么，这些不同文化的基因密码是如何组合起来的呢？那就是经典教育与典范教育的结合。经典教育对人格塑造起关键作用，能够引领我们做人、做事的方向。典范教育即榜样教育。在中国历史上，每个不同的地方都会出现一些表现特别突出的人，这些人成为那个地方的典范，这就是乡贤典范。湖南从宋朝开始大量地建祠堂，然后是建书院。祠堂和书院教育密切相关。祠堂为什么建在书院里面？我在岳麓书院工作，岳麓书院除了孔庙，还有其他一系列的祠堂。这些祠堂做什么用呢？一个非常重要的作用就是教育。祭祀表达一种尊重。乡贤祠，实际上是通过祭祀表达对乡贤的敬意。虽然屈子是两千年前的人物，周敦颐是一千年前的名儒，但是我们要不断地追忆他们。这种追忆实质上不仅要求我们记住过去的东西，而且要求我们在缅怀历史的同时面向现代。每个时代都要表彰一批乡

①杨毓麟：《杨毓麟集》，岳麓书社 2001 年版，第 35 页。
②陈独秀：《独秀文存》，安徽人民出版社 1987 年版，第 433 页。

贤，通过这样的追忆和诠释，乡贤的精神就会变成我们今天以及未来的精神。

曾国藩对乡贤是非常崇敬的，他自觉或不自觉地仿效他们，同时他自己也成了被仿效的对象。甚至到了近代，黄兴、蔡锷、青年毛泽东都把曾国藩作为仿效的对象，这就是乡贤的特殊作用。梁启超说："盖以中国之大，一地方有一地方之特点，其受之于遗传及环境者益深且远，而爱乡土之观念，实亦人群团结进展之一要素，利用其恭敬桑梓的心理，示之以乡邦先辈之人格及其学艺，其鼓舞浚发，往往视逖远者为更有力。"①

由于乡贤产生于共同的社会环境和文化环境中，其精神气质的同质化程度高于其他地域；同时，那些乡贤会通过其著作、书院、祠堂等路径对后人的人格建构发挥作用。湖南人喜欢勘刻地方乡贤的书给大家看，大家对乡贤的书也感到特别亲切。蔡锷在云南办军事学校，他编写的军事教材实际上用的就是乡贤曾国藩的治军方法。

我们今天在屈子祠，身后是汨罗江。当年屈原为什么投江？屈原是满怀对祖国的深情而投江的。陈天华在日本投海，以生命警醒国民；姚宏业在上海黄浦江投江殉志，表达"尽掷头颅不足瘁"；谭嗣同以"我自横刀向天笑"的悲壮，自愿为变法流血。虽然时隔千年，但他们都像屈原一样采取异常激烈的方式来表达自己对人生理想与价值的追求，这就是乡贤的典范力量。这种力量，在其他地域完全没有。可以说，典范意义的乡贤是湖湘人格的源泉；记忆、诠释乡贤精神，是湖湘文化密码的重要传承方式。

二、湘累屈原

屈原作为一位乡贤，对整个湖南后来的知识分子群体产生了重大的影响。他是最早的一位乡贤典范。虽然他不是湖南人，而是楚人，但后来许多无论是本土的还是贬官过来的人，都把他当成湖南人，说湖南是屈贾之乡。

屈原因投湘水支流，被称为"湘累"。《汉书·扬雄传》："钦吊楚之湘累。"注引李奇曰："诸不以罪死曰'累'。"他有"美政""美人"的理想，

---

① 梁启超：《中国近三百年学术史》，东方出版社2004年版，第338–339页。

坚持"正道直行，竭忠尽智"；但又有孤傲、执拗、刚强的本然血气。屈原的人格精神有双重渊源，如果说他追求完美的道德人格是受中原儒家文化影响的话，那么，他的执拗性格、孤傲气质又与南方楚蛮传统有关。他将道德理念与任性孤傲融为一体，其实是将中原儒家文化的道德理念、人格理想与楚蛮之族的刚烈气质、执拗个性的文化融合。王国维认为"屈原南人而学北方之学者也"①。

屈原的这种人格精神，构成了他的一个特色。从汉代开始，人们在理解、评价屈原的人格时，意见出现了重大的分歧。司马迁十分推崇屈原，但同时有很多学者（包括历史学家），他们在充分肯定屈原的爱国忠君等人格精神与价值理念的时候，对他那种任性孤傲的做法极为不满，如班固把屈原视为"狂士"。后代对屈原的批评主要有三种：其一，说他的"众人皆醉""举世皆浊"是"露才扬己"②，过于表现自己；其二，说他"显暴君过"，故而违背了做臣子的道德准则；其三，说他采用投江自尽的行为过于极端，与"既明且哲，以保其身"的准则相违背。

但是，两汉以来，流寓湖湘之地的士大夫、文人学者甚多，他们都经历了由显达到穷困的人生。他们流落到蛮荒、僻远的湖湘之地，受到湖湘风土人情、文化习俗的熏染，对屈原的狂放、刚烈、偏执的人格特质有更多同情性的理解与欣赏。他们在诠释屈原人格的时候，往往按照自己对屈原人格的理解重新做出了诠释，特别是做出了肯定的评价，其中最有代表性的就是贾谊的《吊屈原赋》。

贾谊的《吊屈原赋》诠释的屈原人格，既有道德理念的完美与坚守，又有个人的任性与孤傲。文中写道："鸾凤伏窜兮，鸱枭翱翔。阘茸尊显兮，谗谀得志；贤圣逆曳兮，方正倒植。""国其莫我知兮，独壹郁其谁语？"③贾谊非常欣赏屈原的偏执、执拗个性。

柳宗元作为唐以后中国思想文化转型的重要人物，曾经流寓湖南十年，现在湖南还有祭祀柳宗元的祠庙。柳宗元是代表湖湘文化崛起的一个重要人物。柳宗元到汨罗后写下了《吊屈原文》，他将自己与屈原联系起来，并称赞屈原："先生之不从世兮，惟道是就。支离抢攘兮，遭世孔疚。""穷与达固不渝兮，夫唯

①戴锡琦、钟兴永主编：《屈原学集成》，中央编译出版社2007年版，第614页。
②王逸：《楚辞章句》，《文津阁四库全书》，商务印书馆2006年版，第1066–1082页。
③贾谊：《贾谊集·吊屈原赋》，上海人民出版社1976年版，第209页。

服道以守义。"①贾谊、柳宗元等均是中原士大夫，但是他们寓居湖湘的生活经历，对他们独特的精神气质的形成产生了影响，屈原的忧国忧民、忠贞不贰、坚守道义的精神对他们的影响尤大。屈原成为湖湘贬官、迁客的隔代知己，其兼"狂士"与"忠义"的人格特质更是影响了一代代湖湘士人，导致湖湘人格形成"狂狷"型特质。从王船山开始，狂狷就成为近代湖湘人格的重要标识。

三、狂狷王船山

将"狂"与"狷"并举来说明两种气质类型始于孔子。"不得中行而与之，必也狂狷乎！狂者进取，狷者有所不为也。"②孔子概括了两种相对立的气质类型，它在表达人的气质类型、行为方式方面有很大的代表性。

王船山是一个狂狷者。他认为狂狷并不是偏离"中行"的文化人格，而是在实现"中行"过程中的实际状态，是君子在与"流俗"对立时的一种人生态度。王船山既有敢作敢为的狂者气象，又有退守自持的狷者态度。王船山的人格精神影响了后来的许多湖南人，他们往往敢作敢为、敢为人先。将狂者迹象和退让的狷者态度融为一体，这是一个非常独特的湖湘人格现象。

王船山具有狂狷人格。他少年时代就有积极奋斗、不屈不挠、敢想敢做的狂者气质。他写对联时口气非常大，把自己放到整个孔子以来的圣贤脉络里，自我期许非常高。但是他又有狷者的气质，肯定狷者"有所不为者"，反对明中叶以来阳明后学的"狂禅"，认为礼义并不是一种"羁络"，适当的约束是必要的。

王船山在他晚年所作的《楚辞通释》一书中，对屈原人格做了很多思考和诠释，他在"序列"中表示"希达屈子之情于意言相属之际"③，凸显了狂狷的意义。船山既具有强悍、刚烈、执着的楚蛮气质，又推崇屈原的忠义精神。他说："君子之进退生死，因时以决。若其要终自靖，则非一朝一夕之树立。唯极于死以为志，故可任性孤行，无所疑惧也。"④他认为屈子采取过激行动投江，是为了追求更大的理想目标，这时是可以任性孤行的，生死都不在话下。同时，王船

---

①柳宗元：《柳宗元全集·吊屈原文》，上海古籍出版社 1997 年版，第 160 页。

②朱熹：《四书章句集注·论语集注》卷七，中华书局 2008 年版，第 47 页。

③王夫之：《楚辞通释·序例》，《船山全书》第 14 册，岳麓书社 2011 年版，第 207 页。

④王夫之：《楚辞通释·离骚经》，《船山全书》第 14 册，岳麓书社 2011 年版，第 219–220 页。

山认定屈原的"怨"不是因己而生，而是忧国忧民。他解释《九章·涉江》说："所怨者，君昏国危。"①"此虽欲强自宽抑而有所不能，所怨者非一己之困穷也。"②王船山认为屈原埋怨的是君主昏庸导致国家灭亡。他的"怨"是为国为民，不是为了自己。王船山就是这样为屈原的人格辩护。

屈原的人格对王船山个人起着非常大的影响作用。王船山有感于天下兴亡，将狂狷人格提升为一种"经天纬地、建功立业"的豪杰精神，期望融豪杰精神与圣贤气象为一体。王船山提出："有豪杰而不圣贤者矣，未有圣贤而不豪杰者也。"③王船山提出在做圣贤、君子的同时还要做豪杰，这个对湖南人人格特质的形成起了很大的作用。从魏源，到曾国藩、左宗棠、郭嵩焘、谭嗣同、杨昌济、毛泽东等，王船山的思想得到了一代又一代的诠释。

四、豪杰曾国藩

曾国藩很早就注意到王船山具有合忠义道德与刚直血性的人格精神，他所诠释的王船山的人格精神，就是圣贤兼豪杰的湖湘人格。曾国藩作为湖湘人格的典范，就是在坚持内圣修身的基础上开拓豪杰事功。曾国藩有个很大的特点，那就是注意修身。他每天写日记反省自己，做人做到极致。同时他还建立了豪杰功业。曾国藩树立了湖南读书人的典范，激励着他们不读"死"书，而是要平治天下，成就一番大事业，成为圣贤与豪杰。

曾国藩对王船山"刚直之性"特别推崇，他眼中的"贤人"就具有这种楚蛮气质："天之生贤人也，大抵以刚直保其本真。其回枉柔靡者，尚滑其自然之性，而无以全其纯固之天。"他肯定王船山"秉刚直之性。寸衷之所执，万夫非之而不可动，三光晦、五岳震而不可夺"④。曾国藩所带领的湘军是有文化的。文化来自哪里？来自王船山的影响，来自湖湘人格精神传统。曾国藩用这种文化武装他的士兵，使湘军成为一支有文化的军队。曾国藩的圣贤兼豪杰气质，把

①王夫之：《楚辞通释·九章》，《船山全书》第 14 册，岳麓书社 2011 年版，第 307 页。

②王夫之：《楚辞通释·九章》，《船山全书》第 14 册，岳麓书社 2011 年版，第 309 页。

③王夫之：《俟解》，《船山全书》第 12 册，岳麓书社 2011 年版，第 479 页。

④《陈仲鸾同年之父母七十寿序》，《船山全书》第 16 册，岳麓书社 2011 年版，第 555 页。

王船山的狂狷都继承下来了。曾国藩奉行"好汉打脱牙和血吞"的格言,既是"有所不为"的狷者气质,更体现"咬牙立志"的狂者精神。在与太平天国的战役中,他屡败屡战,越战越勇,将积极进取与忍耐克制结合起来,曾国藩在待人处事时,表现出了谦谨淡泊的狷者气质;而在追求更大事业中,他充满了积极进取、自强自立的狂者精神。

1854年,曾国藩在湖南组建湘军,作《讨粤匪檄》,号召湖湘"血性男儿"加入湘军队伍,为保卫中华文化一战。所谓"血性",其实就是指人的血气与德性的渗透融合。这种德性与血气的融合,使得近代湖湘士人做出惊天动地的宏大事业。曾国藩说自己就是有"血性"的,他认为太平军将其所到之处的寺庙、孔庙及代表中国传统文化的东西都毁掉了,所以他号召汉人起来打仗。他说不是为了清廷打仗,而是为中华文化而战,表达了一种强烈的文化追求。曾国藩提出了"血诚""明强""拙诚"的概念。显然,"诚""明"是内圣的概念,而"诚""明"必须融合在豪杰的"血""拙"之中。曾国藩认为,圣贤人格应具有刚强、血性的气质。他说:"豪侠之质,可与入圣人之道者。"①他将圣贤明德和刚强血性联系在一起,说一个人如果没有豪杰气质是不可能做成圣人的。他实质上是把南蛮的气质即刚强、刚烈、执着、坚持,甚至有一些任气的特性融入儒家的诚、信、明、德理念,这就构成了曾国藩的人格精神特质,这种人格精神特质同样受屈原、王船山这些乡贤的影响。

五、乡贤诠释与人格建构

湖湘士绅通过刊刻乡贤遗著、创办书院、设置专祠等方式,唤起人们对乡贤的记忆。他们在强化乡民对乡贤的历史记忆的同时,也展开诠释。这种诠释不是一种历史兴趣,而是思考过去与面向未来。

同样是对屈原的理解,贾谊、柳宗元与班固的观点完全不一样。湖南本土学者王船山、曾国藩对屈原都有自己的诠释。王船山在《楚辞通释》中认为,屈原"忠爱之性,植根深固,超然于生死之外","既达生死之理,则益不昧其忠孝之心"。②他在诠释屈原的同时,也从事自我人格的建构。

①曾国藩:《诗文·劝学篇示直隶士子》,《曾国藩全集》第14册,岳麓书社1995年版,第442页。
②王夫之:《楚辞通释·离骚经》,《船山全书》第14册,岳麓书社2011年版,第241-242页。

　　王船山是屈原人格精神的诠释者，同时也是屈原人格的仿效者，其精神气质深受屈原的影响。同时，王船山的人格精神又得到曾国藩、郭嵩焘、谭嗣同、毛泽东的诠释，故而又影响、塑造了这些湖湘士人的精神人格。彭玉麟、王闿运编的《衡阳县志》，肯定了屈原、王船山人格之间的关联：他们均面临破国亡家的人生困境，有着十分类似的悲苦人生，但是，他们又都具有"仗节以自处"的人格精神。

　　蔡锷编写的军事学教材，就以乡贤曾国藩、胡林翼的治兵格言教育新军，他在第一章"将才"中，将"带兵之人""求将之道"等血性气质方面的要求选列其首。蔡锷以"良心血性"为军事教育的根本，这也是他本人的"现身说法"。蔡锷后来取得的军事胜利，同样归因于仿效曾国藩。蔡锷反对袁世凯称帝而举行起义，率几千兵马与几十万北洋军打仗，这种战斗确实是需要精神力量、人格力量支撑的。梁启超曾经谈到曾国藩、胡林翼对蔡锷人格的影响："松坡论曾、胡二公之事功，谓其为良心、血性二者所驱使，则松坡之事功，亦为此良心、血性所驱使而已。"[1]

　　曾国藩关于圣贤兼豪杰的人格理想源于王船山。王船山提出"未有圣贤而不豪杰者"，曾国藩对这句话非常欣赏，他希望自己既做豪杰也做圣贤，将内圣的修养与豪杰事业结合起来，成为一位合立德、立功、立言为一体的"完人"。湖南的读书人有一个特点，那就是喜欢读兵书。王船山作为一个纯粹的书生，可以带兵打仗，反对清军；魏源也具有尚武精神，曾国藩、郭嵩焘、谭嗣同、黄兴、蔡锷、毛泽东等都是书生出身，均成为军事将领而有自己的事功。

　　杨昌济十分推崇圣贤兼豪杰的人格理念与修行方法，并且在课堂内外传授给他的学生毛泽东等人。青年毛泽东的《讲堂录》里就记录了王船山的话："有豪杰而不圣贤者，未有圣贤而不豪杰者也。圣贤，德业俱全者；豪杰，歉于品德，而有大功大名者。"还说："有办事之人，有传教之人。……范曾办事而兼传教之人也。"[2]毛泽东也很欣赏曾国藩，他说曾国藩是经世者兼传教者。经世就是豪杰，传教就是圣贤，把圣贤人格和豪杰事业并举，这是青年毛泽东为自己树立的人格典范。今天，我们将屈子作为一个值得敬仰的人格典范，是希望更好地发挥这种人格典范对地方文化建设、对后人的人格培养的重要作用。

（王琦整理并经主讲嘉宾最终审定）

---

①曾业英编：《蔡锷集·曾胡治兵语录·梁序》，岳麓书社 2008 年版，第 341 页。

②《毛泽东早期文稿·讲堂录》，湖南人民出版社 2008 年版，第 531、533 页。

嘉宾会讲

会讲嘉宾：朱汉民　　湖南大学岳麓书院教授；湖南汨罗屈子书院院长

　　　　　　刘石林　　湖南汨罗屈原纪念馆原馆长；汨罗屈学研究专家

　　　　　　李　兵　　湖南大学岳麓书院教授；中国书院学会秘书长

主　持　人：王　琦　　长沙理工大学教授；湖南汨罗屈子书院执行院长

主持人：非常感谢朱汉民教授为我们呈现了一场精彩的演讲，带领我们跨越历史的千年，探寻湖南精神与湖湘人格建构的历史脉络，领略屈原、王船山、曾国藩等历史人物"未有圣贤不豪杰"的风采。让我们再次以热烈的掌声感谢朱汉民教授。同时，非常感谢莅临现场的各位领导、各位来宾、各位朋友们以及网上参与直播的 140 万名观众！感谢大家的衷心守候！接着我们将进入精彩的会讲环节。

会讲是中国的一种传统学术研讨方式，它是在同一个时间，由不同的学者就某个话题进行交流、切磋。让我们以热烈的掌声欢迎湖南汨罗屈原纪念馆原馆长刘石林先生，湖南大学岳麓书院朱汉民教授、李兵教授为我们拉开会讲的序幕。

主持人：三位老师好！刚才朱汉民教授以"乡贤典范与湖湘人格"为主题给我们带来了一场精彩的演讲，现在我想请三位老师谈谈你们心目中最喜爱的乡贤。发言秩序按照传统书院的规矩，年长者优先。我们首先掌声有请刘石林先生！

刘石林：感谢朱教授的精彩演讲！听君一席话胜读十年书，朱教授的演讲使我茅塞顿开。谢谢！我认为湖湘文化的根源是南蛮文化。虽然南蛮文化产生的时间比较早，但是直到屈原来到湖南以后，才出现真正有代表性的东西。屈原在汨罗生活了九年，和当地的百姓水乳交融，很受百姓的喜爱，所以屈原成了汨罗的第一位乡贤典范。关于其精神，刚才朱教授讲了，我就不重复了。下面我重点讲一下屈原这位乡贤典范对汨罗的影响。

第一是屈原对外地到汨罗来任职的官员的影响。唐代蒋防是传奇文学奠基人之一，现在的江苏宜兴人。他在赴江西袁州（今天的江西宜春市）刺史任时，特意绕道到汨罗，寻找屈原的遗迹，并写了一篇《汨罗庙碑》，碑文最后写道："屈碑立兮，谗人泣兮；屈碑摧兮，谗人掊兮。碑兮碑兮，汨水之限兮；天高地阔兮，孤魂魄兮！"意思是说屈原精神能够得到弘扬，国家政治就清明；如果不能够得到弘扬，一些奸邪小人就有市场，就会拉帮结派，危害国家和人民。屈原是耸立在汨罗江边的一座丰碑。明代余自怡到汨罗来当县令，第一件事就是到汨罗屈子祠来祭拜屈原。后世来汨罗上任的，一来就祭祀屈原，这些外地人到汨罗一般都是有政绩的。

第二是汨罗本地以屈原为乡贤典范所出现的人物，其中最有代表性的是明代的夏原吉。夏原吉是明初的户部尚书兼太子少傅，官居一品，他一生清廉，深受老百姓爱戴。还有清代的左宗棠，他在花甲之年带领湘军不远万里赴新疆平定阿古柏叛乱，维护了祖国的统一。

接着还要讲一下我们应该如何看待屈原投江的问题。我这几十年接触了形形色色的人，他们一讲到屈原之死就说屈原是投江自杀。我们怎么理解屈原投江？他不是自杀。这与战国时楚人的生死观有关。楚人认为人死了，只是变成另一种形式存在。屈原是要到另一个世界去实现他的理想，寻找他理想中的"美人"，实现他理想中的"美政"。希望大家正确地看待屈原投江问题，不要认为他是自杀。

主持人：感谢刘老先生。刘老先生对屈原有着深厚的感情。我刚来汨罗的时候，就听说刘老先生是汨罗江畔从事屈子学研究的"教授"，因时间的关系，刘老还有很多想法没有讲出来。讲座结束后，我们仍然可以向他请教。谢谢！今天朱汉民教授给我们讲了很多湖南的乡贤，我想请问朱教授：谁是您心目中最理想、最敬重的乡贤？掌声有请朱教授。

朱汉民：我今天讲的都是最理想的乡贤。说实话，湖湘人格理想均很高。比如王船山说"未有圣贤不豪杰"那种宏大的目标，我不敢效仿。湖南人的气质就是目标定得高，然后坚决地去追求。如果有人问我："您到汨罗来，崇拜的人是谁？"我崇拜的人是湘阴人周式，他是北宋人，是岳麓书院历史上第一任山长。周式的成就并不很高，所以今天很多人不知道他。但是他具有湖南人的特点，非常执着地追求理想。他喜欢当老师，喜欢在岳麓书院教书。朝廷曾经把他请到国子监做官，他居然谢绝了。他想回到湖南、回到岳麓山做一个书院的山长，老老实实地教书、做学问。当然，他的学问并不一定那么大，但是他执着于他所喜爱的事业。后来很多人问我为什么会在岳麓书院这个小院子里一待就是几十年，我回答说，皇帝要周式先生做官他都不愿意去，愿意待在岳麓山。我作为一个普通小人物，更愿意像他一样老老实实在岳麓山脚下做一个老师。实质上，我一直把周式作为我效仿的乡贤典范。我不敢效仿曾国藩、左宗棠，想效仿周式。这是非常好的问题。谢谢！

主持人：朱教授是一位学识渊博、温柔敦厚的谦谦君子。朱教授的讲话，让我明白了他为什么会取得如此大的成就。朱教授善于向不同的人学习，善于发现别人身上的闪光点，这一点也是我需要向他学习的。朱教授是我的博士生导师，我从朱教授身上学到了很多的东西。谢谢朱教授！现在有请李兵教授来谈谈他心目中的乡贤。

李　兵：谢谢！今天讲乡贤，讲豪杰，实际上在下着毛毛细雨的现场能够留下来听讲座的都是豪杰，都是典型的湖南人，至少"霸得蛮"这一点坚持下来了。如果说乡贤，今天坐在台上的两位无论是刘老先生还是朱老师，都是值得我学习的乡贤。朱老师在书院工作几十年，我是朱老师的学生。如果说跟书院的关系，我在大学毕业后到了浏阳围山书院。这个书院跟谭嗣同有关。谭嗣同有个老师叫涂启先，戊戌变法失败后，1898年，涂启先回到老家，建立了围山书院，后来改编成了一所中学。我在那所中学教了四年书。后来，我到朱老师门下读了研究生，然后读完博士，又回到了岳麓书院，此后就也没有离开过书院。

朱老师和刘老先生以及刚才讲到的那些乡贤都是值得我们后辈学习的。因为我一直认为湖南人讲豪杰，我的理解就是"蛮"，不是一般的"蛮"，"蛮"

字前面加一个"霸"，我们称为"南蛮子"。但不是所有的南蛮子前面都加了"霸"，只有湖南。湖南的"霸蛮"体现出豪杰，体现出倔强之气。比如说曾国藩在同治三年（1864）打败太平天国，他人在安徽安庆，给弟弟写了一封家书："孟子所谓至刚，孔子所谓贞固，皆从'倔强'二字做出。吾兄弟皆禀母德居多，其好处亦正在倔强。"（《曾国藩家书》）他在《湘乡昭忠祠记》里认为他们能够打败太平天国，是因为且诚且拙。诚是圣贤之气，拙是豪杰之气。

曾国藩又讲如果只有刚和强，就是倔强，京师人称为"瞎闹"。另外，湖南人还有什么呢？就是"明"。"明"就是"智"，"智"是有学问。所以"强"与"明"让湖南人有蛮劲的同时又有学问。刚才朱老师讲圣贤与豪杰，两者合起来，说明湖南人是干大事的。如果说谁是乡贤典范，两位都是值得我学习的乡贤。谢谢！

主持人：感谢三位嘉宾带给我们的精神盛宴！由于时间关系，本期讲坛至此圆满结束。感谢大家两个多小时的衷心守候。屈子书院讲坛作为屈子书院倾力打造的、以传播中华传统优秀文化为己任的公益性学术讲座，将于每月开讲一次，邀请名家大咖与您共同亲近国学，品味经典。"香草美人地，诗韵汨罗江。"我们下期再会，谢谢大家！

（王琦整理并经主讲嘉宾最终审定）

谈「心」

景海峰，1957 年生，宁夏贺兰人。早年毕业于北京大学哲学系，曾先后在香港中文大学、哈佛大学、台湾大学等校做访问研究。现任深圳大学国学院院长、哲学系教授，武汉大学、中山大学等校兼职教授、博士生导师；兼任中华孔子学会副会长、中国现代哲学研究会副会长、中国哲学史学会常务理事、国际儒学联合会理事暨学术委员会委员。主要从事儒学和中国哲学史研究，专著有《熊十力》《梁漱溟评传》《中国哲学的现代诠释》《新儒学与二十世纪中国思想》《诠释学与儒家思想》《经典诠释与当代中国哲学》等，另有编著十余种及学术论文一百余篇。

直播二维码　　　　直播在线参与人数：46.8 万

导言

　　在中国人的观念中，"心"不仅仅是生理学、医学上与个体生命紧密相连的重要器官，更具有一种道德的、认知的、本体的意义与内涵。在中国传统文化的源流中，不仅儒家讲"心"，而且佛、道也谈"心"。在阳明心学盛行的今天，我们该如何正本清源，来理解"心"与"心学"，探寻从孟子、管子、荀子到陆九渊、王阳明之间"心学"的诠释路径与多重意涵，揭秘"心"在中国文化与哲学思想中的重要价值与意义？

　　2019年6月30日，深圳大学国学院院长、中华孔子学会副会长、中国现代哲学研究会副会长、国际儒学联合会理事暨学术委员会委员景海峰教授莅临屈子书院讲坛，以"谈'心'"为主题发表演讲，与现场听众开展了精彩的互动。讲座由凤凰网湖南频道全球同步直播，在线参与人数多达46.8万；长沙理工大学教授、湖南汨罗屈子书院执行院长王琦担任嘉宾主持。

今天非常荣幸能够来到中国文化历史上的一个重要记忆点，也是中国人心目中一个神圣的地方——汨罗，在以屈子命名的书院来讲"谈'心'"这个话题。可以说，2000多年前，屈子之心跟当代中国人的心是一脉相通的，因为我们对于"心"的理解和体悟，已经延续了几千年，和我们的文明历史一样悠长。中国人对于"心"的思想之传承，可以说在中华文明发展的历史长河中从未间断过。

　　今天谈"心"的人非常多，尤其是在阳明学盛行之后。阳明学的核心就是心学，所以阳明学在当代中国的流行也可以说是心学的流行、心学的大热。由于"心"在中国文化中是一个非常复杂的概念，思想家们对"心"的阐发丰富多彩，可谓流派众多。所以，我们今天来谈"心"，来了解心学，就是要把阳明心学放在整个中国文化的大背景下，放在中华文明发展的脉络里面来审视，尤其是放在近代西学东渐之后，在中西文化的对比激荡之下，来了解中国文化中"心"的传统，探寻今天阳明心学流行的原因，以及心学在中国传统思想中发展的脉络和线索。

一、"心"及心学

　　我们今天的话题就围绕"心"这个问题来展开。我想谈四点，首先就是要对所谓的"心"或者今天说的心学的基本概念、基本含义做一些解释。刚才王教授也讲了，中国传统文化中所说的"心"显然不是讲心脏这个器官，"心"是一个思想的概念，是一个学术的理念。"心"在中国文字的发展和演变脉络里有一个非常复杂的过程。

"心"是一个象形字。清代《说文》大家王筠有一本《文字蒙求》，书中说："心，中象心形，外兼象心包络也。""心"就像一个桃子的形状，我们今天表达爱情时画一个"心"字，也是画成桃形的，是一个很直观的表达，所有的动物心脏都是这么一个形状。如果从象形的含义来讲，这是"心"最初的意思。但后来许慎的《说文解字》不是从象形来解的，他说："人心也，在身之中。"这就已经把"心"限定为人之专属，特指人的器官功能和心所具有的思维能力，这是专就人的机理来讲的，而不是泛指所有的脏器之心。这个"心"有所限定，是专指人之心，而这个人之心也不是生理意义上的了，是从思维的能力上把它定位成人所独有的东西。

这样来了解"心"字，可能还不够，所以我想还得从另外一个角度，从另外一个思路来讲。清代《说文》大家朱骏声在《说文通训定声》里描述心的形状，谓之"形如莲蕊"，心就像一个含苞欲放的花蕾，像莲花的花蕊。这是从生机、生发性的角度来理解"心"。最早的字书在讲到"心"的时候，也往往将"心"跟植物联系在一起，如《尔雅》解释木、《广雅》解释草，都涉及了心，还有《释名》说："心，纤也。所识纤微，无物不贯也。"都是指在一种微小的状态里，有一个生发的势头。如植物在抽芽、开始有花蕊的时候，表现出的一种生机。这个状态，显然是古人在观察中总结的，把这个现象和对心的理解联系在一起，可视为心的根本属性。清代有一个大学者阮元，他写了一篇《释心》的文章，把心的这层含义做了归纳。我们在观察植物的时候，会注意到植物生长的萌芽状态，春天来了，植物返青，枝条上开始有凸起的地方，但还没有发出来，在将发未发之际，你能感觉到这个东西会生长出来，它是一种生机，这种状态可能就是最早的心的本意。所以"心"的内涵和"成长""生发"的意思联系在一起，这个意象对于我们理解中国文化里面所讲的"心"非常重要，等于抓住了"心"这个字的根本意义，是心之思的一个原点。

正像唐君毅所说的，从中国文化的整体性而言，"心灵虽初是自然生命的心灵，而心灵则又自有其精神的生命；生以创造不息、自无出有为义，心以虚灵不昧、恒寂恒感为义。此乃一具普遍义究极义之生与心，而通于宇宙人生之全者；

非生物学中限于生物现象之生，亦非经验心理学中限于所经验之心理现象之心也。"①也就是说，在中国文化的根源处，心的基本指向是精神性的，而不拘泥在经验可感的世界，也不拘泥于物象的表面，而是很早就挣脱了自然的和生理的限定，具有一种生长、生发的意味，并且和生生的思想缠绕在一起。

上述是从最早的字源的意思来理解"心"这个概念。后来围绕这个概念所产生的义理解释和思想流派非常多，但是"心"的原点或者说原意，可以说构成了各家讲"心"的一个基本点。从学术形态来讲，可能儒、释、道各家，或者说历史上的很多大哲学家，他们讲心学的时候讲法都有不同，侧重点与归结也有差异，但是就根本处而言，大家都深刻地体悟到了"心"的原发状态，强调生生不息的萌芽意义及一种无限的生机、一种无限的可能性。

历史上对于"心"的认知和诠解，产生了各种各样的学说，这些关于"心"的理论，概而言之，都是心学。可能儒、释、道各家各派都有自己的一套，但这跟我们今天所要说的心学不是一回事。从历史的实践而言，狭义的心学是指儒家思想中的一种特定形态，是和儒学发展史联系在一起的，专指儒家的一个流派。尤其是到了南宋朱陆之辩发生之后，才有了所谓心学和理学的分际，心学就是专指与朱子理学不同路向的陆九渊一派。

但陆九渊的影响在当时不能和朱熹相比，一直到明代早期，朱子学都是主流；心学直到明代中期才产生了比较大的影响，尤其是阳明学的出现，把心学思潮推到了一个高峰，后来讲心学主要是讲这一阶段。如果从广义来讲，心学应该是中国文化里一个最主要的内容，它超越了学派性、时代性，可以说从古到今都在中国人的思想观念世界中。

心学今天很流行，大家都很熟悉，但心学概念的流行是比较晚的事情，而且对这个概念的使用，在历史上也有一些争论。明代晚期，心学已经成为儒学的主要思潮，但当时还有一些人说这个概念不是儒家的。譬如在万历年间，廷议要让阳明从祀孔子，把王阳明的牌位摆到孔庙里去。当时就有人提出了反对意见，唐伯元写了一篇《从祀疏》来抗辩，声称这个做法不妥。他的理由之一，就是认为心学不是儒家的学说，他说："夫六经无心学之说，孔门无心学之教，凡言心

---

① 唐君毅：《中国哲学原论》，台湾学生书局 1989 年版，第 13 页。

学者，皆后儒之误也。"①到了清朝初年，顾炎武在《日知录》里，还引证唐伯元的说法，并且做了进一步的申述。他是从"十六字心传"这个问题的考辨讲起的，引了《黄氏日钞》里面解《尚书》"人心惟危，道心惟微，惟精惟一，允执厥中"的话，来说明心传之语只是禅家玩弄光景的用词，并非"吾儒之学"。尽管这些意见和观点背后的因素和动机很复杂，也存在着学术流派的一些歧见，但心学概念在早期的出现，的确是和理学中的"十六字心传"话题以及禅学的"不立文字，单传心印"之说有着某种关联，可见这个问题是很复杂的。从阳明学兴起之后一直到清代初年，对心学到底是不是儒家的思想，还是有微词或有异见的。这些问题牵连到的思想史内容很多，三言两语难以说清楚。关于"心"的概念的来源、心学和儒家历史发展的线索以及和佛教的关系等，学界有非常多的研究。这些不同的线索，牵涉到怎么给心学做一个定位问题。

二、"心"的阐释路径

中国历史上到底是怎样理解、阐释"心"的？我们应该怎样来把握"心"？这里面的线索很多，历史的源头也非常久远，我们得从先秦说起，而不是从阳明或者从宋代说起，要从先秦来寻找思想的起源和线索。在中国哲学史或中国思想史里，一般讲"心"有一些不同的路向、不同的流派。在先秦时代，讲"心"影响最大的当属孟子。如果说心学在中国传统文化里有一个源远流长的思想脉络，那它的源头可能要从孟子讲起。因为后来阳明主要是发挥了孟子良知良能的思想，所以孟子是中国心学思想的鼻祖。

孟子在讲"心"的时候有一个特定的语境，他讨论的是人性的善恶问题。我们都知道孟子讲性善。他讲"性"的问题的时候，用了人禽之辨的方式。他说人与禽兽之别，就在于人有善端。这个善端相当于一个根芽或者说是一种潜质、一种可能，人禽的差别只有这么一点，孟子称之为"善端"，即所谓恻隐之心等东西。这个"端"是什么？"端"相当于一个萌芽。如果从形象来比喻，就像刚才所讲的植物将发未发的生长之际，那个起始处就叫作"端"，在《周易》里用的

---

① 唐伯元：《醉经楼集》，朱鸿林点校，中华书局 2014 年版，第 176 页。

是 "几" 这个概念，也是在强调宇宙发展、生化的原初有一个开端。孟子在讲人性善的时候，特别强调人与万物、人与禽兽之别就是因为有这个 "善端"。

"善端" 等于人之为人的根本。如果没有善端，等于就没有一个施以教化的着手处，没有道德建立的可能性，人的后天发展也就无从谈起了。所以孟子要给人的道德的特殊性和人在天地当中的精神的原初性找到这么一个基础，所以他就讲人有善端。这个善端是所有道德活动和道德行为的一个根由、一个出发点，所以这个思想属于人性论的范畴，是伦理学的基础，是人之为人的根本所在。所谓 "由是观之，无恻隐之心，非人也；无羞恶之心，非人也；无辞让之心，非人也；无是非之心，非人也。恻隐之心，仁之端也；羞恶之心，义之端也；辞让之心，礼之端也；是非之心，智之端也"（《孟子·公孙丑上》）。恻隐、羞恶、辞让、是非分别和仁、义、礼、智配合起来，所以由这四个善端就有了四心之说。从四端到四心，等于孟子给人的本质与根本性找到了一个支点，找到了一个出发点，找到了一种根本的理据。

孟子的 "心" 在这里就不是一个生理意义的心，而是把人的基本存在状态转移到了道德领域，给人的精神性本质找到了一个基础，有了一种人文主义的升华，他是从道德情感意义上来讲 "心"，而不是从自然生理的意义来讲的。当然，在孟子的思想里，也要处理物质存有的问题，人毕竟是血肉之躯，有身体、生理的一面。孟子用 "推及" 的逻辑方式，讲 "心" 有同好的道理，血气心知是心物通贯的。另外，气的物质性也被他转化成了道德性的 "浩然之气"，养气即是养心，是进行道德训练与培养。这样，"心" 的道德意义就确立起来了，确定了后来儒家心学思想的一个根本立足点，强调人的精神性。因为人有这种良知，就有了道德建立的基础，把人与万物的差别显现出来了，这是人的精神世界构筑的一个出发点。如果离开了这个东西，人和禽兽、人和万物就没有了区别，人就只是一个自然生理的存在，这样就沦为了动物。孟子对 "心" 的阐释，等于把人的良知、良能的道德意义凸显出来了，为建立人之所以为人的道德世界奠定了基础。

孟子就是从道德的意义上来讲 "心"。假如说后天这种良知良能没有很好地保持住，被物欲的东西给吞噬了，或者被遮蔽了，或者丧失了，人就沦为了禽兽。所以孟子强调，因为有这样一种危险存在，所以在后天就要不断地保持住心的根芽，同时还要想方设法地去扩充它，经过道德实践的努力，提升人的精神世界，和人的动物性或者原有的生理意义有一个本质的区别。如果人沦为了禽兽，就堕落为小人了；而人要成就君子人格，就要靠后天的努力去升华道德境界，靠善端之心的扩充使人的精神性得到提升。孟子的思想对儒家的人学思想产生了重要影响，为人的后天社会教化的可能性、必要性和必然性奠定了一个哲学基础。只有先确立原点后，挖掘人的潜能，再在这个基础上进行扩充与发扬，人的精神世界才能够得到成长。

孟子所讲的心是道德意义上的心，可以说奠定了中国古代心学中最为重要的一个思想，也为儒家的人文主义或后天的学以成人、立德树人奠定了基础。成就君子人格是儒家思想的核心，个体的生命境界如何得到提升，出发点和提升的路径在哪里，孟子对此做了一个深刻的说明。

先秦还有一派，他们从人的感官与世界万物交汇时的感知能力入手来讲"心"，其中最早的就是管子。《管子》"四篇"的"心"也是从身体的机理和官能入手的，所谓"心之在体，君之位也；九窍之有职，官之分也"（《管子·心术上》）。又说："凡心之刑，自充自盈，自生自成。其所以失之，必以忧乐喜怒欲利，能去忧乐喜怒欲利，心乃反济。"（《管子·内业》）然后又引申到感知问题，"心也者，智之舍也"，即智虑辨识之功是心所特有的能力。这是从感觉经验入手来解释人的精神活动现象是怎么发生的，探究心的根源性。管子的想法就是把心这个器官与心的感知能力联系起来，用中国古代"气"的思想来描述了这些活动发生的过程，提出了"精气"说。管子将那些很细微的、用感觉经验很难捕捉到的东西，也即人精神活动的精微之处而特有的一种"气"，称为"精气"。这种思想给战国晚期的荀子提供了一个源头，荀子是沿着《管子》对心的理解继续往前发展的。

荀子讲人的五官都是自然生命肉体所具有的，可分成两类：一类是心，谓之"天君"，另一类眼、耳、鼻、舌、身则是"天官"，两者各司其职，各管一个领域，各管一类对象。天君和天官之间，即心和五官有一个配合，每个器官各有所兼、各有所能，但心相当于一个总的统领，其他的官能和外部世界联系所接触到的线索、得到的材料，都要由心来统辖，进行统筹加工。按照今天心理学的说法，心就相当于意识，眼、耳、鼻、舌、身要靠意识来综统，意识活动可以把这些感觉材料统合起来。荀子认为"心"有一个综合整理、判断成智的能力，可以把感知到的和零碎的材料整合成一个整体性的东西，这样我们就有了知识与对外部世界的具体的判断，就可以对五官所能接触到的材料下一个定论、给予一个判断。所以，心的这样一种能力相当于是一个感知和认识活动的综统，是一个综合性的。它对外部世界的接触和材料摄取是主动的，即荀子所说的"心有征知"，就是可以去征讨、去征伐，主动地了解我们需要的东西。荀子在《解弊》篇里集中谈了这个问题，他说"虚一而静"，心是虚的，以待来者；心是专注的，是为"一"；心是宁静的，而非躁动的。通过天官和天君的配合，这些认识官能之间形成了一种默契，使得人具有了对外部世界认识、辨知的能力。

荀子基本上是从知识的角度，即从认识活动的过程来给心做描述和定位的，这和孟子从道德的角度来描述心形成了不同的路向。如果说孟子之"心"是一个道德心，那荀子的"心"就是一个认知心。这个认知心与我们今天心理学所描述的人的器官功能和认识能力，或者说意识活动比较相像。"心"具有一种综合的能力，这是古人对心的一个理解。在中国古代，"心"是一个思维的器官，是我们整个身体的中枢，这跟今天讲的大脑不一样。

上面这两条路向，一个比较接近于道德的，另一个接近于所谓知识的，但是它们都是儒家关于心的理解的重要组成部分。汉代以后，对心的定位和理解基本上是在这两个线索里面做一种选择或者有二者兼而有之。汉以后的思想家有的偏向孟子的理解，从孟子的路线往前推进；有的发挥了荀子的思想，从知识的角度来讲心。这两条线索构成了儒家心学的一个整体，跟我们今天从道德良知的意义上来讲心学是明显有区别的，道德良知的理解只是儒家心学的一个方面、一个路向。所以，现在讲的心学基本上是从宋以后逐渐形成的一个理解和定向。

宋代以后讲的"心"，当然跟先秦孟子讲的善端或者四心，以及荀子《解弊》篇里面讲的认知心又有不同，这个不同的最关键处就是把心做了一个本体论的升华。在先秦时代，对心的认识更多地是从生活实践、从经验方面来做一个理解和分析。到了宋明时代，心成为儒家思想学说体系里一个非常精密的、综合的系统，这就是所谓的本体论。在宋明理学中有心体或者性体这样的说法，这个本体的思想是把感觉经验的或者认知道德的现象与描述做了一个升华和归结，既有对人性的理解，也包括了对自然宇宙的一种阐释，还包括了对复杂的精神活动的描述，这些问题都融合在"心"的论述里面。

　　宋代的心学有了更深的哲学意义，当时陆九渊和朱熹论辩，不管是讲知识之"心"还是道德之"心"，他们实际上是从一个更大的范围和意义上来理解"心"，不再是从一个侧面或一个路径来讲"心"，而是把人对世界的整体理解与对世界的理论概括都包含在"心"的意识里面。但我们要强调，在广义的理学形态里，朱陆是有差异，但阳明学兴起之后，逐渐把这种差异性做了放大，甚至成了不可调和的两派，分别讲"性即理"和"心即理"。实际上，在宋明理学内部，心和性是有机融合的，只是学问路径和入手方法有所不同，但就整体上的心性世界或本体的构筑里，把传统的儒家对于心的理解的内容都包括在里面了。

　　后来为了强调心学和理学的差别，把线条弄得很分明，有意做一些切割，从而造成一种对立感，这是学术史叙述的结果。实际上，阳明学兴起之后，这种差异性才慢慢显现出来，并逐步得到强化。我们今天讲，到了宋代之后整个儒家就只有一派讲心，另一派则完全跟这个心学没有关系，这可能是一个误解。另外，从学术史来看，这两派也不是齐头并进的。朱陆之后，陆学的影响慢慢式微了，而朱子学始终是一家独盛。一直到明代之后，朱子的影响才遭到强有力的挑战。从陈白沙开始，讲了一些和当时流行的理学不同的想法，这些想法与朱子学明显有差异，这才开启了明代心学的一个潮流。从陈白沙到阳明，心学的思潮越来越强盛，逐渐成为明代儒学的一个主流。

　　但在当时阳明学也不是一派独大。阳明是浙江人，是所谓的"浙学"或"浙宗"，而陈白沙和弟子湛若水等则崛起于广东江门，构成了所谓的"粤学"或"粤宗"。当时在这两个地方，同时有心学的发展与兴盛，并与理学有所差别，所以黄宗羲在《明儒学案》中说湛若水与王阳明"分主教事"，说明浙江与岭南两地同时形成了一种声势和影响。所以，明代思想的新变化，是把心学的独特性、独立性提升到儒学一个前所未有的高度。而在这之前，还不能构成我们今天狭义理解的阳明心学，更不用说在儒家里面占据一个主流的位置了。这些在儒学史上是一个很复杂的过程。

　　我们探寻心学的问题，要站在儒学发展的历史脉络中清理出更广的线索，从这些线索当中再寻找它的发展理路，然后才能为明代以来的心学找到一个理论渊源。

三、"心"的多重意义

我们再回到当代，前面讲的无论是先秦儒家还是宋明儒家，都是中国历史上发生的思想与现象，都是过去中国人对精神世界描述的一种方式，用心或者心学的思想来对世界加以说明和概括。近一百多年来，当代中国人的思想实际上跟这些观念已经有了一个相当的距离，我们在日常生活中也很少用到这些词语了，更多使用的是从西方传来的一些概念，包括对人的精神活动的认识、理解、描述，这就跟中国传统的资源有了一个距离。这个距离就是传统和现代、历史记忆和当代生活之间的裂隙。所以第三个问题，我们把心的观念放在现代背景之下，来看中国古代以儒家为代表的心学思想怎样和现代的观念相融通、跟今天的思想有一个衔接。

为什么明代之后"心"成为整个中国文化的一个主体性观念，弘扬心学的意识构成了中国精神的一个内核，成为中国哲学的一个最高的本体论范畴，这是我们要思考的。因为今天的阳明热或者心学热，实际上是近代以来各种思潮激荡的结果，包括从明治维新之后日本的现代化过程中所受到的心学影响，以及他们对阳明学的接受和发扬。近现代以来，很多中国人，尤其是晚清时期的人，特别喜欢心学，一直到今天还有很多人讲心学，这实际上是在一个现代文化的背景之下，心学思想不断地被激活和发扬。

我们要理解这个问题，首先要看一下"心"的概念。在儒家的很多词语里面，有些概念都要附着在一个主语上，相当于一个属性或者是一个描述性的概念。像先秦时代，从孔孟到荀子有很多道德的词语，如仁义礼智信、礼义廉耻、忠孝节义、智仁勇三达德等，这些词语大部分都有一个定向，指向某一个方面或某一个特有的属性，有明显的限制和使用范围。也就是说，基本上是一个附属性的概念，或是对事物的特性做一个概括，做一种特定的表达。但是"心"这个概念不一样，因为"心"本身就有很强的主体性，它不从属于某一个东西，而是一个主语概念，从其象形、会意的字义一直延伸到哲学本体的意义，这个词语表现出一种无限的扩张性，有一种弥散化的效果，后来精神生活的方方面面都可能和它发生某种联系，都可能附着在"心"的意义上，所以它几乎成了一个无处不在的观念，凡是讲到精神活动的地方，好像都离不开"心"这个词。

在现代语汇里面，很多传统的词语都可以和西方的观念做一个比较。中国人在接受现代术语、现代观念的时候，自觉地有一个比较的意识，这和历史上的某些记忆有关。而"心"这个概念，在西方人的观念里面，有很多词语跟中国的"心"可以联系起来理解，我们在讲这些概念的时候，很自然地会想到是不是就是一个"心"的活动，或者就是"心"的意思。

第一个概念是 mind（理智）这个词。理智是西方近代哲学的一个元概念，非常重要，西方近代哲学系统就是建立在对这个概念的理解和阐发的基础之上。人是有理智的，而人的身体则属于自然，body 和 mind 就构成了人的身和心，这两个东西是观察、理解和解释人的所有活动的一个基础，是一个原点。在笛卡尔的思想里面，这两个东西是不融通的，身体是物质的，有所谓广延性和可分性。按照西方近代哲学对实体的了解，作为物的形态都具有广延性和可分性。而 mind 不一样，是不可分的、整体性的，不具有广延。这是两者根本的差别。西方近代哲学认为人都有理智，这是人所独具的一个东西。我们不能用感觉经验的方式或者解析物象的方法来把握这个理智，理智的活动有它非常独特的方式，和物的形态是不一样的。人之所以为人，就在于人有理智的能力与活动。理智的活动就延伸和产生出了精神的世界，所有的文化创造活动都依于理智。理智这个概念是西方哲学用来理解和解释人的一种根源性的观念。

我们来看理智的意思，或者从知识论的路径来看理智这个原点和它的基础、根由，在其含义里面我们自然地联想到中国古代讲的心的能力。中国的"心"把理智的意思完全给容含了。中国古代也强调心和物不一样，中国古人在讲心的活动的时候，把它看成是与外部世界材料性的存有或物象不一样，心是变动不居的，有无限的生机，有无限发展的可能性，有无限的创造能力，这个意思跟理智有相近的地方。所以西方哲学强调人的理智活动的意义，或者说人是理性的动物。如果在中国传统思想里面来找一个与理智相应的观念，那非"心"莫属。或者说中国的"心"就包含了理智一类的活动，和西方理智的概念有一种可比性。

第二个概念是 soul（灵魂），我们今天经常用到这个词。这个概念在西方文化中也是非常重要的。在西方的宗教里，尤其是在基督教的信仰里，在所谓人的世界和神的世界的对立中，形成了一个二元的分离。有那么一种不属于凡俗世界的、具有超越性的东西，可能是神的世界，或者是宗教里所描绘的未来之境，跟我们经验的世界、凡俗的状态是不一样的。soul 是一种投射，是想象的天国或天堂，或者是一个神的世界，它投射或映照到了世俗的精神气质里面，这个东西就是所谓的"灵"。在西方的宗教里，"灵"是一个非常重要的观念，所以灵魂有着很强的宗教意味，对于非宗教信仰的中国传统来讲，有时候是很难体会的。尽管我们后来也接受了佛教，佛教里面也讲来世，也讲极乐世界，也讲地狱等，但佛教里所描述的东西跟现实世界实际上是不隔绝的，在现实生活中，在世俗的经验世界里，也能找到对应性。佛教的两界，就像它自己宣称的那样，是"真俗不二"，不像西方宗教那样的二元对立，凡俗和神圣，人的世界和神的世界有一种不可逾越的界限。在中国，道教以及从印度传来的佛教，尽管也描述一个未来的世界，但是隐隐约约的我们能体会到它和凡俗之间的联系，在世俗的经验里可以感受这个东西，而不是把它推到一个极端。西方宗教是超越的，东方宗教却缺乏所谓的超越性，中国人在日常生活里就能容纳和处理这些问题。所以，中国文化系统里"灵"的观念，可能跟西方的有一种本质的差别。

但是这种想法或者类似的情形，在中国文化里面能不能找得到呢？当然能找到。除了佛教、道教这些宗教以外，在儒家思想里实际上也能体会到西方宗教所讲的"灵魂"的意思，而最能对应的思想或观念，非"心"莫属。中国的"心"所讲的很多东西，不是感觉经验的，而是一种精神想象力。比如在宋明理学中，张载说"大其心"，程颢讲"识仁"之心，后来阳明讲"致良知"，这个境况下的"心"显然不是一种物相的，也不是从感觉经验和物的实存意义上来讲的，而是一种生命的体悟和精神飞跃的状态。它具有穿透性，突破了物的阻隔与有限性，是无所不达与无处不在的，是一种弥散化的状态和效果，因而在人类活动的任何表象当中，它都有可能会闪现出来。只要有人的活动、人的存有，就会有这种东西的印迹。所以它不是一个具体物化的形态，人的生命历程里的所有东西都可能跟它有某种关联性。人的非物化状态或者生命历程中的一种超越性的追求，中国人一般用"心"的思想来表达。这是第二个概念，和西方的宗教理解有关。

第三个概念是 spirit（精神），它也是我们今天常用的一个词，一般和物质相对。如何理解或把握这个精神？如果跟中国传统的思想观念有一个对接的话，又是从"心"这个角度才能够体会到它的含义。因为精神实际上强调的是它和物质不同的一些东西。人尽管是万物当中的一种，也是自然界的一物，但是人和其他生物有根本的不同。人有一种独特性，这个独特性就是精神，就是这个 spirit。spirit 一方面和肉体有关，和人的自然属性联系在一起，可以说物质产生精神，或者精神要依靠物质基础；但精神一旦产生之后，就会对物质产生一种对抗，和物质形成一种张力。所以理学家在描述心的时候，往往强调心要突破各种外在东西的束缚，要把人的价值和人对世界的精神层面的追求发扬出来，使人摆脱物的束缚而有一个精神的飞跃。人的提升，就是指人的精神不被物局限、遮蔽或者凝固，而是自由往来于天地之间。所以人的存在价值和生命意义，就是不断地扩张精神的需求，扩大精神的领域，即孟子讲的扩充善端，理学家讲的人生价值。很多定位和描述，实际上都是讲如何突破物的束缚，把人的生命意义从物的胶着状态中解脱出来，把精神性的东西发扬出来。这种努力和状态，就是中国哲学里面所特别提倡的一种思想。

这个思想就是通过对"心"的说明来表达的，对"心"的许多描述便体现了这样一种思想，所以说中国传统学问里关于"心"的观念和我们今天用的术语"精神文明"或西方所谓的"精神性"是完全相通的。由此，中国古代的思想理念跟现代从西方传来的这些理念和术语实际上是可以做一个比较和对接的。二者之间有些差异是因为不同的背景或者立足点不一样，但讲的都是人的本质，因而有相似性。对 spirit 这种状态的理解与描述，都可以在对"心"的意义的体会当中呈现出来。正是对于精神的无穷想象与期待，成就了关于"心"的学问，也成为中国哲学思想的一个主体。

心学讲"心即理"，彰显"心本体"。现代哲学家如熊十力、牟宗三等都讲"心体"，"心体"成为整个中国文化之根本气质与精神的一个凝聚点。正如唐君毅所说的："大率中国先哲之言心，皆集中于心之'虚灵明觉'、心之'知'，与心之'神'三概念。只知心之知，用知以说服天下，而行兼爱之道，而不知心之虚灵明觉者，墨子也。知心之虚灵明觉，而致虚守静以观物之正反往复，而外表则和光同尘，处柔弱卑下之地，以宰制刚强者，老子也。使自己之虚灵明觉，为己所独用，而不使人见，而以法术之知识，控制人民者，韩非也。知心之能藏往，心复易为'往者'、'故者'所蔽，故尚去智与故，以乘自然之化为依乎天理，而以神遇所直接之物者，庄子也。知心之有神，而重心之有知、有所藏；知重智，以知类明统，'卒然起一方，则举统类而应之'，'以类行杂'而'变化代兴'以'执神而固'者，荀子也。而既重心之有知以藏往，而尤重神之统知以知来者，《易传》也。"①从心之"知"到"虚灵明觉"，再到"神"，实际上是一个不断升进的过程，而以《易传》作为重要源头的儒家心学思想，包含了这些不同的层级，表现出极大的包容性和不断向上的超越性，从而使"心"的观念一方面具有无穷的含蕴，另一方面又呈现了人之精神性存在的祈向。

通过对"心"这个概念的理解，我们可以体会到中国文化的博大精深。这个词的意义是广大无边的，它涵容了人的生命存在的根本意义，哲学论域中很多层面的意思都涉及了。所以说，中国的"心"的思想完全可以和西方的"理智"学说、"灵"的问题、"精神"等概念做一种比较和贯通。

四、"心"与儒、释、道三教

为什么明代以后心学成了中国文化的主导力量，或者说最为重要的文化形态？下面我从儒、释、道三教来看一下心学更宽广的意义。唐代以后就有所谓三教融合的问题，即儒、释、道三家相互交融。宋明理学的出现就是在佛教的"刺激"下，吸纳了很多释、道的义理，对儒家思想学说的重新发扬，成就了所谓第二期儒学的复兴。在这个融合的过程中，心的观念或者心的思想起到了很重要的作用，等于在儒、释、道中找到了一个共有的东西，有了一个共同的基础。我们今天讲的心学只是儒家里面的一个流派，甚至狭窄化为阳明学；然而从中国文化更宽广的角度来讲，对"心"的发挥不是儒家所独具的。佛教也讲"心"，尤其是禅宗把"心"的思想发挥到了一个很高的层次。除禅宗外，佛教里面很多宗派也讲"心"。当然，禅宗把中国传统的心学养料跟印度思想做了一个很好的融合，后来禅宗里面的很多内容都是在讲这个心。

就道教而言，早期是外丹，讲怎么炼丹药。宋以后主要是讲内丹。内丹讲什么？就讲一个精神炼养的东西，它不是靠外在的饮食和药物，而是要进行精神性的修炼，所以跟广义的心学精神是完全契合的。"心"的文化在三教融合之后，衍化成了中国文化的主流而不限于某一家某一派，它是一个共有的形态。

---

① 唐君毅：《中国文化之精神价值》，台湾正中书局 1979 年版，第 136 页。

我们以阳明为例。阳明从 17 岁开始专注于理学所讲的"格物致知"。后来他又循着理学家好好读书的路子，走了一段读书穷理的"路"，下了很大的功夫，但读来读去也没读出个名堂来，知道了那么多的道理又能怎么样呢？他在快结婚的时候，沉迷于仙道，在一个道观里面，被道士给迷住了，彻夜未归，洞房花烛都耽搁了。阳明有一段时间痴迷于佛教、道教，但这些东西最后都没有跟他的生命追求达成一致，所以他又回到了儒学。阳明 34 岁时在龙场悟道。在那样一个穷乡僻壤、荒芜瘴疠之地，在一种九死一生的磨难境地，他对人生大彻大悟，创造出一种心学。阳明的一生，都在不断地追求精神的超越，或者说通过不同的方法"致良知"。他最后的"心"显然不是格物求理之心，不是佛道仙学之心，也不是死读书的知识之心，而是生命体验之心，这是我们今天来理解阳明学说和他的生命历程的一个根本点。

我们今天讲的"心"是跟我们每个生命个体的独特性连在一起的，它不是在说一段公理，或者在说一个普遍的规律，或者在说一个人人都需要学习和掌握的知识，它不是这么一个东西；它是融贯在我们生命活动的具体性当中的，如果离开了生命过程的具体情景来谈所谓的"心"是没有意义的。这个心是活泼的，是生机无限的，是跟每个人生命存在的具体性以及日常活动的精神状态紧密地联系在一起的。所以，我们常常说"心学"是体验之学，我们每个人都在体验，但每个人的体验是不一样的。就个人而言，在生命个体的成长历程中，在不同的人生阶段，在不同的际遇和环境之下，可能体验到的东西是不一样的，所以它是一种活的存有，表现为非常活泼的状态。我们如果把这样一个道理搞明白了，把这样一种精神把握住了，才能够真正领悟到"心学"的意义。这个状态显然不是从书本上读出来的，实际上是我们生命的阅历、体验的不断积累与聚合的结果，这是一个无穷无尽的历程。只有在漫长的多种多样的情景状态中，我们才能去体会这个心、去寻找这个心。

就心学与佛学的关系而言，实际上在宋明以后，这两者有一个机理融合的过程。如陈白沙和他的弟子在当时经常被批评为"近禅"。因为在传统理学或者按照格物穷理的路向来看，他们的一些思想和行为好像跟禅宗和尚没什么两样，在外形上也近似。这个情况，从心学诞生时就开始了。后来王阳明及其后学也被批评为"近禅"，他们的思想常常处在一种禅与儒相互搅拌的状态之中，难以剥离。这种复杂的情况，究竟怎么看？对于这个问题，从宋明以后就一直在争论，牵涉到的内容也很复杂。我是这么理解的：所谓"近禅"，如果从心的广大性、心学的包容性而言，就不是一个什么问题了，因为三教都要对人的精神世界进行阐释和表述，只是路径和方法不同。不管你是哪个流派或者哪一家，这个东西你能讲别人也能讲，实际上这里面包含着某种对精神世界体悟和理解的普遍性。这个普遍性可能通过儒家的方式表达出来，也可能通过佛家或者道家的方式表达出来，所以从"心"的意义或"心"的内涵来说，它实际上已经超越了某一种学派甚至是宗派的意义。这已经是在更高的层面上所呈现出来的一些相似的东西，只不过其表达的路径或方式上有差别。

儒、佛毕竟有根本的不同。但儒教对佛教的吸收（包括对禅的容纳），显然不是一种严格拒斥的态度，不是所谓"辟佛老"的门户心态，而是具有相当的包容性。儒教接纳和消化了佛教的一些精神，然后为我所用，把出世的精神放在了入世的事业当中。我们再以梁漱溟先生为例。梁先生年轻的时候也痴迷于佛教，读了很多佛书，甚至一度有出家的念头。因为梁漱溟对佛教有研究，所以 1917 年蔡元培先生出任北京大学校长后，聘请他到北京大学讲课。当时刚好新文化运动开展得如火如荼，他整天跟陈独秀、胡适、李大钊等人在一起，情绪激昂，立志要改变中国社会，要用文化来改造中国。所以他们不管走哪一条路，都是一种积极入世的状态。虽然梁先生受佛教的影响，比较消沉，接近出世的状态，但他当时受了这种气氛的感染，情绪也被调动起来了。教了几年书后，他不甘于这种书斋生活，1924 年去山东做乡村建设运动了。后来因为这个机缘，他成了中国现代史上乡建派的领袖人物，成为乡村改造运动的代表，是著名的社会改革家、活动家。到了 20 世纪 40 年代，他成为民盟的创始人之一。梁漱溟有复杂的人生经历，后来是以儒家名世的，被美国汉学家艾恺称为"最后的儒家"。他早年学佛的这段经历，又深刻影响了他的哲学和文化思想，其学术中既有儒家也有佛学。从他的思想和学说及人生经历中，我们都能找到儒和佛融合的痕迹。

无论是王阳明也好，还是梁漱溟也好，这些人物之所以伟大、令人景仰，是因为他们的学术、思想、德行、事功，都体现出了儒家的气魄和面貌。所以从事功层面，从对社会的责任而言，这些显然不是禅宗和尚可以承担的。尤其是儒家所讲的内圣外王，强调对社会的承当精神和事功情怀，就跟佛教、道家不一样，甚至可以说相距了十万八千里。所以在这个根本点上，我们对儒家的境界和心学的意义，可能就有了另外的理解和把握，它可能包含了佛家特别是禅宗的一些东西，但是又有超出它们的地方。浏阳人谭嗣同早年也痴迷佛教，他把西学的声、光、化、电知识跟佛教华严宗的思想做了一个很好的融合。但他在社会变革中的作为、"我自横刀向天笑"的大无畏精神、社会道义感和担当气魄，显然更接近于儒家之本。他对"心"的把握，最终的落点是在儒家思想上，所以我们把他列为儒家人物。儒家的入世情怀和消极避世的人生态度是不一样的，这些历史人物所表现出来的那种"大丈夫"气概和"舍我其谁"的担当精神，也是我们今天需要去发扬的。

我今天的讲座就到这里。谢谢大家！

（王琦整理并经主讲嘉宾最终审定）

现场互动

听众提问：景教授，您好！非常感谢您带来的精彩演讲。请问王阳明的良知对我们的现实生活有什么指导作用？您刚才说的立德、立言、立功，我们要怎么去做呢？谢谢！

景海峰：阳明学在这十年间，差不多成了中国传统文化或国学复兴大潮里最引人瞩目的、流行最广的一个思潮，自上而下、自下而上，各阶层对阳明学都发生了极大的兴趣，产生了自己的想象与热望。关于心和理的关系（心即理）、良知的揭示与达成（致良知）、知识与行动的融会（知行合一），这些是他思想的核心，或者是最为重要的内容。除理论外，一般人对他感兴趣的可能是事功，从他的人格来讲，也有很多被后人所称道的地方。从清末到现代，海内外很多学者，或者一些实业界的人物，对阳明的经历都非常有兴趣。他如何动心忍性，怎么克服人生的千般磨难，最后在艰难困苦中冲出重围，成就一番功业，这些对一般人来讲可能更有吸引力。现在很多讲人才学、成功学、励志学的，都拿阳明来做例子。就立功层面而言，阳明和其他儒生，尤其是限于在思想学说方面有作为的历史人物确实不同。他很特别，独树一帜，事功令人钦服。如何立功？阳明不只是思想的感召者，也是一个活生生的榜样。当然，我们今天学阳明，不是说人人都要成就阳明般的功业，这是可遇而不可求的，所以还是要从他的精神状态和意志力入手来学。阳明这一生可以说是很不平凡的，充满了艰辛。

人在不同的时代面临的境遇是有差别的，功业目标也是不一样的。我们如何把自我的生命与外部世界的价值，即所谓立德、立功、立言结合起来，使之成为一种追求来激发自身的力量？今天学阳明是要学他的意志力，虽经千难百折，但信念不改，对社会始终有道义担当的情怀。"我心光明，夫复何求？"心的体悟是自己的一种定力、一种自信，这个自信当然是跟对文明价值的理解、对吾族历史文化热爱的深厚感情联系在一起的。阳明的这种意志力，对我们每个人都有启发，也是我们可学的。要学就学他的心性和定力，这种坚定不移的信念、百折不挠的精神，这是可以从生活实践和日常工作中来体会的。

从阳明的思想来讲，他对道德的理解有一个深化和精微的过程，他强调个体生命的自主性和独有价值。阳明行教天下，弟子众多，复现了当年孔子讲学的情景，听众中社会各阶层人士都有，真正做到了"有教无类"。阳明后学的思想普及工作对社会草根有很强的感染力，这也是阳明学的一个重要特点。如果阳明的学术只是一些抽象的哲理，不能把思想学说和每个人的身心实践通贯起来，就不可能有那么大的感召力量，这方面阳明学的表现很优异，对我们很有启发性。我们今天的教育工作和社会有隔层，不通贯，往往说一套做一套，所以问题很多。我们不能只就书本而书本，就讲坛而讲坛，而要身体力行，从对生命实践的追求中来体味学问的真谛。这是阳明教会我们的，对我们特别有启发。

阳明的思想涉及言和行的很多层面。在言教方面，通过读《传习录》了解他的思想学说，学习很多道理；在行教方面，作为一个活生生的历史人物，我们去看他的行迹，了解他看问题和处理问题的方法，这对我们当代人是有益的。

听众提问：景教授，您好！请问在物欲横流、功利主义盛行的现代社会，如何才能探寻好自己的本心，找到生命的快乐？谢谢！

景海峰：这是一个很大的问题，也是一个很现实的问题。就每个时代而言，每个个体可能都面临着这个问题。当然，具体的情况不一样，有时代的特殊境遇。但就我们个人来讲，就我们的生命个体来讲，不管在哪个时代，有些东西是相同的。像你刚才讲的物欲横流的问题，就是指面对物质利益的诱惑时，我们怎么去抗拒？我想这不只是我们当代人的困惑，也是整个人类的困惑。我刚才讲心学的意义，讲人的精神性问题，可能都面临着怎样从物的束缚或禁锢中冲破出来、从物的状态里得到一种解脱而不是被物欲所完全控制的问题。所以，不管是古人还是今人，可能都在不断地思考这个问题。

近代西方功利主义思想，从心学角度来讲，对心的境界的升华、对心的精神追求构成了一种障碍，二者之间具有不相容性。但我们从心学的丰富性和包容性里也可以找到化解之道：一方面怎么样在一个制度或者一种条件下来处理这些问题，但另一方面，也是最根本的，还是如何回到自我本身来面对这些问题。欲望不但有一个伸缩度，而且有自我把控和节制的可能性。一方面，这个外力很强大，不管是诱惑也好，或者是被逼迫也好，你只能跟随这个趋势和潮流去走；另一方面，怎么去做、如何面对还是一个自我信念的问题。所谓"自作主宰"，就是一种信念、一种坚定性，不为物欲所动，如阳明讲的"我心自足"的状态，或"抛却自家无尽藏，沿门托钵效贫儿"的心绪。本有的东西，如果你没有理解，没有体会到，就容易把外在的表象的东西作为生命的追求或目的，最后就会丧失本心，丧失自我。

对于这个问题，在阳明的思想里或者在心学的文化里，实际上为我们提供了大量的可供借鉴的资源。关于怎样来培养自我，增强本心的力量，坚固我们抵抗外部世界诱惑的能力，里面谈了很多，现代的许多哲人也有这方面的探讨。我们一方面去看看这些智者、这些先贤、这些思想家，他们怎么来做分析和论辩；另一方面主要是通过不断的学习和自我体悟，培养我们的心力或意志力，在我们面对各种诱惑的时候能够不为所动。

听众提问：刚才景教授从时间概念、历史线索与空间维度等角度，跟我们讲了关于心学的相关知识，我觉得很受启发。听了以后我觉得心学应该更多地关注作为个体的人，跟个体有更直接的关系，让我有了思维和视野上的改变。我感觉儒、释、道都讲"心"的概念，都在探讨个体与世界的关系，但是他们谈"心"的时候，更多区别在什么地方呢？

景海峰：这个问题比较复杂。我们是以儒家的思想线索为主干，包括先秦、宋明到当代的阳明热，主要是从儒家的视野这个学术线索来讲的。关于佛教、道家到后来的道教，各有自己的发展脉络。比如它们对概念的使用、对心学历史的挖掘，都非常丰富，也非常复杂。

比如说佛家，佛家讲心是从"识"来讲的，是一套心意识学说。"识"包括了八心王和五十一心所，心的功能除了感知性的前六识——眼、耳、鼻、舌、身外，还有意，是一种综合的能力，就相当于荀子所讲的天君，具有认知功能上的统合作用。这些都好理解，特别的是第七、八两种识——末那识和阿赖耶识，从中国传统的思维活动里面找不到，也很难理解。这是印度宗教思维很特殊的内容，佛教阐发了这些内容并形成了一套独特的对于世界的理解和解释，这是非常复杂与精微的精神现象描述。佛家讲的心可以说是一种很细微的精神分析，它所描绘的图像和情景，更多的是一种体验状态而不是客观知识。这套心意识学说在各宗派中，内容有所不同，特别是简繁不一样。比如唯识宗最复杂，而禅宗相对简易，后来禅宗把这一套名相的东西来了个"大扫除"，改为主要通过生命实践活动来体现，但一些根本的精神还是受到"心"的分析的影响。所以在整个中国化的佛教里面，我们仍能看到印度佛教思想的痕迹。

道教也一样有自己的脉络，如从道家老子、庄子开始，到后来的道教。庄子讲的"心"，主要是讲"心斋"，或者如老子所讲的"合光同尘"。道教就是要把纷繁复杂的世界简易化，由有到无，在这个活动过程中，"心"把这些复杂的东西扫落，使之凝聚到一个根源的意识上。所以道家对很多复杂的文化形式有一个批判，这跟儒家为学日益讲扩充的路向很不一样。道家认为心受到后天的污染，表现得非常纷杂，甚至是一种附赘的状态，于是道家谈怎么样扫除它而返回到清静之本。

孟子讲的善端、阳明讲的良知，强调的是怎样把"心"通过后天的道德实践不断地扩充，把善性发扬光大。后天努力的过程，实际上是修养工夫增强和道德品质磨砺的过程。不是退避三舍，而是知难而进；不是回到本原就完了，而是要不断处理新的问题，知其不可为而为之。在艰难困苦当中，发挥人的积极性、能动性，把道德的力量发扬光大。如果能够发挥到一定程度，就成为君子；发挥到极致，就是圣人。如果人人都成为君子，希圣希贤，那么这个世界就是一个大同世界了。这就是儒家的路向。

所以说三家各有所长，我们要站在各家的逻辑上来理解它们。在现代的境遇下，如何来融合这些资源，如何吸收资源里有意义的成分，是我们今后努力的方向。

（王琦整理并经主讲嘉宾最终审定）

从古代科举到现代高考

刘海峰，厦门大学考试研究中心主任、长江学者特聘教授，兼任国家教育咨询委员会委员、国家教育考试指导委员会委员、全国"双一流"建设专家委员会委员、中华炎黄文化研究会科举文化专业委员会主席团主席、上海中国科举博物馆名誉馆长、南京中国科举博物馆名誉馆长。主要研究方向为考试制度与科举学、高等教育历史与理论，是科举学的首创者和高考改革稳健派代表性学者，2005 年被新浪网评选入围"年度文化人物"。在《中国社会科学》《历史研究》《教育研究》等刊物上发表论文 300 余篇。已出版《科举学导论》《高考改革论》《高等教育历史与理论研究》《刘海峰演讲录》等著作 20 余部。

直播二维码　　直播在线参与人数：45.6 万

导言

　　科举制度在中国历史上延续了整整 1300 年，在唐宋以后的政治生活和社会结构中占据着中心地位，科举考试成为人文、教育活动的首要内容。古代科举怎么考？现代人对古代科举有哪些误解？科举传统与当今高考改革有何关系？

　　2019 年 7 月 20 日，厦门大学考试研究中心主任、长江学者特聘教授、国家教育考试指导委员会委员、科举学的首创者和高考改革稳健派代表人物刘海峰教授莅临屈子书院讲坛，以"从古代科举到现代高考"为主题发表演讲，并与现场听众开展了精彩的互动。讲座由凤凰网湖南频道全球同步直播，在线参与人数多达 45.6 万；长沙理工大学教授、湖南汨罗屈子书院执行院长王琦担任嘉宾主持。

各位领导，各位来宾，大家好！今天很高兴来到汨罗，来到屈子书院，主讲这么一个专题。汨罗是一个具有深厚人文底蕴的文化古地，而且山清水秀，我第一次来，它们给我留下了深刻的印象。重建的屈子书院规模这么大、品位这么高，真让我觉得难能可贵。

听说各位都是自发来参加这次讲座的，到这边交通不是很方便，大家能够热心地参加国学或者跟传统文化相关的活动，说明汨罗以及岳阳的在座男士、女士对中国传统文化有真正的热爱，我感到很高兴。

今天跟大家讲的这个专题是"从古代科举到现代高考"。科举是中国古代一个非常重要的制度，它与从隋唐到明清的官僚政治、文化教育以及社会发展历程密切相关。而高考是我们当今中国最重要的一项教育考试制度，与千家万户的切身利益密切相关，是人才培养的枢纽环节。按照教育部陈宝生部长说的，高考是教育领域中具有政治意义和全局意义的一项重要工作。教育部原部长袁贵仁也说"高考是最复杂、最敏感、最重要的一件事情"，有时候他说"太重要、太敏感、太复杂"，从来没有用"之一"两字。古代科举是人文教育活动的首要内容，当今高考是中国规模最大的考试，而且是影响最大、最复杂的考试，古代科举和当今高考都吸引了社会大众的高度关注。

接下来我从三个方面展开今天的主题演讲：一是古代科举怎么考，二是现代人对古代科举的误解，三是科举传统与当今高考改革的关系。

一、科举怎么考

在座各位都是文化人或者至少接受过中学教育，读过《范进中举》这篇文章。不过我们以往对科举的认识不很全面，也不大准确。当然我今天用一两个小时的讲座也不可能讲得很细，只是稍微讲一下我们不很了解的内容，即科举考试的内容和形式。以前的科举考试，无论是在隋唐还是明清，考试的主要内容是儒家经典，表现形式为文学。明清时期的八股文，形式上是文学的，内容实际上是儒学的，谈的是儒家经典。此外，还有应用文体的考试。以前科举考试主要是为了选拔文官，当然也有武举。今天主要讲文官的科举考试，武举影响相对比较小，历代选拔的武官人数也比较少。通常讲的科举考试基本上靠笔试，考儒家经典或者文学经史词章。考试题型或者方法，唐宋时期比较多样，比如说帖经、墨义、策问、诗赋。

唐代的时候开使用帖经这种办法，帖经从现在来看就是一种填空题。儒家经典，比如说"五经"，考的是记忆力和知识点。帖经就是把儒家经典中的一行或者一段文字中间贴掉几个字，让考生填回去。墨义则是名词解释之类的，也主要考儒家经典的释义。策问就是大的问答题。诗赋是文学作品方面的考试内容。

唐代的考试科目比较多。每年必考的"常科"有六科，即秀才科、进士科、明经科、明法科、明书科、明算科。秀才科持续时间不长。进士科后来变成主要科目。明经科主要考儒家经典，考查考生对经典的掌握和理解及其衍义。明法科用现在的话来说就是司法考试。明书科考的是语言文字和书法。明算科考数学。此外还有其他短时间举办过的科目，如专门考历史的史科，用来选拔史学人才。唐代有自己的礼制，唐代宗在位时一度设置了开元礼科。还有道举，唐代皇帝姓李。据说老子（老聃）姓李，因此唐代皇帝推崇道家，曾经举办过道举，选拔道家人才。还有童子科，有的称为神童科，一般是十岁以下的人参加，偶尔也选拔十五岁以下的、天资非常聪颖的孩子。但是这些科目都影响不大，持续时间不很长。

宋代初期延续了唐代的科举制度，王安石改革把以前的明经科，如一经、五经等合并成一种，废明经诸科。进士科主要考儒家经义，还有时务策，即跟当时的传统社会实际相关的一种对策考试。唐宋时期，特别是宋代，科举考试到底以儒家经典为主还是以文学辞章为主，大臣们有过激烈的争论，有的大臣认为应考儒家经典，有的大臣如欧阳修、苏东坡等主张考文学。到南宋的时候，进士科分成两科：一个是经义进士，另一个是诗赋进士。从现代的角度看，一科考哲学，一科考文学，是专门选拔经学人才与专门选拔文学人才的两种考试。

元初没有实行科举制。后来的科举也只有一科，叫进士科。明清时候也只有进士科。明清时期，考试的层级固定下来。我们现在理解的科举其实是明清时期的科举，尤其是清代的科举。清代科举大致分成四级。一个是地方一级的考试或称童生试，包括府州县的考试，考上后叫"生员"或"秀才"。第二级是全省一级的考试，也叫乡试，都有专门的贡院。在明代到清代康熙年间，湖南没有独立的考场和乡试，所有湖南的举子要到湖北武昌考试，路途遥远，很不方便，特别是乘船要经过洞庭湖。而乡试的时间是农历八月，洞庭湖有时候风非常大，很不安全。于是湖南强烈要求独立设置一个考场。直至雍正元年（1723 年），朝廷才在长沙专门设置了一个贡院，从此湖南有了独立的乡试，历史上称此事为"两湖分闱"。乡试是省一级的统考，考上的叫举人，其中第一名叫解元，我们现在的高考状元就相当于明清的解元。第三级是全国的统考会试。明初，考生到南京考试。朝廷迁都北京以后，考生全部去北京会试，考上的人第一名是会元。第四级就是殿试，发榜后成为进士。在四级考试中，最重要的还是全省一级的乡试和全国统考会试，全国的举人想获得进士名，必须要到京城参加考试。秀才、举人、进士三级科名相当于现在的学士、硕士、博士。

明清时期的考试内容比较稳定，明清 500 多年间，乡试、会试时间雷打不动。中国传统的科举，从宋代开始每三年举办一科，不像现在的高考年年考。唐代和宋代最初的时候也是每年考，后来演变成三年考一次。明清每隔三年，在八月十五日前举办乡试。乡试头场大多考八股文，从"四书五经"里面考七篇。第二场考官场的应用文如论、判、诏、表等。"论"类似现在的议论文；"判"是法律文书；"诏"是模拟皇帝下达的命令，相当于现在的主席令；"表"是下级对上级的奏表。第三场考经史时务策，内容是跟国计民生密切相关的，当然也包括儒家经典和历史方面的内容。

清代乾隆二十一年（1756）后，乡试和会试的考试内容有所变化。第一场考的是四书文三篇、试帖诗一首。明代清初不考试帖诗，但清代读书人基本上都会做五言律诗。五经文移到第二场，论、判、诏、表这些应用文都不考了。第三场考经史时务策五道。第一场四书文即八股文，一般有三题，随便从"四书"中找一句话或一段话来考。所以八股文是一种古代的标准化的作文考试文体，命题容易答题很难。写好八股文很难。至于诗，作一首五言八韵的试帖诗就可以了。考试以后，为防止作弊，试卷不仅要密封起来，而且要誊录。原本卷子是答题的考生用毛笔墨汁写的，然后在评卷前用红色的朱笔抄一遍，这样考官阅卷时看不出是谁的字，非常公平。如果考官认识考生的书法，就可能作弊。

明清时期的乡试都在专门的贡院举行，里面有专门的考场。江南贡院是中国古代规模最大的考场，它是江苏省和安徽省合用的考场，最多的时候有 2.4 万个单间，能同时容纳 2 万多人在里面考试。湖南的考场最多能容纳七八千人在里面考试。

以前的科举考试最后发榜是隆重、盛大的。殿试一级试卷不再誊录，只把名字密封起来，所以考官可以看到考生的书法。清代留下的殿试卷很多，书法都非常好。按清代制度规定，科举殿试完以后，前十名的试卷要给皇帝看，因为皇帝是名义上的主考官，皇帝可以看到试卷的内容即文字和书法，但是看不到答卷者的名字和籍贯，因为殿试卷仍然是密封的，只是没有誊录。

二、对科举的误解

科举是中国非常重要的考试制度，中国人对科举有很多误解，尤其是当时为了废科举兴学堂，往往把科举的坏处夸大，不提它的积极作用，所以导致后人误认为科举是一个非常坏的制度，一提到科举就想到它是封建社会统治阶级选拔官员的制度，觉得很黑暗、很落后，甚至觉得很腐朽。2005 年，我写了一篇文章《为科举制平反》，那篇文章里面讲到评价科举七个方面的误区，比如说科举无法选拔真才，这其实是对科举的一种误解。为什么？因为以前说唐宋的科举可以选拔人才，明清的科举僵化了，不能选拔人才。其实，明清时候的科举照样可以选出传统社会需要的人才。从隋唐到明清，大部分政治家、文学家、教育家、著名学者都是科举出身的。

又如，说科举造成中国科技落后。唐宋的时候科技发达，明清的时候科技落后于世界，为什么落后？就是因为有科举，科举造成了中国科技落后。北京大学的林毅夫在一篇论文里也这么说，很多人跟着这么说。实际上，明清科技落后不能归因于科举，而是要归因于我们的文化和思维方式即东方型的文化和思维方式。宋代的科技可以说是全世界最先进的。唐代的科技也如此，远远超过中世纪的欧洲。当时科举非常兴盛，而且选拔出很多人才，包括沈括这样的科学家也是进士出身。从范仲淹到辛弃疾，不少会领兵打仗的人也是进士。能不能说当时科技发达也受科举推动？其实没有关系，科举与科技是两条不同的发展途径。我们的传统文化向来是重道轻器，手工业等都被认为是雕虫小技。例如元代科举停废34年，在没有科举的时候知识分子们做什么？你以为他们会去做科技、做手工业发明吗？没有。全部都去作诗、作画、写书法去了。中国传统社会的文化就是这样的。

还有人用考试作弊说明科举制的黑暗。其实，科举制度的设计是非常严密的。清代的《科场条例》就是专门用于防止作弊的。科举作弊不是制度的问题，是考生的问题，是人的问题。像现在的高考、公务员考试，能说有人作弊就表明高考、公务员考试很黑暗吗？包括现在的高科技作弊，都不是高考制度的问题，是有人想通过不正当手段来竞争的问题，所以说用考试作弊说明科举制黑暗，这是一种误解。

又有人说科举考试不公平，因为它是统治阶级内部的选拔，选拔的都是地主阶级的后代，实际上这也是似是而非的看法。50%的进士祖上三代没有做官经历这一数据，是史学大师何炳棣通过4万多名进士和举人的样本做出来的量化分析的结果。明代也有官员说，当今考取功名者"强半寒素之家"，也就是说，考取功名者有半数以上是平民家庭出身的。科举考试是传统社会选拔人才的最公平的制度。古代任何国家都没有比科举更公平的选拔官员的制度，我们有什么理由说科举不公平呢？

再如，有人说妇女无权参加科举，把半数人排斥在外，因此很不平等。甚至很多研究科举的专家也这么说，这也是一个大大的误会。不能参加科举不是制度的问题，而是时代的问题，是传统社会男主外女主内的社会分工问题。传统社会的官员全部是男性，这一现象不仅仅发生在中国，任何国家、任何民族都是这样的，这不是科举制度的问题，而是传统社会的官僚结构使然。

另一个误区是说科举造成官本位体制。其实，在没有科举之前，官本位体制早就形成了，中国已经是一个官本位体制国家，有九品、十八阶、正从等级。比如太学里面的官员都有品级，所有的官员都有品级。现在没有科举，你说高考是不是科举？从一定意义上说也是科举，但不是真的科举，因为以前的科举可以考到很高层次的官员。孔门弟子提出的"学而优则仕"这种理念，在很早以前就形成了，它与科举制度有关，科举制部分强化了官本位体制，但不是官本位的主要原因。

最后还有一个误区是说科举造成官场腐败。有人说清代官场腐败是科举造成的，台湾政论家柏杨在《丑陋的中国人》中就是这么说的。实际上官场腐败并不是科举造成的，实行科举制就是为了防止官场的腐败。如果没有科举这个入口处的把关，清代官场会腐败更严重。

我们对科举有许多误会，过去已经把科举妖魔化了，现在需要还其历史本来面目，要为科举制正名，为科举制平反。台湾地区的传统文化跟祖国大陆的一样，台湾以前也有跟高考差不多的联考，有人为了说联考不好，就说它已经变成了科举，南怀瑾说这是欲把打倒对象"妖魔化"的手段。在 20 世纪 90 年代，华侨出版社出版了一套《黑二十四史》，分五卷，第五卷收了缠足史、宦官史、盗墓史、科举史、酷刑史，科举跟这些摆在一起，可见在相当部分中国人眼中或者心目中，科举是非常黑暗的制度。缠足当然是非常丑陋、泯灭人性的，以前女性从小就缠足，非常痛苦；宦官是一种陋习，只有中国才有，也是泯灭人性的；酷刑、盗墓都是很不好的东西。科举在 20 世纪 90 年代被很多人看成是这么坏的东西，所以我说需要为科举正名，为科举制平反，我们要澄清对科举的误解，走出科举评价的误区。

过去中国人在评价科举方面有一个一元史观，也就是简单片面地划分历史人物进步与否的办法，凡是批评科举的则说明其进步而受到肯定，若说科举好话则属于落后人物。比如黄宗羲、顾炎武对科举八股有一些批判的言论，因而被认为是进步思想家而受到充分肯定。而对古代很多说科举好话的人要么不提，要么就说他落后。还有的是同一个人，比如梁启超，他既说科举的好话，又说科举的不好，已出版的多数论著往往有意无意地省略他肯定科举的言论。

其实科举是一个非常复杂的考试制度，曾经有各种各样的考试形式和题目。尤其是在 1901 年科举改革以后，不再考八股文。第二场考策问，考的就是当时内政外交的内容。例如 1902 年，江南考试第二场的题目，当时规定考五道策问题。第一道是："中外刑律互有异同，自各口通商日繁，交涉应如何参酌损益，妥定章程，令收回治外法权策？"当时五口通商，有一些口岸开了，当时我们是半殖民地国家，海关等很多重要权力被外国人掌管，外国人犯法不能判刑，这道题要考生对收回治外法权提出对策。第二题："证明公法，他国能否干预内政之例，以慎邦交而维国柄策？"用现在的话来说，就是主权更重要还是人权更重要？列强要干预其他国家内政，我们如何维护国家的主权？第三题："各国改用金币始于何时？金价日增，其故安在？主之者何人？若中国偿款用金，亏损甚巨，拟亟筹抵制之方策。"这道题相对容易，等于知识题。从 1901 年至 1902 年，中国金价涨了很多，八国联军跟我国签订的不平等条约《辛丑条约》，要中国赔款 2 亿两白银。和约已经签好，要用银元来赔偿。金和银是同样的本位，一年之间金价涨了很多，如果还按照金价赔款，我们要多赔很多款，这道题是让考生提出抵制办法，大家看看，科举考试可以这样命题，考试内容跟现实这么密切相关。这在现在就是一种考能力的题目，看你如何回答。

第四题是农学方面的问题。第五题是格致方面的问题。自然科学在清末以前不叫科学，叫格致学。"科学"一词最初还是从科举来的，因为以前的人备考科举叫"科举之学"，后来简称为"科举学"，南宋时简称为"科学"。近代日本人借用汉字"科学"来形容西方的自然科学即分科之学，因为科举最初的含义就是"分科举人"。后来中国人再从日本转用过来，用科学取代了格致学的称法。1902 年，江南乡试第三场还是考"四书五经"义，但是明确规定不准用八股文，也就是说文体改变了。清朝末年科举考试实行了很大的改革，已经向近代中国文官考试制度转变了。

我们再来看 1904 年最后一科会试的考题。第一题："美国禁止华工，久成苛例，今届十年期满，亟宜援引公法，驳正原约，以期保护侨民策。"19 世纪后半叶，很多中国人被骗或者被抓去美国做苦力，修西部大铁路之类的，修完铁路以后要遣送回来。这道策问题说到了，原来的合约十年期满，要如何驳正原约，保护大清的侨民。这个题目是很灵活的。第二题也是非常灵活的："日本变法之初，聘用西人而国以日强，埃及用外国人至千余员，遂至失财政裁判之权而国以不振。试详言其得失利弊策。"日本明治维新聘用很多外国人，国家发展了；埃及也聘用了大量外国人，但是最后变成半殖民地国家。这两个国家都聘用了外国人，但结果如此不同。这道题要举子们据此分析利弊得失，这对当时中国的改革是非常有用的。第三题："泰西外交政策往往借保全土地之名而收利益之实。盍缕举近百年来历史以证明其事策。"第四题讲农业方面的："周礼言农政最详，诸子有农家之学。近时各国研究农务，多以人事转移气候，其要曰土地，曰资本，曰劳力，而能善用此三者，实资智识。方今修明学制，列为专科，冀存要术之遗。试陈教农之策。"包括讲土地、资本、劳力，跟现在讲农业差不多，现在大概还要加上一个方面即技术。当时不怎么讲技术，但是土地、资本、劳力都是差不多的。第五题也是能力题，内容跟教育相关："学堂之设，其旨有三：所以陶铸国民，造就人才，振兴实业。国民不能自立，必立学以教之，使皆有善良之德、忠爱之心、自养之技能、必需之知识，盖东西各国所同，日本则尤注重尚武之精神，此陶铸国民之教育也。讲求政治、法律、理财、外交诸专门，以备任使，此造就人才之教育也。分设农、工、商、矿诸学，以期富国利民，此振兴实业之教育也。三者孰为最急？"这里讲到基础教育、高等教育、职业教育或者实业教育，何者更为优先的问题。清朝末年，国家积贫积弱，财政困难。考题是让举子们讲清楚，基础教育、高等教育、职业教育，应优先哪一种。这个题目是非常灵活的，只要能自圆其说就可以，但是要讲出道道来并不容易。所以这种题目不仅考知识，更主要的考能力。

科举考试有各种各样的内容，其中包括一些奇怪的东西。比如说太平天国占领南京后也举办科举考试，考试用八股文，考试的内容很奇特。如湖北乡试第一题："真神独一皇上帝"；第二题"皇上帝乃真皇帝"；第三题"天父下凡事因谁，耶稣舍命待何为？"如果当时全中国被太平天国占领，中国的知识分子全部学《天王诏书》，都要服膺西方的基督教，那么中国一千多年来的正统儒家就会完蛋了。当时太平天国要所有知识分子学这个东西，实在可怕。但太平天国的科举也是实实在在的科举。

那么，什么是科举？科举就是一种通过考试来选拔人才的制度或者方式。科举制度非常复杂，1300 多年中国科举史上有很多变化。唐宋时候考明算、明法科等肯定是科举，明清考八股文肯定也是科举，1902—1904 年主要考中西政治经济内政外交知识也是科举。李自成打到北京以后建立大宋政权，不考八股文，就考策论，也是科举。太平天国时期，考试内容是《新约》和《天王诏书》，也是科举。上述都是科举，可是很不一样。科举还可以是考以满蒙文字为内容的翻译科。清朝末年还考一种经济特科。科举的题型和内容可以不断变化，但是万变不离其宗，科举考试的实质就是一种开放报名、公平竞争、择优录取的考试制度。

对科举的评价，我们可以看看邻国的态度。韩国实行了 900 多年的科举，在 1994 年韩国废止科举 100 周年的时候，韩国政府出面举办了再现科举盛况的纪念活动。由中央政府出面，在以前殿试的地方即皇宫（景福宫）举行了模拟科举考试，这是我们的邻邦对待科举的态度。现在韩国每年还举办类似的科举活动，在地方上也是这样的。各个地方把纪念科举的活动作为复兴传统文化的一种仪式，这是很值得中国人思考的。现在韩国发展到用电脑来体验科举，题目还是古代的，但是形式上已经演变成现代的。考完以后发榜、游街。韩国在 2000 年的时候还发行了纪念科举的邮票。韩国人十分重视、纪念、传承科举文化，而我们现在该怎样对待科举文化遗产呢？

科举需要一个拨乱反正的过程。以往我们对科举的理解太片面，过于以偏概全，产生了很多误解。清末民初的时候，人们对大部分东西都采取否定的态度，儒学被否定，书院被否定。学堂兴办起来，科举也被彻底否定，甚至连汉字也要否定。在五四运动的时候，曾经有一批著名学者说汉字是表意文字不如表音文字，是落后的，要彻底废掉汉字。所以我认为像科举、书院、国子监，就像过去的帆船、线装书、犁等，虽然一度被时代所否定了，但并不应该永远被否定。

为科举制平反在一定意义上就是为高考改革保驾护航。2005 年，我在《书屋》发表了《为科举制平反》的文章，后来这篇文章被《新华文摘》作为封面文章全文转载。2005年底，新浪网开展了一个年度文化人物评选，共12个人入围，包括刘心武、金庸、崔永元、季羡林等，我也被列在上面，就是因为我提出为科举制平反。他们都是著名人物，而我忝列其中，大概是大家认为科举确实是需要平反的一个旧的制度，所以那时掀起了一次反思科举的文化潮流。

三、科举传统与高考改革

接下来讲科举传统与高考改革。现代高考与古代科举有许多共通的地方。首先两者都是为了选拔人才，采用的是公开考试、择优录取的公平竞争方式。其次，两者都由政府举办，都有严密的考试程序，科举的这些程序如编号、密封、监考、回避等都被现在的高考所沿用。从考试作用来看，科举和高考两者有类似之处，所以中国高考制度的建立和发展有深远的历史渊源和深厚的文化土壤，目前高考改革中遇到的一些两难问题跟历史上科举出现的问题差不多。高考改革中一些根本性和带有长期性的问题，必须放到历史发展的长河中去考察才能看得更加清晰，古代科举考试对现代高考是有很大影响的，比如说高度重视教育，甚至过度重视教育传统；着重以考试成绩作为大学招生的主要依据。

现在高考无论怎么改革，如果过度重视教育的价值观不改变，减轻学生的学习负担就很难。我们的民众非常崇尚名牌大学，父母亲对孩子的期望普遍很高，望子成龙的心理非常强烈，只要一个孩子上中学，父母亲基本上不得安生，要花很大精力。从20世纪60年代起到现在，中央下了几十个文件，这说明减负很难。

科举时代重视教育和考试的传统，在当代有不同形式的表现。在一定意义上，科举有如古代的高考，高考有如现代的科举，两者考试的内容不一样，但是形式上有很多相似之处。科举有很多经验和教训，第一个是关于考试存废利弊之争，即要不要考试。考试肯定有很多问题，现在讲的唯分数、唯升学，都是与高考有关的。历史上科举也是这样的，容易造成智育一枝独秀而基本上不看德行。中国历史上有过六次科举存废之争，即关于要不要继续实行科举的争论，最后是由皇帝做出决定。科举考试的利弊和存废，该不该用考试的办法，这种争论跟现在的要不要使用高考的争论，具有惊人的相似之处。十几年前很多人提出要废高考，2007 年中国恢复高考 30 周年的时候，甚至有全国人大代表在全国两会正式议案上提出废止高考。当然高考问题很多，但是改革不是那么简单的事情，废止高考以后肯定会出现更多的问题。总之，科举存废与高考存废有很多相似之处。

统一考试与考查品行之间的矛盾。要保证统一考试的公平性，就不能管平时的表现和成绩，只看考场上体现出的水平，容易造成应试教育。而考查品行，看平时表现而不看平时成绩，则容易丧失考试的公平性，所以这是一个两难问题。为了弥补高考的不足，所以就有推荐保送、高考加分、自主招生等形式，但是最后也坚持不下去。例如在两个月前教育部公布了今年自主招生政策，与去年相比，今年各高校的自主招生政策整体收紧。为什么？一个是奖项类别大幅度缩减，第二是发表论文和文学作品的不再纳入报名条件。

关于考试公平与区域公平的争论，历史上出现了惊人的相似之处。现在的高考与古代科举都有区域公平的问题。科举时代，起初也是区域之间自由竞争。最初出现区域公平争论的是北宋中叶的司马光与欧阳修。在唐代，90% 的进士是北方人，湖南、福建考上的不多，福建的更少，当时宰相的比例是南方人 8.7%，北方人 91%。到了宋代完全调了一个秩序，北宋中叶，欧阳修、司马光生活的年代，90% 的进士是南方人，如果加上南宋，整个宋代 95% 的进士是南方人。即使是北宋中叶，也有 90% 的进士是南方人。所以司马光提出考虑一种均衡的办法，主张要分地区录取人才。欧阳修反驳说，既然科举是通过考试取士，是非常公平的制度，不应该改变这个制度，应该以水平和成绩来录取人才。争论的结果是不了了之，后来还是完全按照考试成绩的规则来录取。

到了明代初年，刚开始 90% 以上的进士是南方人。例如永乐二年（1404），前 7 名都是江西吉安人，一个地级市，全国会试的前 7 名是他们的，前 30 名里面有 24 名是江西人。明初江西人非常厉害，后来进士高度集中到江浙一带去了。明洪武三十年（1397），出现南北榜事件，科举取士南北失衡的问题集中爆发出来。当年春天会试发榜，52 个考上的人中没有一个北方人，全部是南方省份的人，于是北方的举子闹事，说考官不公，这里面肯定有作弊。朱元璋认为有问题，于是找另外一些考官复查试卷，最后认定没有作弊问题。因为以前考八股文，好文章都看得出来，叫"文有定评"，于是维持原榜不变。北方的举人又闹事，集体上访，说第二批去复查试卷的人也是南方的，因为多年来都是南方人占着高官的位置，说南方人袒护南方人，造成群体性事件。后来朱元璋龙颜大怒，下令把考官杀了几个。当时状元是福州人，也被杀掉。其中一个主考官年龄大了，没有杀他，把他流放掉。于是重新考试。原来一般都是三月份会试殿试，这次会试殿试推迟到六月才发榜，最后录取的 61 名全部是北方人，没有一个南方人。这个事件虽然离奇、富有戏剧性，但这却是历史上真实的事情，史称"南北榜事件"。到明仁宗洪熙元年（1425），开始实行南北卷制度。康熙五十一年（1712），确定以分省定额录取代替南北卷制度，按各省应试人数多少和文风高下确定会试名额。

中国历史上考试区域公平的矛盾，与现在高考分省定额录取制度有惊人的相似之处。古代的科举冒籍和现在的高考移民如出一辙。分省定额的办法有优待照顾边疆和文化教育相对落后地区的用意，从自由竞争角度来看有所不足，但是从促进落后地区文化教育水平的提升来讲有积极意义。关于全国高考分省录取是否公平的争论很激烈，一直是教育领域最敏感和复杂的问题之一。

古代科举与现代高考还有一个方面是一脉相承，即防止作弊的措施与方法。这点大家很容易理解，限于时间，不展开讲了。

最后一点是关于考试科目与内容的演变。唐代有各种各样的科目，到后来只剩下进士一科，这是考试追求公平性和可操作性演变的结果。为了保持考试区分度，考试难度必须增大，所以造成出偏题、怪题，这也是没有办法的办法。

我曾经系统研究过高考改革中的两难问题，发现共有八对矛盾或八对两难问题，其中之一是灵活多样与简便易行的矛盾。上海、浙江率先实行的新高考最灵活多样，但是纷繁复杂，有很多问题。前两年一般还不让人家讲，现在已经初步放开了。后来跟进的省、市不断地删繁就简，比如海南省的新高考就改进了，3+3 的后 3 门考试时间就合并到高考时间进行。今年四月份开始公布的，包括湖南省在内的八省、市新高考改革方案，是在借鉴第一、二批试点省市的基础上做出的改进。3+1+2 的科目论证过程中，我是非常赞成 3+1+2 的，因为 3+3 问题非常多。如果采用 3+3 科目组合，湖南省的家长压力会大很多，中学老师的压力也会大很多。3+1+2 毕竟有一个重要的历史或者物理必选科目，用原始分，区分度会好一点。这一方案在八个省的考试院征求意见时，得到很多人拥护。因为这一方案既增强了学生科目的选择性，防止避难就易弃考物理，又能弥补 3+3 模式出现的一些问题。当然，现在也有上海、浙江以及第二批的四省、市继续实行 3+3 模式。有人说 3+1+2 是高考改革的倒退，我不认为是倒退，新方案是对文理分科和 3+3 方案的折中，我觉得这种改进有它的合理性。总之，现在的新高考如果指定了物理之后，可能出现有不少人弃考化学的现象，因为化学是在剩下的四门里面难度最大的。因此，3+1+2 科目组合还有进一步的改进空间。

今天报告就到这里，谢谢各位！

（王琦整理并经主讲嘉宾最终审定）

现 场 互 动

听众提问：刘教授，您好！感谢您给我们带来的思想盛宴。我想请问湖南省将于 2021 年实行 3+1+2 新高考模式，为了让考生更好地适应新高考，您有什么备考建议吗？

刘海峰：这是很具体很现实的问题。新高考很复杂，要实行是很有难度的。现有的高考分文综、理综，比较简单，大家已经习惯了。3+3 这种模式从 2014 年起在上海、浙江试行，是一个巨大的变动。新高考改革主要是科目改革，是恢复高考 40 多年来，各种各样改革里面难度最大、影响面最宽的，给中学的班级组合方式、教学分层办法，还有考试的赋分、学生的选科、高校录取等带来很多变化，体现了高考牵一发而动全身的特征。在新高考一省一市的试行过程中，2015—2017 年，我们国家教育考试指导委员会以及国家教育咨询委员会有一个考试改革组，五个委员曾经去了上海和浙江五趟。每次，头尾六天专门去调研。调研后，我们发现推行新高考有利也有弊。在去年五月，教育部曾经对准备实行新高考的 9 个省、市进行推行新高考的基础条件的实地评估。评估共分成四个组，有一组是到湖南、湖北、广东，我不是走这一条线，我去的是河北、辽宁。各个省推进的幅度不大一样。实地考察以后，安徽省退出了，剩下八个省，湖南还在其中。

如果实行 3+1+2，会比 3+3 简单得多，但是再简单也比原来的文理分科考试复杂。刚才的问题是怎么有利于考生，因为既然有选科，最后这个选科分数按照最高 100 分这样的赋分办法来。各个科目难易程度差异也是很大的，原来之所以浙江、上海那么多人弃考物理，是因为物理难度很大，但是物理对学生科学素养的养成和培养是至关重要的。浙江省的教训就是原来文理分科的时候，65% 的考生必考物理，因为考理科必考物理。实行新高考以后，2017 年只有 30% 的人考物理，2018 年剩下 20% 的人考物理，2019 年不公布了，估计更低。实行科目保护政策也有问题，对其他人也有不公平的地方，所以也成问题。我们在调研过程中，在 2017 年 8 月召开的一个座谈会上，浙江大学刚入学的新生，一个学霸，他三门全部考了 100 分。他说自己物理花了三年时间才拿到 100 分，可是技术这门考试，他只用一个月准备就拿到 100 分，由此可以看出不同科目难易差别很大。

考生和家长怎么办？如果从功利角度来讲，避难趋易，多数人肯定是这样的。当然最好根据考生的兴趣、专长来选择考试科目。但现在不管什么科目，难度是不同的，而分数是相同的。在这种情况下，家长和老师在指导学生选考科目的时候，避难趋易是很正常的现象。如果不限定考生考化学和物理的话，考生物和地理可能比化学容易。我就简要回答这一点。

听众提问：刘教授，您好！现在的公务员考试与传统的科举考试都是一种人才选拔制度，请问这两者之间有什么不同？

刘海峰：我今天讲的是从"古代科举到现代高考"，其实可以换一个题目，"从古代科举到现代公务员考试"，我以前在其他地方也讲过这个题目。其实现在的公务员考试就其性质来讲，跟古代科举更接近，因为它是选拔官员的考试。现在当然不完全叫官员，有一些是一般的公务员，但广义上公务员都可以称之为官员。公务员考试的内容跟古代科举性质更接近，考的是公务员需要的知识，包括文书起草等，公务员所使用的文体与科举考试的内容是有关系的，有学者专门分析申论与八股文的继承关系。两者不同的地方当然很多，主要有以下几点。

第一，考试内容不一样。因为时代变化了，社会变化了，古今差别很大。我刚才讲，1901—1904年科举改革以后，至少第二场的策问题跟现在的考试差不多，只在语言表述上略有不同。科举考试的内容跟现代公务员考试的内容从整体上看不一样。

第二，功用不大一样。现在的公务员考试是公务员系统中最基层的入门考试，而科举考试时代，比如说唐代、宋代、清代，有临时选拔人才的特科考试，叫"待非常之才"的临时科目，选拔的是中级官员，这有一点像前些年中国很多地方的领导干部的考试选拔或者是竞聘。科举考试有选拔低级官员的，也有考上以后一下子被任命六品、七品官。有的朝代进士可以直接被任命到接近于中层官员，相当于现在的地级市的书记。因此，科举中的乡试、会试、殿试是比现代公务员考试更高层次的考试。

第三，以前的考试层层淘汰，录取的人数总量很少，特别是到明清时代，三年考试一次，全国出一个状元。出一个状元不得了，"平地一声雷"，一举成名天下知。现在考上"状元"很风光，但是一个省至少有两个或两个以上"状元"，因为有裸分"状元"、加分"状元"等等。现在这个"状元"跟以前的不是同一个概念。公务员笔试以后还要面试，要按3∶1的比例进入面试，而面试环节有的人会找关系，平民子弟可能被挤掉。公务员考试整体上是很公平的，笔试作弊情况很少，但面试阶段有操作空间。但是在以前，考上一个举人，一旦中举就是天地为宽。为什么范进中举后会喜极而疯，因为举人太难考了，清代多数时候乡试中举的比例只有百分之一点几。原来大家都批判科举，其实范进中举的故事体现出科举促进社会阶层流动的功能。以前科举考试录取率很低，现在的公务员考试录取率也有很低的，但是公务员考试促进社会阶层流动的功能没有科举的功能那么大。

谢谢各位！

（王琦整理并经主讲嘉宾最终审定）

第 4 讲

传统家训的现代价值：
由家族制度的破坏到家庭文明的重建

颜炳罡，山东临沂人，1960 年生。现为山东大学儒学高等研究院副院长、教授、博士生导师，山东省政府特聘泰山学者、山东省文史馆馆员，兼任国际儒学联合会理事、国际儒学联合会学术委员会委员、中华孔子学会副会长、中国哲学史学会常务理事、中国孔子基金会学术委员会委员、山东周易研究会会长等。长期致力于中国哲学，尤其是儒家哲学的教学与研究工作，出版了《当代新儒学引论》《整合与重铸——当代大儒牟宗三先生学术思想研究》《墨学与新文化建设》等著作，主编"兰陵文化研究丛书"，在《哲学研究》《孔子研究》《文史哲》等杂志上发表论文 180 余篇。自 1996 年以来，在山东大学义务推广国学经典诵读活动，积极倡导"儒学在民众中扎根，在生活实践中落实"。自 2013 年始，在山东各地推广"乡村儒学"，创办并主编《乡村儒学》杂志，是位儒学生活化、实践化、草根化、大众化的理论诠释者和实践者。

直播二维码　　　　直播在线参与人数：41.5 万

导言

　　家是缩小的国，国是放大的家。在家国同构的中国传统社会中，良好的家训家风与家庭教育、个体成长、社会和谐、国家治理之间存在何种关系？传统文化中有哪些值得传承的优秀家训与治家智慧？近代社会家族制度遭遇了何种困境？如何培养优良的家风家教、重建现代家庭文明？对这些问题的理性思考与正确解答，对我们今天的家庭教育、人才培养、社会治理与国家发展具有重大意义。

　　2019 年 8 月 17 日，山东省政府特聘泰山学者、山东大学儒学高等研究院副院长、复圣公颜子（颜回）第 79 代孙颜炳罡教授莅临屈子书院讲坛，发表题为"传统家训的现代价值：由家族制度的破坏到家庭文明的重建"的演讲，并与现场听众开展了精彩互动。讲座由凤凰网湖南频道全球同步直播，在线参与人数多达 41.5 万；长沙理工大学教授、湖南汨罗屈子书院执行院长王琦担任嘉宾主持。

感谢王院长热情介绍，感谢在座各位小朋友和家长冒着酷暑来到屈子书院听我的这场演讲。屈原是伟大的爱国诗人，是中华民族的偶像。我很崇拜屈原，来屈子书院演讲，是我一生的荣耀！

一、家的百年流变

今天我为什么要讲家，或者说要讲家文化，因为在当代社会我们的家出了问题，我们的家教、我们的家风出了问题，我们家庭成员之间的关系出了许多问题。所以，许多人在家里已经找不到幸福，而是害怕这个家、逃避这个家、不愿拥有这个家。我认识一位女士，她有留学的背景，事业非常成功。我问她："你年纪不小，跟你老公结婚也多年了，为什么不生个孩子呢？"她说："颜老师，我不是不想生孩子，我是不敢生孩子。因为我生了孩子，不知道怎样教育孩子。"她说出了许多人心中的话。

一位前辈讲：你要开车上路吗？必须考一个驾驶证；当医生吗？要有行医资格证；当教师，要有教师资格证；开挖掘机、上蓝翔等等，几乎所有行业都要有资格证。结婚生子、为人父母，是多大的责任！但没有人通过资格考试取得了合格证再做爸爸再做妈妈的。《大学》有言："未有学养子而后嫁者也。"这是说没有一个人先学会了生孩子、怎么养孩子，然后再出嫁的，古人之所以没有，因为古人不用。传统社会一个家至少是三世同堂，稍多一点就是四世同堂乃至五世同堂的大家庭，有的甚至是七世同堂、十几世同堂的大家族。有的家族延续几百年不分家，怎么治理呢？所以传统家庭有一套行之有效的管理办法，这就是祖训、家规、家教，每一个人都在这套祖训、家规中成长，一代传给一代，一辈人做给一辈人看，下辈人模仿上辈人。大多数人有爷爷、奶奶，有爹有妈，今天的家庭呢？今天的家庭是这样的：儿子和儿媳妇不愿意与公公、婆婆生活在一个房子里，公公婆婆也不愿意和儿子、儿媳妇生活在一个房子里，今天大多数家庭是由父母与子女构成单元家庭或核心家庭。中国传统社会是农业社会，千百年来，只是缓慢地演化或者是年复一年、代复一代地循环，而没有社会结构的根本调整。

在传统社会里，地怎么耕种，有一套固定的法则。同样，怎么当爹、怎么当妈、怎么当爷爷、怎么当奶奶、怎么当儿子、怎么当女儿、怎么当媳妇、怎么当婆婆等，也不用学，上一代做给下一代看。生活法则、行为习惯、礼仪规矩，上一代传给下一代，下一代模仿上一代。

现在的社会是一个工商社会，与农业社会的安土重迁不同，工商社会的最大特点就是流动性。因为资本是流动的，因此它驱使着人去流动。大家从四面八方来到长沙、来到上海、来到深圳，明年说不定又去了北京、纽约、首尔、东京。在一个流动的社会，今天我来这里，明天你又迁到另外一个地方去工作了。家庭越小，流动起来就越方便。而传统社会的聚族而居的大家庭流动起来十分不方便，传统社会基本是四世同堂、五世同堂的大家庭，没有流动的基础。

由传统的大家庭到今天的核心家庭其实经过了一次又一次的家庭革命。当然家庭革命不是从五四运动开始的，在五四运动之前许多知识分子就开始喊家庭革命。康有为的《大同书》，最初称《人类公理》，就是家庭革命的经典性著作。他在设想的大同社会里，主张去"家界"、去"形界"。去"家界"就是取消家庭制度，去"形界"就是取消婚姻制度。有家庭，让人生而不平等，因为一个人出生的家庭决定了他的未来，生在帝王之家或者乞丐之家，差别大了，故而家是造成很多苦难的根源，是不平等的根源。因为有家存在，家有贫富贵贱之分，因而造成了人生而不平等，只有取消了家，没有私有财产，人才能够生而平等。

怎样取消家呢？康有为认为首先要取消婚姻制度，有婚姻就会有家。我们很多人都知道，中国古代一本书叫《易经》。其《序卦传》中说：有天地然后有万物，有万物然后有男女，有男女然后有夫妇，有夫妇然后有父子，有父子然后有君臣，有君臣然后有上下，有上下然后礼仪有所错。只要有天地就有阴阳两性事物即有男女，有男女就会结为夫妇。夫妇一旦成立，就成了家，千千万万的家结合就变成了民族，就会变成一个国家。"去家界为天民"，家庭的界限没有了，家不存在了，人人都是天的子女，自然就平等了。去家界的前提是去形界，形界就是男女差别。有形界就会男女不平等，男女就无法独立。要彻底地实现男女平等，就要取消男女差别，男的女的各自独立，取消婚姻制度。到了一定的年龄，男女青年彼此觉得比较对眼，就定为交好之约，最短也不能短于三个月，最长也不能超过一年半。生了小孩就送保婴院，然后幼稚园、小学院、中学院、大学院，然后开始工作，60 岁退休，最后进入考终院。

近代以来，尤其是五四运动时期，许多激进主义者认为家是万恶之源，家族制度是封建专制主义的根基，因而要推翻封建专制就要破除家庭。四川有一位被胡适称为"只手打孔家店的老英雄"吴虞，他写过一篇有名的文章《家族制度为专制主义之根据论》，他认为中国君主专制一直利用家族制度为其统治天下、愚弄黔首服务，而"家族制度之与专制政治，遂胶固而不可分析"。为什么能联系如此密切呢？"儒家以孝弟二字为二千年来专制政治、家族制度联结之根干，贯澈始终而不可动摇。使宗法社会牵制军国社会，不克完全发达，其流毒诚不减于洪水猛兽矣。"[1]

"孝"是维护传统家庭存在的核心价值，在家国一体的意义上，有移孝作忠的意义。孝也是维护国家存在的重要价值，孝的观念被打倒了，当然中国传统"在家尽孝，为国尽忠"的价值就不存在了。中国汉代有"举孝廉"制度，那时的人，要想出来当官，要想出来参与治国理政，首先得在家里是一个孝子。在家里不孝，怎么会做一个忠臣呢？今天我们仍然要求清廉。清就是清清白白地做人，廉就是公公正正地办事。没有清白，没有公道，只有孝也不行，所以古人是举孝廉。

孝与忠是维系传统家国一体存在的两根大柱子，就像一座大房子，支撑这房

---

[1] 1917 年 2 月 1 日《新青年》第二卷第六号。

子的是两根大柱子，把这两根顶梁柱拆去了，这房子就倒了，中国传统的家庭制度与国家政体当然不复存在。吴虞看问题很独到，中国传统家国制度的根基在儒家的孝悌。湖南有一个非常杰出的人物曾国藩，他认为最能维护家庭长久的是孝友之家，而不是官宦之家、商贾之家。孝是家庭中的代际伦理，善事父母谓之孝，作为儿女作为晚辈能尊敬父母、赡养父母，这就是孝。

人们常说父慈子孝，但作为父母对子女的爱是生物学遗传的本能，动物都知道，对后代要爱护。我看过一个视频，一只鹰把一只小鸭子死死咬住了，鸭妈妈上去跟它拼命。在动物世界里，大象会保护小象，甚至狼都知道保护自己的幼崽，父母对子女的慈从某种意义上说是生物遗传的本能。如果说为人父母不能保护自己的孩子，这样的父母怎么样？中国人说这样的父母禽兽不如。生而不养，禽兽不如。孝不是与生俱来的本能，孝需要文饰，需要教化。孟子说孝是不学而能的良能、不虑而知的良知。"人之所不学而能者，其良能也。所不虑而知者，其良知也。"（《孟子·尽心上》）对于生而知之的圣人，孝可能是不学而能，不虑而知的，而对于普通人，孝是要加以后天培养的。中国古人明白，"教"就是一个孝加一个文化的文。孝是需要教化的，只有孝才能把一个人和动物区别开来。

小狼长大了，知道谁是狼爸、谁是狼妈、谁是狼哥、谁是狼姐狼妹吗？不会。但是人长大了知道这些。人知道这些东西按照中国传统的说法叫"明人伦"。伦就是人与人之间的关系，明人伦就是明白人与人之间的关系。

一个家需要一代一代往下传，这就是代际传承。兄弟、姊妹、叔嫂等同辈之间，善事兄长谓之悌，又叫兄友弟恭。一个家父慈子孝、兄友弟恭，这个家才能和睦相处，才能长远发展。

新文化运动的时候，北京大学创办了一份杂志《新潮》，在创刊号上，傅斯年先生发表了一篇文章《万恶之源》。他认为"中国的家庭"就是"破坏个性的最大势力"，就是万恶之源。他讲了一个笑话：在中国传统社会，爹妈给儿子娶妻，不是给儿子找媳妇，而是为了找孝顺自己的儿媳妇。同年 7 月，李大钊在《每周评论》发表文章评论傅斯年的《万恶之原》时说："中国现在的社会，万恶之源，都在家族制度。"从康有为去"家界"去"形界"，到吴虞视家族制度为专制制度的根基，再到傅斯年的家是"万恶之源"，家已经被激进主义者搞得声名狼藉。由此我们说，今天家庭出现的问题，人们家庭观念的淡薄不始于当代，而是近代以来长期历史演进的结果。从维新运动到新文化运动，已经一百多年了，百余年来我们的家庭革命、家庭破坏，是这样一些观念长期积累的结果。

在当代，家庭问题也不仅仅是中国的问题，同样是世界的问题。中国有一个词叫"啃老族"。现在很多中国父母说啃老不要紧，只要不坑爹就行。也有人说现在青年人之所以坑爹，是因为早年"爹坑"。"爹坑"即父母早期教育失败，爹先坑了他，然后他就变成了坑爹。在日本有一群人叫"茧居族"，当然它与中国的"啃老族"不完全相同。人民网法新社报道，日本政府 2019 年 3 月 29 日公布调查指出，日本 40 岁以上的人当中，超过 60 万人完全孤立于社会，待在家超过 6 个月，其间与社会毫无互动。这种现象在日本很常见。"茧居族"，亦即不上学或不工作达半年，且不与家人之外的任何人互动的人。这项调查估计，日本当前 40 岁到 64 岁的人中，有 613000 人是茧居族，当中近 3/4 是男性。负责这项调查的日本内阁府官员告诉记者："调查结果人数比我们所想象的多，茧居族是不单出现在年轻人身上的问题。"这种茧居现象绝非日本一国独有，在中国、在世界上任何一个角落都会发生。央视新闻网报道：2019 年 6 月 1 日，曾出任日本农林水产省事务次官的熊泽英昭在家中杀死了自己的亲生儿子。他称自己是"为民除害"，他的儿子就是"茧居族"中的一员，因为担心儿子对附近小学生不利，他才大义灭亲的。他的这个 44 岁的儿子长期茧居在家，没有工作，上网玩游戏是他唯一的爱好。

在中国现在流传一个谜语，谜面是："一直无业，二老啃光，三餐饱食，四肢无力，五官端正，六亲不认，七分任性，八方逍遥，九（久）坐不动，十分无用。"要求打一类人，其谜底为"啃老族"。在中国有多少人在啃老，有人说 60%，有人说这个数字过大，但啃老、坑爹已经成为这个时代不可回避的家庭问题、社会问题。北京大学一位名叫吴谢宇的高才生，竟然将与自己相依为命的母亲杀了。2009 年 11 月，北京大兴有一起灭门案，作案者竟然是这家长子李磊。他杀了自己的妻子、妹妹、爸爸、妈妈与两个幼小的儿子，这是轰动全国的凶杀案。今天，我们的家庭怎么了？在哪里出了问题？我们该怎么办？我认为，我们要回望传统，从传统齐家之道中探寻解决今天家庭问题的药方，看看可否找到一些借鉴资源，为我们释疑解惑。

二、汲取传统家训精华，促进文明家庭建设

中国传统的大家庭出了问题，近代以来许多激进的知识分子都有揭露。我们认为，传统家庭是与以农为本的中国传统社会相适应的，其最大问题是它不适应工商社会资本的要求，因而向核心家庭或单元家庭迈进是现代社会发展的必然趋势。传统家族式的大家庭虽然解体了，但这并不意味着传统家庭中的核心观念就没有意义了。今天凡是中国人，凡是有文化教养的中国人，都知道感恩父母，重视亲情，仁义忠孝等为他们所恪守。

中国传统士大夫以修身、齐家、治国、平天下为己任，身修、家齐、国治、天下平是传统士大夫的理想，身、家、国、天下是传统士大夫的主要研究对象，齐家是其中重要的环节。齐家是什么意思？齐家就是家庭管理，我们传统的家训是对家庭管理经验的总结，用今天的话说就是家政学，用传统观念讲就是齐家之道。

齐家之道的集中体现就是家训，它是各种诫子书、训子书、家规、遗训、家诫、庭诰、族规、家礼等的总称。家训既有口头的告诫，也有书面的表达。口头表达既有随机性点醒，也有语重心长的叮咛告诫；书面表达既包括作者对子女或晚辈某一事、某一行为有针对性的教诲、告诫，如《马援诫侄书》、诸葛亮《诫外甥书》等等，也有系统的理论阐述，如《颜氏家训》《温公家范》《袁氏世范》《家人箴》《内训》《药言》《家政集》《孝堂家训》《双节堂庸训》《负暄闲语》等等。从表面上说，家训是祖辈、父辈对子孙后辈口头或书面的劝勉、训诫、叮咛、嘱托；就实质上讲，家训是祖辈、父辈人生经验、生活智慧、存在法则向后世子孙的传授，是家庭的精神文化血脉传承。

小到一个家庭、一个家族，大到一个民族、一个国家，有兴有衰，有成有败，只有总结其兴衰成败的经验与教训，才能避免重蹈复辙。不少家族尤其是文化家族，士大夫积极地纂写家训，是想通过对家庭成员的道德教化、礼仪熏染、良好行为习惯的养成等，在社会上树立起良好的形象，在社会竞争中保持优势地位，达到人丁兴旺、家族繁荣之目的。黄庭坚这位北宋时期的文学家、书法家，

也是著名孝子。史载他虽身居高位，侍奉母亲却竭尽孝诚，每天晚上，都亲自为母亲洗涤溺器。他有一篇《家戒》，流传至今。为什么要写《家戒》呢？原因是他目睹了"润屋封君，巨姓豪右，衣冠世族，金珠满堂。不数年间，过之，特见废田不耕，空囷不给。又数年，复见之，有缧绁于公庭者，有荷担而倦于行路者"。为什么一些仕宦大族衰败如此之快？因为"家之不齐，遂至如是之甚"。他作《家戒》就是以别人家的教训"以为吾族之鉴"，达到"子孙荣昌，世继无穷之美"的目标。黄庭坚的愿望正是天下一切士大夫的理想。如何才能使家族长久繁荣昌盛呢？

> 何以知之将昌？曰家有严父；何以知家之将亡？曰庭有骄子。"（安徽《合肥李氏宗谱》）
>
> 作善降祥，作不善降殃。古来人试得多了，不消我复去试得。
> （姚舜牧《药言》）

前人认为一个家族的兴衰背后有一个规律：怎么知道这个家族兴旺？家有严父。严父即一个有威仪、庄重的父亲。前人认为父亲在家庭中的地位就像国君在国家中的地位，子女称父亲为严君、严父。这个父亲不会跟子女嬉皮笑脸，不会斗酒、打游戏、当足球啦啦队，父亲在子女心目中是"可敬不可爱"。何以知家之将亡？庭有骄子。家庭中出了骄横、蛮不讲理、没有规矩、没有修养的儿子。如果孩子在家里就知道称王称霸，走向社会依然我行我素，那这个家就会衰亡。家是要一代一代传承下去的，子女没规矩、不争气，这个家就没有未来，何谈兴盛？子女之所以没规矩、不争气，在于父母，所谓"子不教，父之过"。

一个好的家庭，是与人为善的家庭。这个家庭经常做好事，做公益之事，做有利于大众之事，就会给这个家庭带来吉祥。《易经》有"积善之家，必有余庆；积不善之家，必有余殃"。一个家庭经常做好事，为别人着想，不欺负别人，这个家就有余庆；如果这个家积不善，必有余殃。《袁氏世范》讲了一个故事：有个官宦之家，仗着自己有权势经常欺负邻里，左邻右舍最怕与他打官司，因为一旦打官司，左邻右舍必败。有一天，他家里遭了强盗，强盗砍伤了他，临走还把他家点着了。周围邻居相诫：千万不要去救火，如果不去救，不过被打一百棍；如果救火，他家里的东西丢了，沾上他家的官司，这辈子没完没了。左邻右舍相约不救，结果他的家被烧个精光。这是"积不善之家必有余殃"。

有一年，我受廖晓毅教授邀请，到长沙县板仓乡讲课，讲课的地点离杨开慧故居不远。讲课以后，我到杨开慧故居参观。杨家供着一个牌位，牌位的两边写着一副对联："忠厚传家久，诗书继世长"。这两句话可以说是天下华夏儿女共同的家训。忠厚是从家庭成员的品德上讲的，只有忠诚与厚道之家才能传之久远；诗书是从文化上说的，只有具有文化，这个家庭才有希望。

> 凡人为子孙计，皆思创立基业，然不有至大至久者在乎？舍心地而田地，舍德产而房产，已失其本矣，况惟利是图，是损阴骘。欲令子孙永享，其可得乎？（姚舜牧《药言》第二十五章）

这段话说得非常好！这是说所有父母乃至长辈，他们的一切都是为子孙打算，为子孙考虑，甚至不少都是为儿女活着。为子孙积累，为子孙创立基业，让儿子这一辈子不愁，让孙子下辈子都不愁，让子子孙孙保持富有。像秦始皇那样，他是始皇帝，儿子是秦二世，孙子是三世，重孙子是四世以至万万世。结果呢？秦帝国不过二世而土崩瓦解。他创立的基业呢？灰飞烟灭！以秦始皇之英明，何以会有如此之结果？汉初大儒贾谊在《过秦论》中说，秦始皇"仁义不施而攻守之势异也"。秦始皇治国也好，治家也罢，纯用法家，刻薄寡恩，没有仁义道德，不厚道。就家庭言，他以法家之术教育子女，秦始皇一死，子女之间就相互残杀。史载他的20多个儿子都死于兄弟之手。秦始皇没有家教，既没有父慈，也没有子孝，更不讲兄友弟恭了。他的家不"齐"，天下百姓遭殃。在姚舜牧看来，天下最大、最久、最根本的基业，是经营心地，是建立德产。心灵即灵魂是财富，是最优质的财富，是任何人抢不去的财富，是一切财富的根本；道德是资产，是最优良的资产，是一切资产的根基。"舍心地而田地，舍德产而房产"，即失其本矣，就是舍本逐末，何况唯利是图呢？靠不正当的手段得到的富贵，"欲令子孙永享，其可得乎"？

"千年黄土百易主"，在中国传统社会，土地是生产资料，是不动产，然而土地永在，主人常新。土地如此，房舍如此，江山何尝不如此呢？刘邦推翻秦政，灭了项羽，做了皇帝，江山姓刘。他把自己的父亲请到长安，问："与两位哥哥相比，谁的家业大？"三国时代，江山依旧在，可不再姓刘。正所谓"万里长城今犹在，不见当年秦始皇"。

心地比田地根本，德产比房产重要。一个家庭，应将如何置办家庭的德产放在第一位，一定要将经营孩子的心灵、经营自己的心灵放在首位。有天下第一家之称的山东孔家，世袭衍圣公，有"与国咸休安富尊荣公府第，同天并老文章道德圣人家"之称。孔子生前没有留下多少房产与土地，但经营心地，广置德产，流风余韵，荫及子孙，泽被79代。两千多年来，多少达官显贵、多少富可敌国的富商大贾灰飞烟灭，而孔子布衣，传七十余代，两千多年全世界人民记得他，再过两千年全世界人民还会记住他，这是道德的力量。

三、家文化的基本特征

经营心地，就是正心诚意；多置德产，就是积善成德。经营心地，就是动心起念，心存良善，邪念不起，恶念不生，一旦有不好的意念就马上把它克服了，决不坑人、害人、损人，处处帮人、益人、容人；广置德产就是积德行善，多为别人做好事，多为别人着想，心存大爱，乐于公益。

积善成德可以变化气质，让人心宽体胖，诚中形外。一个善良的人，他会处处为别人着想；一个没有教养的人，他会处处与人计较。处处为他人着想的人，宅心仁厚，雍容大度，久而久之，面目慈祥；一个处处与人计较的人，心胸狭窄，举止窘迫，久而久之，生酸楚相。经营心地，先从自己做起。张履祥有言：

> 人家不论大小，总看此身起。此身正，贫贱也成个人家，富贵也成个人家，即不能大好也站立得住。若是此身不正，贫贱固不成人家，富贵越不成人家，无论悖常逆理，祸败立至，即幸而未败，种种丑恶，为人羞耻不可言矣。所以修身为急，教子孙为最重。然

未有不能修身，而能教其子孙者也。

遇有穷达之异，身只是此身，穷亦当自爱，达亦当自爱。穷时爱身，当如女子之处室，乃能不污其行；达时爱身，当如圭璧出椟，乃能不丧其宝。（张履祥《杨园先生全集·训子语》）

齐家以修身为急，以教子为重，这是张氏家训。一个家庭不论大小，是贫是富，是贵是贱，不管是三口之家、八口之家、十口之家、两百口之家，都是看这家人的人品。对标人物是父母，是家长。父母行为端正，说话讲理，就能成为孩子的好榜样，贫贱也成个人家，富贵也成个人家。否则，说话不讲理，行为不端正，就是孩子坏的示范。父母满脑子想的都是歪门邪道，"发财，发财，发大财；做官，做官，做大官"，从不想做人，做人，做好人，这就是身不正。贫贱固不成人家，富贵越不成人家。在座同仁，大家都看过《红楼梦》，宁国府、荣国府是何等风光，何等显赫，风光无限，然而最终走向覆灭，"落了片白茫茫大地真干净！"何哉？两府上下，各色人等不知修身，尤其是贾赦、贾政、王夫人、邢夫人、贾珍等。阖府上下不知修身，整个大观园只有两个石狮子干净的时候，当"种种丑恶，为人羞耻不可言矣"的时候，这样的家能不祸败立至吗？能不树倒猢狲散、食尽鸟投林吗？不修身，贫贱不成人家，富贵越不成人家。有了钱有了权，如是好人，就有了积德行善的资本；如是坏人，就有了做坏事的资格。有些人虽坏，但一没有权，二没有钱，他想做坏事也做不成。齐家以修身为急，意义就在这里。

齐家"以修身为急，教子孙为最重"。然未有不能修身，而能教其子孙者也。"我总觉得为人父、为人母不容易，是一种非常沉重的责任。父母是一种责任，人家叫你爹、叫你妈了，这个责任就重了。父母也是一种榜样，当爹当妈得时时处处做给孩子看，孩子时时刻刻盯着爹妈的一切言行，爹妈是孩子模仿的对象。当爹就当一个好爹，当儿子就当一个好儿子，当孙子就当一个好孙子，这就是身修，身修才可以齐家。

怎么修身？修身就要坚守"八德"。前儒有言：

　　"孝悌忠信礼义廉耻", 此八字是八个柱子, 有八柱始能成宇, 有八字使克成人。圣贤开口便说孝悌, 孝悌是人之本。不孝不悌, 便不成人了。孩提知爱, 稍长知敬, 奈何自失其初, 不齿于人类也? (姚舜牧《药言》)

　　身既修矣, 然后推之齐家, 家既可齐, 而不优于为国与天下者, 无有也。故家人者, 君子之所尽心, 而治天下之准也。安可忽哉? (方孝孺《家人箴》)

　　孝悌忠信礼义廉耻, 古人称之为八德。如果人是一座房子, 八德就是支撑起房子的八根大柱子, 没有这八根柱子房子就会倒塌, 所以这八德就是修身之基, 就是为人之本。孝与悌是中国传统特别注重的两个观念, 孩提知爱, 稍长知敬, 在孟子看来, 这都是人之本性, 奈何自失其初? 不孝不悌, 人就不成为人, 不齿于人类了。如果忘记了孝悌, 用今天的话说就是丧失了初心, 丧失了初心就不齿于人类, 人就不是个人了。孝是将人和动物区别开来的一个根本性的标志。

　　在方孝孺看来, 治国难, 而齐家比治国更难。一个人可以管理好企业, 把企业做得很大, 但未必能够治好家, 未必能管好自己。一个人可以管理好天下, 管理好一个国家, 但是未必能齐好家。因为家是一个比国还复杂的系统。大概管理企业、治理国家, 一切按照规章制度办, 依法治国, 依法治企。但齐家不能这样, 因为法律针对的是事, 不是情, 所以有法不容情。家人之间, 尤其父子之间、夫妇之间等, 更多的是情而不是事, 不是理。一个家没有礼仪法度不行, 但一切依照礼仪法度也不行, 治家需要多想想。因为在古代中国, 家国同构, 家是缩小了的国, 国是扩大了的家, 治好了家就可以治国平天下。南宋时期有一位大儒名叫陆九渊, 他家七世同堂, 每一个男丁到一定年龄轮流掌库房。他说自己掌库三年, 学问大进。进在哪里? 进在实务操作, 这为他以后从政打下了基础。

　　我常说: 家风是一代做给一代看, 前人为后人做示范。这个思想源自《颜氏家训》:

> 夫风化，自上而行于下者也，自先而施于后者也。是以父不慈则子不孝，兄不友则弟不恭，夫不义则妇不顺矣。父慈而子逆，兄友而弟傲，夫义而妇陵，则天之凶民，乃刑戮之所摄，非训导之所移也。（《颜氏家训·治家》）

风化当然指社会风尚教化，扣紧家文化主题就是家风、门风。《颜氏家训》认为，家风是自上而行下、自先而施后流传下来的。父母是孩子的榜样，兄长是弟弟的榜样，丈夫是妻子的榜样，父母给孩子做示范，丈夫给妻子做示范，兄长为弟弟做示范。如果父不慈则子不孝，兄不友则弟不恭。家风一代传给一代，一代流行给一代，一代做给一代看，不是一代教给一代听，而是前人为后人做示范。

做父母是一种责任，"养不教，父之过"。父母对子女的教育就是家教。那么父母如何教？

> 上智不教而成，下愚虽教无益，中庸之人，不教不知也。古者，圣王有胎教之法：怀子三月，出居别宫，目不邪视，耳不妄听，音声滋味，以礼节之。……师保固明孝仁礼义，导习之矣。凡庶纵不能尔，当及婴稚，识人颜色，知人喜怒，便加教诲，使为则为，使止则止。比及数岁，可省笞罚。父母威严而有慈，则子女畏慎而生孝矣。
>
> 吾见世间，无教而有爱，每不能然；饮食运为，恣其所欲，宜诫翻奖，应诃反笑，至有识知，谓法当尔。骄慢已习，方复制之，捶挞至死而无威，忿怒日隆而增怨，逮于成长，终为败德。孔子云"少成若天性，习惯如自然"是也。俗谚曰："教妇初来，教儿婴孩。"诚哉斯语！（《颜氏家训·教子》）

大凡家训，无不从教子开始。家训本质上是为教育子女而设的。《颜氏家训》二十篇，实质上是将《教子》放在第一位。上智，即天才人物，不教而成，无师自通；下愚，即愚笨、低智商或痴呆，虽教无益。无论是天才还是弱智，这两种人都极少。介于二者之间的人，则是绝大多数，这绝大多数就是中庸之人，就是普通人。对于普通人而言，不教不知也。

家教是什么？家教是父母或长辈引导孩子由自然人向社会人转化的过程，是孩子社会化的开始。孩子出生了，只是自然存在状态，一个自然人要成为社会人，适应社会，从哪开始？从家教开始。《颜氏家训》告诉我们，家教越早越好。古之帝王，有胎教之法。一般人家不可能像帝王之家那样实行胎教，但当孩子识人颜色，知人喜怒，便加教诲，使为则为，使止则止，从而形成了良好的行为习惯，到了七八岁的时候，也就是心理学所谓的儿童叛逆期，就用不着体罚教育了。中国传统教育特别重视母教，因为在男主外、女主内的传统社会里，妈妈比爸爸接触孩子的机会更多，妈妈教育孩子也比爸爸教得多，中国有四大贤母，谁曾听说过有四大贤父？孟子的妈妈、陶侃的妈妈、欧阳修的妈妈、岳飞的妈妈都是教子的典范，这些妈妈都很了不起。但有位更伟大的妈妈，大家知道她是谁吗？她是孔子的妈妈，名叫颜徵在，史称"颜母"，可谓地地道道的圣母。《颜氏家训》讲了一位贤母，是梁朝大司马王僧辩的母亲魏夫人。魏夫人很了不得，对王僧辩要求极严。王僧辩年过四十，成为率领三千人的将军，如果他做得不好，他妈妈照样训斥、笞罚他。《颜氏家训》说王僧辩能够平定侯景之乱、成就一番事业是与他母亲的教育分不开的。

"爱而不教，沦为不肖""知爱而不知教，终为不肖"，这是前贤的教诲。很多家长对孩子很溺爱，有些小孩子想喝什么就喝什么，想什么时候吃就什么时候吃，如果吃饭的时候就不吃了，妈妈还是包容。"饮食运为，恣其所欲。"一个不懂事的孩子，没有任何规矩，如果父母对孩子没有任何管教，那孩子就只是个没有社会化的自然人。人的社会化是人成长历程的标志。

孩子小的时候不教育，当孩子骄横怠慢成为习惯之后，父母才想起教育，这样只会"捶挞至死而无威，忿怒日隆而增怨"，绝没有好结果。"积善之家，必有余庆；积不善之家，必有余殃。臣弑其君，子弑其父，非一朝一夕之故，其所由来者渐矣，由辨之不早辨也。"（《易经·坤卦·文言》）今天见诸报端的那些子女把父母杀了，都非一朝·夕之故，都是长期积累形成的结果。

良好的习惯是自幼养成的，是家教的结果。教育不完全是学校的事情，也是每一个家庭的事情。教育不仅仅是老师的责任，更是每一位家长的义务。我们许许多多"坑爹"的孩子，其实都是父母教育失当所致，先有"爹坑"才会导致后来的"坑爹"。"少成若天性，习惯如自然。"少年养成的行为习惯就像天生的一样，习惯就自然了。《增广贤文》中有两句话："养儿不教如养驴，养女不教如养猪。"这句话说得不好听，好像是骂人，但话糙理不糙。大家看看古代家庭良好的行为习惯是怎么养成的：

> 第十二条　每旦，击钟二十四声，家众俱兴。四声咸盥漱，八声入有序堂。家长中坐，男女分坐左右，令未冠子弟朗诵男女训戒之辞。《男训》云："人家盛衰，皆系乎积善与积恶而已。何谓积善？居家则孝悌，处事则仁恕，凡所以济人者皆是也；何谓积恶？恃己之势以自强，克人之财以自富，凡所以欺心者皆是也。是故能爱子孙者遗之善，不爱子孙者遗之恶。《传》曰：'积善之家必有余庆，积不善之家必有余殃。'天理昭然，各宜深省。"（《郑氏规范》）

郑氏家族，以儒家"孝悌忠信""礼义廉耻"为训，以耕读传家，历宋、元、明三代，长达三百六十多年，鼎盛时三千人共食。由这一条我们可以窥见古代大家族的生活状态：秩序井然，守时守规，每日引人向善，形成家族共同的价值观。

家族的兴衰有一个规律在支配，这个规律就是积善之家、积不善之家。如何保持家庭昌盛不衰，那就是力营心地，广置德产，积善成德，教子义方。儒家心意所系，不是发财升官，而是做好人。如何做好人？修身为本。我身是本，财富是末，官职是末。做人是发财之本，做人是升官之本。古人常说："子孙虽愚，经书不可不读。"经书是指儒家的"四书五经"，不是《金刚经》，也不是《道德经》。儒家的经书才是修身之本、做人之基，是人生的方向盘和指南针。知识给人力量，支配力量的关键是方向。一个人的才干是一个人的力量，用错了方向，力量越大，破坏性就越大。德性、爱心、良知、礼仪、法度，就是我们力量的方向。

　　2015 年 2 月 17 日，习近平总书记在春节团拜会上指出："不论时代发生多大变化，不论生活格局发生多大变化，我们都要重视家庭建设，注重家庭、注重家教、注重家风……使千千万万个家庭成为国家发展、民族进步、社会和谐的重要基点。"家风建设从我做起，家教从教育子女做起。父母不会骂人，子女长大了就不好意思骂人；当爹当妈的不说脏话，就可以要求孩子不说脏话。当爹的满口污言秽语，当妈的满口污言秽语，要求孩子不说脏话，那是不可能的。好家风一代流传一代，好家风是一代教育一代。中华美好家风应永久留存。愿每一个家庭幸福、和睦、兴旺、安康！愿天下每一个子女都有教养，在家孝敬父母，出来工作尊重上级、团结朋友，都拥有一个和谐共赢的理念，最终实现中华民族的伟大复兴。

　　今天的讲座到此结束，谢谢大家！

（王琦整理并经主讲嘉宾最终审定）

现场互动

听众提问（一）：颜教授，您好！感谢您给我们分享了这么多优秀的传统家风家训。我想向您请教：在一个人的成长过程中，家庭教育和学校教育哪个更重要？您对我们今天孩子的教育有什么好的建议？

颜炳罡：您的问题问得非常好。家庭教育更多的是给孩子礼仪规范，培养孩子生活中行为习惯，或者家庭教育更多的是给孩子生命的方向盘、指南针，学校教育更多的是给孩子知识、技能，给孩子的是力量。当然我希望学校教育能够真正落实国家的教育宗旨：立德树人。我认为学校教育和家庭教育各有侧重，但目标一致，二者不可偏废。家庭教育更多的是给孩子以教养，以养成教育、人格教育为主；而学校教育以知识教育、技能教育、审美教育、价值观教育为主。家庭教育和学校教育结合是最完备的一种教育方式。

听众提问（二）：颜教授好！我今天特意带了两个学生来听您的讲座，受益匪浅。我有一个问题想向您请教：古代的传统文化与现行法律和民主制度之间发生矛盾和冲突的时候，我们要具体怎么操作？请您指导！

听众提问（三）：请问颜教授，现在家庭教育一般都是以母亲教育为主，父亲在家庭教育中有一点缺失。我很担心，父亲在家庭教育中的缺失会不会对孩子有很大的影响？毕竟像我们一样的家庭都是母亲在带孩子，父亲在外面做事业，在家庭教育中没有付出特别的精力。

颜炳罡： 两个问题都问得非常好。因为现在毕竟是现代社会，现代社会与传统社会毕竟有了很大的落差。我们现在是一个城市化、商业化的社会，传统社会实际上是聚族而居的农业社会、乡村社会，二者有不同，但也有万变不离其宗的东西在。

习近平总书记说：不论时代发生多大的变化，不论生活格局发生多大的变化，我们都要重视家庭建设，重视家庭，重视家教，注重家风，使千千万万个家庭成为国家发展、民族进步、社会和谐的重要基点。习近平总书记为这个问题做出了非常好的回答，我在习近平总书记回答的基础上，就这个问题给大家唠叨几句。

社会虽然在政治制度、社会结构上发生了很大的变化，但是从古到今还存在着不变的东西。中国传统社会讲五伦，五伦就是父子有亲、君臣有义、夫妇有别、长幼有序、朋友有信。现代社会仍然有五伦，而家庭关系独占"三伦"即父子、夫妇、兄弟，仍然存在着三种关系。美国人也存在着这三种关系，欧洲人也存在着这三种关系。这种伦常关系，古人有，今人有，未来的人还有，有家庭生活就有父母与子女的关系。

夫妇有别，似乎过时了，其实也没有过时。今天只要有家，只要不是康有为的《大同书》里的大同世界，家就由夫妻构成，我们就要处理两性之间的关系，处理夫妻之间的关系。处理夫妻关系，对中国人来讲是一门大学问。夫妻之间的家庭伦常是别的东西无法替代的，所以要处理好夫妻关系。传统社会，男主外、女主内，有个相对的分工；现代社会，男女都在社会上打拼，无论是内还是外，男女共主。不过，再过一千年，仍然男女有别，男女就是不一样。

兄弟关系。原来是独生子女，现在又开放二孩了。兄弟关系放到社会上就是儒家讲的四海之内皆兄弟。社会无论发生多大的变化，世界格局无论发生多大的变化，但这三种家庭关系是永恒的。当然传统观念与现代观念发生冲突时，尤其是与民主、法律发生冲突时，我主张服从法律，服从民主。

刚才这位女士的担忧不是多余的。当然，我也劝这位女士不要过分忧虑，因为中国古代的家庭教育，父亲是方向，母亲是助孩子成功的最重要的基石。父亲就是适宜的气候，妈妈就是大地，这叫作天道坤成。父亲在家庭教育中的作用是原则性的指导，是方向的指引，是规矩的奠定，母亲需要达成这个方向，需要完成这个方向，需要做成这个方向。当然，如果说生活在单亲家庭当中，单亲家庭虽然是不同原因造成的，但是从古到今，很多单亲家庭成长出来的孩子也是非常优秀的。孔子就是单亲妈妈养大的，孔子的爸爸在孔子出生不久就去世了。《史记》记载，孔子妈妈给孔子的教育方式是寓教于乐，所以这样的妈妈是中国最伟大的妈妈。

（王琦整理并经主讲嘉宾最终审定）

第 5 讲

儒家礼乐文明与中国文化精神

彭林，清华大学首批文科资深教授、博士生导师。兼任中国社会科学院古代文明研究中心专家委员会委员、国际儒学联合会理事、中华炎黄文化研究会理事、京都大学等校客座教授、《中国经学》主编。是国家社科基金重大项目"仪礼复原与当代日常礼仪重建研究"首席专家。主要获奖：教育部优秀教学成果二等奖，北京市优秀教学成果一等奖，北京高校教学名师奖，清华大学首届"十佳"教师，良师益友特别奖，清华大学新百年教学成就奖等。在清华大学主讲的"文物精品与文化中国""中国古代礼仪文明"，均被教育部评为"国家级精品课程"。系列节目《彭林说礼》于 2011 年 10 月在百家讲坛播出。

直播二维码　　　　直播在线参与人数：47.7 万

导言

　　中国礼仪文化源远流长。自从周公制礼作乐之后，礼便构成了中华民族独特的文化模式。所谓"礼仪三百，威仪三千"。礼的内涵是什么？如何理解儒家礼乐文明与中国文化精神？礼的现代价值与意义何在？

　　2019年9月8日，清华大学首批文科资深教授、国际儒学联合会理事彭林教授莅临屈子书院讲坛，主讲"儒家礼乐文明与中国文化精神"，剖析礼与中国文化的关系，探寻礼乐文明的现代价值与意义。讲座由凤凰网湖南频道全球同步直播，在线参与人数多达47.7万；湖南大学岳麓书院教授、湖南汨罗屈子书院院长朱汉民担任嘉宾主持。

尊敬的朱老师、各位来宾、各位朋友，今天我深感荣幸，有机会来到魂牵梦萦的汨罗，因为我从小就敬仰屈原先生。在传承中国文化道统的知识分子中，有一种精神，我们称之为士大夫精神，屈原是那个时期士大夫精神的代表，他展现了中国士人高风亮节的品格，给世人留下了宝贵的精神资源。所以今天在这个地方讲课，对我而言有非常特别的意义。

今天我讲的题目是"儒家礼乐文明与中国文化精神"。大家都知道中国文化的主体是儒家文化，儒家文化是礼乐文化。为什么礼乐可以拿来治国，它背后所体现的文化精神有哪些？今天我想就这样一个题目来跟大家交流，谈一些我的看法。

一、中国文化之大旨在礼

这些年由于一些古装戏的影响，许多老百姓误认为传统礼就是磕头作揖、屈从奉迎、奴才有罪等，由此影响了我们对传统文化的认识，所以课程的开端我引用钱穆先生在《中国知识分子》中的一段话：

> "梁任公以中国重礼治与西方重法治相对，此可谓深
> 得文化分别之大旨所在。"

梁任公（梁启超）看到西方文化入侵中国，得到诸多知识分子的吹捧，甚至主张全盘西化。梁先生指出中国文化和西方文化是两个不同的文明体系，各有优长，要互相尊重和学习。好比两棵树，这两棵树的树叶、树枝、树皮等各有不同，但是根本上的不同在哪里？梁先生认为中国注重礼治，用礼来治国；西方人重法，用法律来治国。说得简单点，中国文化最核心的东西是礼，西方文化的核心是法。

西方人看重法治，原因是他们认为人性是恶的，人一生下来就有犯罪作恶的欲望。亚当跟夏娃在伊甸园偷吃了禁果，上帝非常生气，将他们逐出伊甸园，上帝与亚当签订一份契约，他的子子孙孙生下来灵魂就是邪恶的，都有原罪。所以在西方人看来，原罪成了人性的本能，它依附在人的灵魂里，蛊惑人们去犯罪。人们每天向神求助忏悔，如果不能改好就由法来把人管住，这是西方文化的一个逻辑。中国文化与之相反，传统文化认为人生下来就有善的本性。蒙学《三字经》第一句话就是："人之初，性本善。"人是万物的灵长，儒家认为人的灵魂需要自己来管，而且要把它管好。拿什么来管？拿礼来管。"礼者，理也。""礼者，理之不可易者也。"在中国人的心目中，礼是社会共同遵守的法则，谁违背了礼的要求，谁就无法在社会上安身立命。只要按照礼的要求去做，一定是合理的。所以梁先生的这个说法可谓提纲挈领。

钱穆非常赞成梁先生所言，他说梁先生对中西文化的比较深得中国文化之大旨。梁先生是近代思想家、政治家、教育家、史学家、文学家，他懂文化学，才会把东西方文化精准地归结为这样两个层面。

钱穆先生大家都熟悉，他是著名的史学家、思想家、教育家。钱先生 1949 年去了香港，创办新亚书院。后来因种种原因无法办成书院，先生去了台湾。他到台湾后耶鲁大学有一位教授去拜访他，请他谈谈什么是中国文化。钱先生说："要了解中国文化，必须站到更高处来看中国之心。中国的核心思想就是礼。"（《钱穆的七房桥世界》）西方语言中没有"礼"的同义词。"礼"这个字在西方语言里没有对等的词，现在很多人把英文里面的仪式翻译成我们的"礼"，那不对，中国的"礼"不是这个意思。中国人讲"礼"好比西方人讲文化，西方人将什么都说成文化，中国人的文化里面什么都是礼。我们的国家制度叫礼，制定一个好的国家制度叫制礼作乐，这个制度如果坏了，叫礼崩乐坏。大家读读《礼记》，此书共四十九篇，第一篇《曲礼》，讲的都是人跟人交往不可或缺的细小的礼节，比如吃饭不能乱坐、怎么称呼、怎么修身，所以钱先生说礼是中国人的世界里一切习俗行为的准则，标志着中国的特殊性，礼是全中国人社会关系的准则。

中国重礼治与西方重法治这个说法，是不是梁启超跟钱穆两个人创造出来的呢？不是，这是中国读书人共同遵守的理念。曾国藩认为中国文化可以归结为一个字"礼"。礼拿什么修呢？修身以礼，站有站相、坐有坐相、吃有吃相、懂得尊重、懂得谦虚、懂得怎么样跟人和谐相处。作为领导者怎么去治理下面的人，作为下属如何把握自己的位置，都需要通过"礼"来权衡，所以曾国藩先生说离开了礼无所谓道德！什么叫道德？我们现在满大街贴着"讲道德、树新风"的标语，这弄不好就喊空了。道德一定是通过礼体现出来的，如把座位让给老人、踩到别人真诚道歉、公共场所保持环境卫生、不大声讲话等，生活中这些细微的礼反射出道德的魅力。我们现在有一个词叫抓手。抓手是什么？就是礼。

二、走出"半人"时代

为了把这个话题说清楚，我稍微绕一下。清华大学有一位很有名的建筑师——梁思成。梁思成在20世纪40年代提出了一个说法叫"半人"时代，这个说法主要是批评现在大学制度的不合理。我们人类的制度与文明是一个整体，可是我们大学里面把它切得很碎，学文的不懂理，学理的不懂文，所以培养出来的人都是"半人"。他当时就提倡通俗教育，要使人成为"全人"。我现在借用他这个概念来表达一个更大范围的看法。人类的发展是相当漫长的，一般来说，到现在大概有200万年的历史。考古学家跟古人类学家在东非肯尼亚发现了一件编号为1470的古人类的头骨，测出来距今200万年，从那时起人类缓慢地开始了进化的步伐。到距离现在一万年左右，人类完成了进化的一个很重要的内容，即从类人猿到可以直立行走的人。

非洲南方森林里的矮种到距今一万年前的人，都叫"半人"，那么能够直立行走的人就可以称之为"全人"吗？不可以。这里有一个很复杂的问题。我们人有一颗心，或者说人有精神家园、有思想世界，这颗心与精神家园的进化速度比体质的进化要滞后，所以人能够直立行走还面临着一个新的进化的任务，那就是这颗心要从动物性中脱离出来。这就不难解释，为什么我们穿得很体面，能在高档餐厅就餐，可是一张嘴、一举手，就不像一个人的样子，那是因为我们的心没有完成进化。所以我们现在还是"半人"，我们外面像人，里面那颗心离一个真正的人还相差很远。我这个年龄的人都读过毛主席的《纪念白求恩》，毛主席说我们要学习白求恩同志做一个高尚的人、一个纯粹的人。这话说得多好。我们现在不纯粹，是因为这颗心不纯粹。我们前面这一步走了将近200万年，后面这一步我们不知还要走多少年才能变成高尚的人、纯粹的人，这个任务很艰巨。

我们现在谈发展经济、发展建筑、发展农业、发展工业，这些都很重要，但是忘了一个最重要的发展——人自身的发展，这必然是人类社会重中之重的核心任务之一。中国人有一个很特殊的理念，就是要学习做人。你跟西方人讲，人活着要学习做人，西方人听了会很奇怪。中国人认为我们是从野蛮发展到文明的，所以孔子在那个时候看到天下大乱，有的人为了要做诸侯把自己的父亲杀了，把亲兄弟杀了，这是连畜生都做不出来的事，孔子很伤感地说："鸟兽不可与同群。"（《论语·微子》）人不能跟禽兽为伍，要跟禽兽有所区别。如何划清界限？最核心的区别在哪里？有人说："人是一种有语言能力的动物，人会说话。"但儒家不认同，《礼记·曲礼》说：

> "鹦鹉能言，不离飞鸟。猩猩能言，不离禽兽。今人而无礼，
> 虽能言，不亦禽兽之心乎？……是故圣人作，为礼以教人，使人以
> 有礼，知自别于禽兽。"

这段文字指出：鹦鹉会说话，不离飞禽；大猩猩也会学人说话，还会使用简单的工具，但它依然是禽兽。这些不是人跟禽兽区别的标志，人和动物的区别在于有没有"礼"。所以说："人而无礼，虽能言，不亦禽兽之心乎？"有智慧的圣人站出来，制定了礼，并以此教导民众，使人自知别于禽兽，形成一种文化自觉。

中国人不是靠神仙、皇帝治国，是靠道德、理性治国。古代圣贤很清楚国家能够长治久安有两个最重要的因素：一是社会需要稳定的经济基础；二是民众要有健康的人文气象。《周易·贲·彖》中概括得很好："观乎天文，以察时变。观乎人文，以化成天下。"《易》以"天文"与"人文"对举，指代物质与精神。农业社会靠天吃饭，不可不注意节气的变化。敬授民时，年成丰稔，这是百姓安居的基础。现在光讲 GDP 是不够的，我前面说过我们社会发展的最核心的任务是人的发展。"人文"，指民众的精神面貌，"人文"同样需要随时观察，并通过诗、书、礼、乐的教化不断提升。人类社会健康发展的基本条件是物质与精神的均衡进步。中华物质文明的发展源远流长，早在新石器时代，便已形成南北两大农业文明区域：北方的粟作农业和南方的稻作农业。南北两大农业文明经过数千年的发展与融汇，形成了夏、商、周三代的青铜文明。物质文明的严重匮乏会引发社会问题，而物质文明发达、精神文明缺失，同样会引发社会问题。贲卦

彖传这段话，把物质文明和精神文明的关系说得简明透彻。可见儒家很早就认识到，要使社会走向健康发展的道路，就必须注意提升民众的精神境界，并且用它来引领经济的发展。

现在有一个词叫观光，我在课堂上问学生们"什么是观光"，学生们说观光就是游山玩水、看名胜古迹。这样的理解太过表面化了。观光这个词出自《周易》的观卦爻辞，原文是："观国之光。"我们到了一个地方要观光，不仅仅要观山水，更主要的是看人，看这一方水土如何滋养人的文德之教。这次来到汨罗，一下车扑入眼帘的人文气象不一样，感觉到了一个君子国，屈原的精神影响了 2000 年，人人都把屈原的高风亮节装在心里，展现的气象不一样，这就是人文之光。观光的主旨在此。

中国走上礼乐兴邦之路是历史的选择。它肇端于周公制礼作乐。人是万物之灵，要按照礼节要求去生活。礼是什么？"礼也者，理也。"（《礼记·仲尼燕居》）礼的规定都符合道德理性，换言之，按照道德理性的要求制定出来的典章制度、行为规范就是礼。《礼记·乐记》强调："礼也者，理之不可易者也。"礼是不能替代的法则。《管子·牧民》篇讲道："仓廪实而知礼仪，衣食足而知荣辱。"粮仓里面的谷物已经堆满，要学习礼仪规则了；不愁吃不愁穿的时候，要操守荣辱观，要清楚地知道什么能做什么不能做。物质文明和精神文明要同步发展，现在我们过得富裕，但生活未必有品质，100 多平方米的家收拾得干干净净，乱扔东西的现象却随处可见。礼的规定，把自家收拾得干净整洁是好的，走出家门依然要守礼，体现了人的社会公德和家教。

三、中华礼仪的四大特征

下面说说中华礼仪的几个特征。2008 年北京奥运会来临之际，我曾经到一些社区宣讲礼，为了便于大家记忆，我提取了四个字来传播传统礼仪："敬、净、静、雅。"大家把这四个字记在心里，与人交往以此修身践行，整体的文明程度将会不断提高。

首先讲"净"，干净。整洁的个人形象和洁净的环境，是文明社会中人对自身的必然要求，自古以来约定俗成。家中有客人要来，洒扫以待宾客。古代请人喝酒，酒杯在客人来之前已经洗得干干净净，等客人到了一定要当客人的面再把它洗一遍，用干净整洁来表达自己的敬意与情感，这是"礼"的一种形式。走出家门依然遵守规则，保持干净整洁的公共环境，有此公心，就具备了高尚的社会公德。这方面香港做得很好。有一年我在香港做客座教授，一位朋友在香港科技大学工作，请我吃饭，我住的地方距离他们学校很远，一路上看不到一片废纸，大学校园里面的垃圾箱外面都擦得干干净净，用手摸不到灰尘，我在外面走了一天，穿着的皮鞋进房间基本上没有脚印。整洁、干净提升人的生活品质，更能彰显人的文明程度。今天到汨罗来要呼吁一下，屈原是很爱干净的，他洗了头戴好冠一定要掸一掸；洗干净身体，穿好衣服要抖一抖。他不仅身体干净，政治上也干净。他举贤任能，修明法度，满腔忠诚的爱国情怀。他虽葬身鱼腹，但自始至终保持着干净、纯净的心灵。所以我今天在汨罗这个地方讲干净，不仅生活中要保持干净，经济上、政治上也要干净，因为有榜样在。

再来说说"静"，安静的"静"。一个有教养的人在公众场合会保持安静，他不会大声讲话，这是一种在公共场合尊重他人的重要方式。我有几次坐飞机真是受罪，周边的人很能讲话，三个多小时没有停过嘴巴，让人没法休息，我真是倍感疲累。如果大家能意识到这个空间是公共的，对自己的行为有所节制，必然大家旅途愉快。当然也有不同的，乘客们要么看报纸，要么闭目养神，要么看窗户外面的风景，安安静静，大家都如此有教养，真是一件幸事。

"自谦而敬人"是中国人修养自身和与人交往时遵守的根本准则。人是具有群居性特点的动物，人与人能否和谐相处，关系到社会能否健康发展。中华之礼旨在"和"，在具体做法上则是强调尊重他人，多看对方的优点，凡事多为对方着想，将"自谦而敬人"作为人际交往的基本原则，以此引导社会走向和谐。"敬人"不是用嘴去说你懂得尊重，而是要通过行为让对方感受到你的敬意。《礼记》里面讲到一个有教养的人，要如何修炼自己的举止而拥有庄敬、典雅的礼容：

> "足容重，手容恭，目容端，口容止，声容静，头容直，气容肃，立容德，色容庄。"（《礼记·玉藻》）

"足容重"是讲人走路时要稳重、不轻佻。有一年，我在汉城的一位朋友家里观看祭祀，本来气氛庄严肃穆，但是他们家小孙子帮着端东西，蹦蹦跳跳的，走到里面把东西全部洒掉了，爷爷气得想揍他。有些重要场合，无论成人还是孩子都要以谨慎、稳重表达恭敬。《弟子规》中讲"执虚器，如执盈"，就是要求孩子做事谨慎、稳重，手持物要谨慎，走路要稳重，不能蹦蹦跳跳，一副散漫、轻佻的样子。"手容恭"是说手的举动要合乎仪节，以此表达内心的恭敬。给人家东西要两只手递过去，比如一张名片，很轻，可以说用两个手指就可以把名片递出去，为什么还要用两只手？那是为了表示内心的恭敬。"目容端"就是目光要端正。俗话说："眼睛是心灵的窗户。"这句话一点也不假。你心里想什么，看看你的眼神就知道了。我在清华大学多次担任"自主招生"考官，修养好的考生，一进考场就端端正正地坐下，椅子只坐一半，身体前倾，眼睛专注地看着提问的老师。也有极少数缺乏礼仪修养的考生，坐下来之后，眼神不定地打量每一位老师，目光游移。还有的考生一坐下来就看脚，不看老师，他不抬头，看起来非常不安。所以孟子讲：

> "存乎人者，莫良于眸子，眸子不能掩其恶。胸中正，则眸子瞭焉；胸中不正，则眸子眊焉。听其言也，观其眸子，人焉廋哉？"（《孟子·离娄上》）

大凡一个人的内心是正的，他的眼睛一定是清澈的；如果内心不正，他的眼睛一定是浑浊的。所以目容一定要端正。"口容止"，止就是静止。用古人的话说，就是口"不妄动"。周公摄政之时，天下未定，那时他求贤若渴，一次他正在洗发，传话的人说某某求见，他马上把头发抓住，听人家的高见，等人走了后继续洗头发。如此者三，称为一沐三握发。古人吃的肉干叫肉脯，很硬不好嚼，有一次周公正嚼着肉干，有人进来通禀说某某求见，周公赶快把肉脯吐出，否则说话含糊不清，而且不恭敬。周公吐哺，表达了周公对贤德之人的尊重。通过上述例子，我们可以领略到周公严谨的生活态度和低调谦虚的人格魅力。"头容直"就是头部要正直，不能东倒西歪。"立容德"，"德者，得也"。站立时，要像从别人手里接受物品那样，有谦虚的心态，所以要身体前倾表达谦恭。"色容庄"是说神色要庄重，严肃的场合不嬉闹。

我们对他人要怀有敬意，这种敬意要通过自己的肢体动作和语言表达出来，让对方感受到被尊重。《礼记》里有一句话叫"自卑而尊人"，意思是说把自己的位置放低些，要谦虚低调，对他人要尊重。自古中国人就认识到人要谦虚、低调。曾国藩非常低调，当年他把太平天国镇压下去，慈禧太后赐给他一栋豪宅，他马上给家里写信，说这个时候家中子弟千万不要大喜过望，要像平常一样过日子，对乡里乡亲要客气。他嘱咐家中子弟要懂得"天不概之人概之"的道理。"概"是什么？以前，卖粮食的人用"斗"做量器，斗里装满粮食，高出来的部分，要用一条木片把它刮平，这个木片就是"概"。人得意的时候，都会自满，太满了要被"概"，如果被人"概"，不如自己谦虚做人，不遭嫉妒，避开祸患。《尚书》告诫我们："满招损，谦受益。"道理在此。

《周易》有六十四个卦，只有一个卦的六爻都是好的，这个卦是谦卦。一个卦六个爻，谦卦下三爻都是吉，上三爻皆利。生活中我们想要大吉大利就要秉持谦虚、谨慎、低调的态度。我们怎么样表达敬人和自谦呢，下面我们从言辞的运用说起。传统礼仪中这方面的内容称为"雅言"。

我在江西生活过很多年，江西人说话的时候提到对方的家，会讲："明天到你屋里去玩。"这话说得亲切通俗，但不够恭敬。传统的雅言这样表达："改日到府上拜访。"人家赠送给你一些东西，你要发微信表示感谢说："承蒙厚赐。"别人用丰盛的酒席宴请你，你要跟对方说："承蒙赐宴。"中国人互相见面会说："久仰；幸会。""久仰"的"仰"是"仰望"，意思是对方像一座高山，你久久地望着对方，你对对方有崇敬之情。"幸会"，意思是"庆幸有此会面"。这些言辞非常雅，生活中要多运用。

在今天的生活中，"阁下"这个词使用的范围越来越广，这是高称，但普通人之间也可以这么称呼，几乎可以与"你"替换使用。例如，当我们想邀请一位朋友参加活动，可以这样问："不知阁下能否光临？"想就一件事情征求某人的意见，可以这样说："不知阁下有何高见？"问对方老家在哪里，可以这样说："府上在哪里？"别人问你"贵姓"，你如果回答说"贵姓王"，那也会闹笑话。"贵姓"含有恭维、抬爱的意思，你不能当真认为自己的姓很高贵。大多数朋友都知道，这种场合要说："免贵，姓王。"意思是说，那个"贵"字不敢当，这叫作"自谦"。

中国人见面问话，涉及对方之处都会使用敬称和敬语。与他人提及自己的父母时要用谦称，通常是在称谓之前加一"家"字，如称自己的父亲为"家父""家君"或"家严"；称自己的母亲为"家母"或"家慈"。称呼对方的父亲为"令尊"或者"令尊大人"；称呼对方的母亲为"令堂"或者"令堂大人"。问人家孩子要称"令郎""令爱"。夫妻二人为"贤伉俪"。假如说梁启超先生的儿子参加本次大会，我们会说"梁思成先生光临大会"，如果是他的女儿，我们可以说"梁启超先生的女公子"，这就是雅言。

现代人分不清敬称和谦称，这集中体现在对自己配偶的称呼上。人们向别人介绍夫妻关系时，使用的称谓可以说是五花八门，有"老公""老婆""爱人""夫人"等等，下面我们来分析一下。"老公""老婆"这个叫法，在家里或者邻里之间这么称呼，自然没有关系，但在正式场合，最好能换一种称呼。大家一定没有在报纸上看到"某某携老婆访问某某国家"，这个称呼登不上大雅之堂。"爱人"这个称谓，过去中国是没有的。你们去看看古典四大名著，哪本书里有这个叫法？在中国的香港、澳门、台湾，人们都把"爱人"称之为"情人"。改革开放之初，有人请香港的朋友来内地做客，主人向客人介绍自己的配偶说："这是我爱人。"客人听了愕然相向，心想："你们改革开放的步伐也太快了，居然敢把情人带出来公开向大家介绍。"

"夫人"是中国人对配偶中女方最古老的称谓之一。但是，这个称谓不是在任何场合都能用。文化修养很高的中国人，介绍自己配偶的时候，一定不会用"夫人"。为什么不用"夫人"？我们读《礼记》当中的一句话就会明白："天子之妃曰'后'，诸侯曰'夫人'，大夫曰'孺人'，士曰'妇人'，庶人曰'妻'。"在古代，不同身份的人有各自不同的称谓，天子的配偶叫"后"，诸侯的配偶叫"夫人"，大夫的配偶叫"孺人"，士的配偶叫"妇人"，庶人的配偶叫"妻"。如果在向别人介绍自己配偶的时候说"这是我夫人"，就无意间把自己当成了诸侯，自抬身份显得妄自尊大。"夫人"这个词只能用于对方，称对方的配偶为"夫人"或"尊夫人"或"嫂夫人"，以表恭敬之心。这个称谓是中国文化的一大特色，不能乱叫的。当然，在家里关上房门，只有夫妻二人，妻子可以高称丈夫，丈夫可以高称妻子。

根据中国传统，夫妇在向别人介绍自己的配偶时，丈夫称妻子为"内人"或"内子"，妻子称丈夫为"外子"。这一方面是古代男主外、女主内的传统遗风，在某种程度上也是谦虚、低调的说法。男方在书信中还会称自己的妻子为"贱内"或"拙荆"等，都是表达谦虚。

我在清华大学开了一门课程——中国古代礼仪文明，其中有一堂课专门讲"书信"。上课时我说今天讲"书信礼仪"，有的同学就笑了，意思是写信谁不会，还用教吗？殊不知，书信是一门独特的文化，在漫长的历史过程中，先辈留下太多脍炙人口的作品。下面我们先来看毛主席写给他老师的一封信：

澄宇先生夫子道席：

既接光仪，又获手示，诲谕勤勤，感且不尽。德芳返平，托致微物，尚祈哂纳。世局多故，至希为国自珍。

肃此。敬颂

教安。不具。

受业　毛泽东

"澄宇"是老师的"字"，不称名而称字，是自古以来对他人表示尊重的方式。"澄宇先生夫子道席"，提称语叠加更加表示特别的敬意。将"刚与您见过面"这句话写成"既接光仪"，"得到您的信"叫"手示"，"诲谕勤勤，感且不尽。德芳返平，托致微物，尚祈哂纳。世局多故，至希为国自珍"，短短两行字，内容非常丰富，多一个字少一个字都不行，非常的典雅。这样的信，现在还有多少人会写？

有同学写信给我，信封这样写"彭老师敬启"。他写得对吗？不对。他的错误不在于称呼我老师还是教授，而是后面的"敬启"二字。有同学说："敬启是尊敬您，怎么就错了呢？"我们分析一下这句话的语法，主语是彭老师，谓语动词是"启"。彭老师怎么启？恭恭敬敬地启。其实这位同学的本意不是这样的，他确实想表达对我的尊重，但由于缺乏常识，适得其反。讲到这里，一个男同学站起来都快哭了，他说高中一个女同学给他写信，信中说"某某跪启"，他当时接到信很是得意，今天才恍然大悟。

韩国朋友给我写的信，有时候会顶格，有时会空一个格，写完以后用红笔点句号、逗号，中间有缺有抬，格式非常标准。我问同学们：为什么空格？为什么要顶格写？大家直摇头。去年我在清华大学做了一个有关王国维先生跟诗友之间的书信的研讨，文辞之典雅、优美，言简意赅，尽显作者的文学功底。这些不光是文物，也是我们学习的书信典范，是中国人书信文化的魅力所在。

四、欧洲人生活中的礼貌

礼是文明的体现，任何一个文明的民族都有自己的礼仪规范和约定俗成的礼仪准则。一直以来，法国人的礼貌是优雅、客气、殷勤的典范。从 17 世纪下半叶起，法国人的礼貌举世闻名，被誉为欧洲最有礼貌的民族。

致敬是打招呼时的基本礼仪，法国人与英国人表达致敬的方式都是鞠躬。鞠躬可以是点头或者是弯腰，倾斜的角度也各不相同。20 世纪初，尚邦曾把致敬方式分成法国式和英国式，法国人的致敬方式是"柔和的，友好的，优雅的"，是"古时候绅士的致敬方式"；英国式致敬则在当时的沙龙里很流行，尚邦认为这种方式缺少优雅风度。

在致敬时，所有社会阶层的人都可以找到适合自己的弯腰弧度。看一个人的致敬方式就能知道该人的性格特征：高傲的、单纯的、无礼的、和蔼的、冷淡的、侮辱性的、地位低下的、天真的、严肃的、骄傲的、忧愁的、不安的、悲惨的、大胆的。有些人在打招呼的时候会激怒对方，另一些人则可以触动并感动对方。一瞬间，双方的社会关系和微小的地位差别都会被明确地表现出来。

西方人认为，"致敬"这样一个细节，能够反映人的性格、品格和教养。《孟子·梁惠王上》里说："孟子见梁襄王。出，语人曰：'望之不似人君，就之而不见所畏焉。'"这是孟子见到梁襄王，两人在没有语言交流之前的一个感受。梁襄王缺乏一个君王应有的气度。

英国首相特雷莎·梅见到皇家的人要行屈膝礼，美国前总统奥巴马见到日本天皇通过鞠躬礼表达敬意。人类社会离不开礼。只有当礼成为一种文化自觉，和谐氛围才会有所体现。当人们认识到礼仪、道德的重要性，人人都去践行的时候，整个社会才会改变面貌。

五、重建当代礼仪的迫切性

如今的中国物质生活早已达到仓廪实的标准，对于礼的规范迫切到急点。礼乐文化是传统文化的重要特色之一。不幸的是，礼一直被边缘化和妖魔化。尤其是近一百年来文化的流失，失德、失礼的现象触目皆是，中华礼仪文明应该得到关注和重建。

首先，中华礼仪应当取得其应有的地位。大家知道，礼仪是任何一个文明民族的文化中不可或缺的部分。我们与其他民族打交道，首先接触到的就是服饰和礼仪。服饰和礼仪是民族文化的重要表征。我们一提到阿拉伯人、非洲人、东南亚人、欧洲人，脑中想到的，除了肤色之外，就是他们的服饰和待人接物的礼节。礼节是民族成员互相认同的标志，什么样的民族行什么的礼仪，这是不能错乱的，因为礼仪有鲜明的民族性。

但是西方礼仪大张旗鼓地浸入中华礼仪。我们看到越来越多的人关注西方礼仪，比如西餐的餐具怎么用？喝汤的礼仪是什么？民族与民族、国家与国家，彼此的风俗、礼仪大相径庭，彼此交往时用谁的礼节呢？这里有一条原则，那就是客人一方必须尊重主人一方的礼仪。古人说："入境问俗，入国问禁。"就是这个意思。1972年，周恩来总理宴请美国总统尼克松及其夫人，准备的是中国菜，食器是筷子。尼克松夫妇为了这次宴会，练了三个多月的筷子，说是表达对中国的尊重。"只有民族的，才是世界的"，才能给人以难以磨灭的印象。我们是举世闻名的礼仪之邦，中华礼仪是全世界最系统、最成熟的，我们理应正本清源，重建富有中华民族特色的礼仪。

其次，礼仪教育的兴奋点不应只集中在操作层面。中华礼仪最显著的特点是讲究内外兼修，不仅要求言谈举止温文尔雅，而且内心要有与仪节相得益彰的品格。时下的礼仪教育有时太过注重形式，忽视了行为主体的内在道德问题，把礼表面化、工具化了。比如握手，要求大臂与小臂成一定的角度；两手相握，只能停留3秒钟，否则就是失礼。又如，微笑必须露出八颗牙齿。微笑需要露出八颗牙齿吗？法国卢浮宫的镇馆之宝是达·芬奇画的蒙娜丽莎的微笑。蒙娜丽莎露牙齿了吗？一颗也没有露。微笑就是嘴角有一点翘起来，露八颗牙齿已经不是微笑了。这种礼仪教育，不问内心如何，但求形式合适，是十足的虚礼，没有意义。

我国传统的礼学把礼分成礼法和礼义。礼法，指的是怎么做，即礼的形式。礼义，指的是为什么要这样做，即礼的内涵。形式和内涵，两者缺一不可。只有礼义而没有礼法，再好的礼义也无从体现；只有礼法而没有礼义，礼法就成了没有灵魂的空壳。德是礼的源泉和动力，推动礼仪教育，最根本的是要提升人的素质，让礼成为千百万人的自觉行为，千万不能舍本逐末。

重建中华礼仪、弘扬传统文化是一项艰巨的任务。我们正处在一个伟大的变革时代，中华礼仪应对引领社会走向进步及民族振兴发挥出更大的作用。

（王琦整理并经主讲嘉宾最终审定）

第 6 讲　『东亚传统书院与现代传承』会讲

朱汉民，湖南汨罗屈子书院院长，湖南大学岳麓书院国学院院长、博士生导师，湖南大学学术委员会副主任，岳麓学者领军教授。任国际儒学联合会副理事长、中国书院学会会长、中华孔子学会副会长、湖南省文史馆馆员等。担任岳麓书院院长二十多年，推动了岳麓书院的现代复兴。担任国家重大学术文化工程《（新编）中国通史·中国思想史》主编，主持国家社科基金重大项目、重点项目，国家《清史》学术工程项目等十多项。出版学术著作二十余种。获评"国务院政府特殊津贴专家""湖南省首届优秀社会科学专家"，获"湖南省徐特立教育奖"。

李相海，成均馆大学名誉教授、国民大学客座教授、传统建筑修理技术振兴财团理事长。历任韩国建筑历史学会会长、ICOMOS（国际古迹遗址理事会）韩国委员会委员长等。参与韩国河回村申遗，执笔韩国书院申遗申请书。著有《宗庙》《韩国的世界文化遗产》《书院》《陶山书院》《宫阙儒教建筑》《韩国书院文化》等。

程方平，中国人民大学教授、学术委员会主任。兼任中国书院学会副会长，什刹海书院、敬德书院副院长等。为教育部高教评估和学校认证专家、中国民主促进会中央教育委员会副主任。主要从事教育史、书院文化、民族文化等研究，撰有各类著述百余种，论文、译文、教材、影像等数百种。

直播二维码　　直播在线参与人数：48.7 万

导言

　　书院是儒家文化发展与传播的重要基地，起源于中国，又传播到韩国、日本、越南、新加坡、马来西亚等国家，成为东亚儒教文化圈的共同文化遗产。中国传统书院为什么在宋代崛起？它与中华文化复兴、学术思潮的更迭有何关系？同属于东亚文化圈的韩国书院为什么能够成功申遗？韩国书院入选世界文化遗产的过程是怎样的？在全球化的今天，书院应该如何面向现代，继承传统，开拓创新？

　　2019年10月12日第8届东亚书院国际学术研讨会暨2019年中国书院学会年会在湖南汨罗屈子书院召开之际，中、韩著名学者朱汉民、李相海（韩国）、程方平教授，围绕着"东亚传统书院与现代传承"的主题开展学术会讲，共同探讨传统书院如何在现代社会得以保护与发展，以及东亚书院遗产的重要文化价值与现代传承。讲座由凤凰网湖南频道全球同步直播，在线参与人数多达48.7万。湖南大学岳麓书院李兵教授担任嘉宾主持。

　　本次会讲分为两个环节。第一个环节为嘉宾各自发表主旨演讲，题目依次为："传统书院与文化复兴"（朱汉民）；"韩国书院'申遗'的过程及其普遍性价值"（李相海）；"书院传统在当今中国传承的问题"（程方平）。第二个环节为嘉宾就"东亚传统书院与现代传承"主题，进行深入的对话与探讨。

主旨演讲

主持人（李兵）：尊敬的中国书院学会与会的各位专家、各位学者、各位领导、各位在线观看直播的网友们，以及今天到现场的各位媒体朋友，大家上午好！

书院是儒家文化发展与传播的重要基地，起源于中国，传播到韩国、日本、越南、新加坡、马来西亚等国家，成为东亚儒学文化圈共同的文化遗产。今天，中国书院学会组织中国、韩国、日本学者共聚屈子书院，共同探讨东亚书院的精神内核到底是什么，书院传承如何在现代社会得以保护与发展。尤其是今年韩国9大书院联合申遗成功之后，书院这种文化遗产到底该如何传承，如何得到进一步的彰显。我们今天邀请了中国和韩国的三位学者来共同探讨。他们三位长期从事书院研究和管理，甚至有的是直接推动韩国书院申遗的学者。

下面进入第一个环节，有请朱汉民教授登台开讲。

朱汉民教授是湖南大学岳麓书院教授、湖南大学国学院院长、湖南汨罗屈子书院院长、国际儒学联合会副理事长、中国书院学会会长、中华孔子学会副会长、湖南省文史馆馆员。关于传统书院与文化复兴，朱老师有他的高见。他今天的演讲题目是"传统书院与文化复兴"。掌声有请。

传统书院与文化复兴

朱汉民

尊敬的中国、韩国、日本的各位嘉宾，尊敬的各位在线观看讲座直播的朋友们，今天上午是第8届东亚书院国际学术研讨会，也是我们的一场会讲，我们中韩学者将一起谈谈东亚书院传统与现代书院的传承。东亚有一个共同的文化背景，也是文明的背景，即儒教文明。儒教文明和世界上其他现存文明有很大的区别，儒教和东正教、佛教、伊斯兰教、印度教不一样，有其自身的特色。儒教的"教"是对教育的重视。从唐末开始到宋代形成了一种独特的教育制度、教育体系，叫作书院，这种书院制度很快随着文化的交流，传播到了韩国、日本、越南、新加坡等整个东亚和东南亚国家，成为东亚儒教文化的一个重要载体。所以当我们今天讲儒家传统或者书院传统的时候，会想到什么？什么是书院的历史传统？如果我们到中国各地区、到韩国等国家去，我们还能够找到一些著名的古代书院及其办学遗迹，发现一套和现在的宫廷建筑、寺庙道观建筑、村落建筑不一样的士大夫建筑，它是一个独特的古建筑体系。但是它仅仅只是一套历史留下来的古建筑、一种文化遗产、一种消失了的文明遗存吗？

当我们今天在这里开展东亚书院传统和现代书院传承的会讲时，我们希望书院不应是一种消失了的文明，而应该是一个"活"的文明。因为我们知道，中华文明在整个人类文明史上是一个源远流长、生生不息的文明，作为文化、文明载体的书院，今天应如何发挥其作用，是一个重要的论题。所以，我今天特别要讲文化复兴与书院传统。

书院为什么在唐宋时期形成？在中国几千年儒教传统中，出现了各种各样的教育体制。到宋代定型而成的书院，一方面继承了以前学校各种各样的教育制度、教育传统，集先秦的私学、两汉的经学、隋唐佛教禅修等知识传播方式、学术研究传统于一身。另一方面，宋代书院之所以形成还和中华文明在宋代发生的重大历史性转型有关。宋儒希望回归、复兴先秦儒学，以重建新儒学。宋代书院的出现，就是与宋代文化复兴思潮紧密联系在一起的。

书院是儒家书院，宋代正是儒家复兴的重要时刻，出现了许许多多的大学者。钱穆先生曾经谈到"宋学精神"有两个主要特征。一是创通经义。因为时代的变化和发展，先秦儒家留下的经典要重新解释，以适应于宋代以后的社会需求，特别是要回应佛教的挑战。二是革新政令，推动社会变革。因为时代变化，政治也需要不断地变革，所以宋代士大夫推动政治变革。钱穆先生说，无论是创通经义还是革新政令，宋学之精神所在是书院。书院继承了当年士大夫精神的需求，他们通过对经典的重新阐释而建构新儒学；通过革新政令来实现政治变革。书院就成为宋代士大夫的一个大本营。

宋代的文化复兴是由一批重要的儒家士大夫来推动的，包括范仲淹、孙复、石介、胡瑗、程颐、程颢等学者，他们既是革新政令的推动者，也是文化复兴、儒学重建的倡导人，更是创办书院以推动教育改革的关键人物。范仲淹、孙复、石介曾就读于应天府书院。范仲淹还主持过应天府书院，培养了许多杰出的人才。孙复、石介创建了书院，还制定了很多新的教育制度，推动了教育的发展。书院实际上是宋代教育改革、文化复兴、儒教复兴的大本营。这个大本营后来成了所谓的南宋四大书院。当时各个学派都是以书院为起点推动学术建设和发展的，这就是文化复兴。所以两宋时代的文化复兴也推动了书院的发展。

我们今天正好面临一个全国各地都在恢复书院的情况，听了韩国教授介绍了韩国书院的历史传统以及韩国书院在今天如何发挥作用的发言，我很受鼓舞。我们今天面临这样一个任务，我工作所在的岳麓书院、今天所在的屈子书院，无论是传统的著名书院还是现在新办的书院，在座的各位，都希望书院能够在今天为我们的中华民族复兴、文化复兴发挥更大的作用。所以我认为现代书院要继承宋代书院一个非常重要的传统，那就是把书院的建设和发展的方向定位在如何随着时代的变化，一方面继承文化传统，一方面发展文化传统，使我们的文化生生不息。

因时间关系，暂时讲到这里。谢谢大家！

主持人（李兵）：朱老师讲文化自信，非常自信，稿子都没有看，把文化复兴和书院的关系进行了梳理，并提出未来书院的发展一定是在继承传统的情况下，为中华文化做出自己的贡献。感谢朱老师的分享。下面邀请第二位主讲嘉宾，韩国书院的代表李相海先生登台开讲。

请大家欢迎！谢谢！

韩国书院 "申遗" 的过程及其普遍性价值

李相海

　　大家好！我是李相海。今年7月，韩国9所书院入选世界文化遗产名录，在这里我就韩国的书院向各位做一个简单的介绍。韩国书院申遗从开始到结束经过了9年时间。从2011年开始准备，一直到2015年才第一次向联合国提交了申请书，但是当时被退回了。2018年，韩国的申请委员会再次提交了申请书，并且在2019年7月入选。

　　这是在申请书写作过程中我们的准备委员会做的各项准备工作，在上面所列的所有内容当中，最为重要的，也就是说申遗审议委员会最看重的内容是第二项，各个书院规划的遗产区域及缓冲区域。因为这些区域有相当一部分属于个人私有，所以在这中间也经过交涉，向这些土地所有人获取了归入缓冲区域的许可。下面我们通过图片来了解一下这9个书院。

绍修书院

灆溪书院

玉山书院

陶山书院

笔岩书院

道东书院

遁岩书院

屏山书院

武城书院（祭享空间）　　　　　　　　武城书院（祀宇内部）

　　韩国的书院和其他的儒教教育建筑的不同点之一是在建筑布局上。韩国并不是所有的书院都是南向的，比如说，道东书院是西北向的。韩国的书院一般最前面是游息空间，其后是讲学空间，最里面是祭祀空间。韩国的书院一般都位于距离城市或村落中心比较远的地区，但武城书院坐落在村落中。

　　由于时间关系，不能展开给大家介绍。在申遗过程中最重要的一项是要提交证明该遗产具有卓越的普遍性价值的证明材料。根据国际古迹遗址理事会的要求，我们做了以下的准备来说明韩国书院所具有的卓越的普遍性价值，首先英文名称是 SEOWON，Korean Neo-Confucian Academies，之所以取这个名字，主要是要说明韩国书院制度虽然是从中国引进的，但是到了韩国以后有自己地区化的过程，发展形成了自身的一些新特征，所以取了这个名字。

　　为了在内容上满足联合国的标准规定，所以从书院所具有的各方面价值入手，选择了一些证明材料。其中特别就韩国书院独有的特性在各个方面展开了讨论和研究。现在申遗审议过程当中越来越重视的事项就是遗产的保护和管理，所以我们在申遗当中投入大量时间和精力，经过了多次的研讨以及行政方面的协商。

　　在提交申遗申请书的时候，要准备很多材料，包括申请书，还有保存管理计划、图片集、影像资料等。今年的联合国世界遗产委员会会议是在阿塞拜疆的首都库巴举行的，参会与审议的理事会国家有 21 个，其中 6 个国家对韩国申遗表示支持，尤其是中国代表对韩国书院入选世界文化遗产名录给予了充分肯定和支持。

众所周知，书院是起源于中国的，但是在申遗审议的时候，文化遗产起源于哪个国家并不是最终的决定性评定因素，而是这个文化进入当地的国家以后，如何与当地国家文化传统进行融合与发展，并形成自身的特性，这也是审议过程中的一个非常重要的评判因素，所以基于这一点，与会的中国代表对韩国书院申遗做出了充分的肯定和支持。世界遗产委员会对于韩国书院入选世界文化遗产名录及其所具有的卓越性、普遍价值做了一个高度评价。

我的发言到这里就结束了。谢谢大家！

主持人（李兵）：非常感谢李相海先生精彩的介绍！李先生是整个韩国书院申遗最主要的成员之一，他对韩国书院申遗过程非常清楚。今天他不仅介绍了韩国书院的原真性，而且重点讲述了韩国书院卓越的普遍价值，这是韩国书院申遗成功的重要原因之一。我们应该向韩国学者的认真精神表示敬意。

在书院历史发展过程中，教育职能是最重要的，这也是东亚书院的重要内容。现在有请第三位发言嘉宾程方平教授登台开讲。他主讲的题目是《书院传统在当今中国传承的问题》。

书院传统在当今中国传承的问题

程方平

尊敬的来自韩国、日本和祖国各个书院、各个研究机构的专家,大家上午好!我今天演讲的主题是"书院传统在当今中国传承的问题"。

前面两位专家不仅讲了中国书院的传统和渊源,而且讲了书院在东亚、东南亚国家的流传和实践。我作为一个教育工作者,虽然本业是研究教育史的,但过去仅把书院当作一个历史的遗迹来看。大约从 2000 年以后,我逐渐发现,中国教育要追赶世界教育的发展水平,光是向西方学习,追随和模仿其形式是不够的,还要充分发挥我们自己的资源、自己的传统的作用。所以到 2000 年以后,国内不少学者开始重视传统文化,同时也特别重视书院的传统,我也认真地参与了进来。我在 2011 年,正好跟朱汉民会长在香港探讨过儒家教育思想和传统教育形式的现实意义问题。其焦点问题是:中国的书院是不是只有博物馆价值、只有申遗价值?中国的书院还能不能"活"起来,发挥独特的教育改革与探索作用?刚才朱汉民先生强调了这个问题。在这方面,胡适先生早就有一个非常值得今人参考的重要建议。他在二十世纪二三十年代曾明确提到,中国把书院完全改成西方式学校的方式是不可取的。西方的制度化、标准化、机械化、规模化、科学化等方式有它的缺陷之处,而中国书院的因材施教,门槛低,适应各方面的人学习,相关的经验和做法可以与西学互补。中国的书院最早是在民间由乡贤建立的,后来被官方部分地学习与接纳,成为建构中国传统"学习型社会"的重要组成部分,在中国教育史上发挥了重要的作用。

传统的书院在很多教育改革、创新和探索中,都走在了官学的前面,相关的案例很多。如岳麓书院是一个千年延续的书院,它不仅从宋代开始就影响了整个中国的思想界、学术界、教育界,而且中国的近当代史几乎都跟岳麓书院脱不开关系。这样的影响,太学没有做到,国子学没有做到,但是岳麓书院做到了。说明什么呢？就是在学术、社会和文化发展过程中，书院和官学是相辅相成的，而且有的时候书院特别在探索创新上是远远胜过官学的。因为官学很容易制度化、标准化、一体化，懒得做因地制宜、因校制宜、因人制宜的分别。

从书院发展的背景中我们看到，当下正规的教育也在制度化、标准化、科学化、形式化，所以我们今天的大学都办在城市里。乡村的书院怎么发展？刚才韩国学者也特别提到，最早的书院办在农村，是乡贤从藏书、读书、编书、印书和敬孔尊贤开始的。所以，我们今天提出来要建设学习型社会，借鉴传统书院的经验是必不可少的。从古至今，中国和国外很多国家不一样，中国在长期的农业社会当中，就存在一个"学习型"的社会，这种学习型的社会一直到今天还可以看到它的很多遗迹。比如，在很多乡村老百姓的院门、房门上都会写着"耕读传家"。什么叫"耕读传家"？就是种地的不光要懂种植，还要会读书，还要知道向着理想的方向去努力。在这样的努力当中，每个人的发展都是不可限量的。中国不仅有诸子百家的传统，还有科举的传统，可以让在乡村生活的普通人能够有志于学习、有志于成贤成圣。给普通年轻人发展的希望与通道，而推动力就是教育或学习。

社会发展到今天，特别是在中国的现代化过程中，"城市化"的努力有时候会有一些忽略乡村的倾向。如在城乡和谐发展方面，我国是存在一些问题的。我曾经做过了解，在县一级以下的单位和地区很少有高等教育机构，但是在历史上很多这样的地方都有书院。如果这些书院不只是有博物馆功能、历史遗迹功能、旅游功能，如果还有教育功能、研究功能，那么中国的教育（学习）资源就会更加丰富，书院就有发挥作用的空间，如研究地方问题、为地方培养人才、专业教学服务于地方经济和社会等。

所以我们今天的教育、今天书院的发展，应该特别关注其本有的文化教育功能。前面讲的书院的文物功能、宗教功能以及其他功能，都非常好，其实都是教育的内容，这些对于社会的发展都是非常重要的。特别在中国未来的发展过程中，我们不能把城乡差距拉得太大，尤其是在教育方面。所以我通过一些考察和了解，也向一些地方政府提过相关的建议。比如说，昨天我在路上问汨罗的同志："汨罗有没有大学？"他说汨罗现在还没有特别典型的大学，但有中职、中等师范。我觉得汨罗书院就可以朝着地方大学这个层次和目标来办，其效果不一定就不如正规的高校。

中国古代的书院绝大部分是大学，因为中国的传统教育是分为两个阶段的，"小学"是 7~15 岁，15 岁以上是"大学"。在历史上，偏重小学、偏重大学的书院都有。这是因为采用书院这种形式，可以有很多很多的探索，因为它既不是体制内的，又不是标准化的，所以它有很多自主、自由的发展空间。刚才日本的学者特别提到明清之际的"实学"，其实"实学"就是在宋明时期的书院先行探索的。这些探索成果都说明，体制外的很多探索有自己的空间和自由度，利于改革与创新。今天我们体制内的各种制度化的探索非常重要，但如果我们再有更多有自由度的、因地制宜的、个性化的这类探索，那么中国就会有很多新型的，既有传承又有特色的新型高等教育，这是非常值得期待的，也是很有价值的。比如说屈子书院，我觉得应该在屈原的、楚辞的、诗赋和中国古代诗歌的研究与传承方面，尤其在屈原和楚辞方面成为一个资料中心、研究中心、交流中心、学习中心，因为这是得天独厚的。如果我们真正能做到这一点，我们的高等教育就不是一枝独秀，而是百花齐放、各呈异彩。

人类发展到今天，正规教育只是教育的一部分，而大多可以百花齐放的，都是民间的这种非体制的，甚至是非专业的教育或研究，其价值和功用均不可限量。如果体制内的学校、教育能和体制外的教育相互融合、相互补充，我们的教育、人类的发展就会更加光辉灿烂。

我先讲到这。谢谢！

主持人（李兵）：非常感谢程老师的精彩演讲。程老师提出体制外书院的发展思路，对我们很有启发意义。感谢程老师的分享。

接下来进入讲坛的第二个环节——会讲环节。会讲是书院进行学术交流的传统，允许不同思想、不同学派的人来发表自己的观点。今天把这种会讲的传统放到屈子书院来做显得特别有意义。下面有请朱汉民教授、李相海先生、程方平教授登台！掌声有请！

下面由朱老师主持会讲。谢谢！

嘉宾会讲

会讲嘉宾：朱汉民　　湖南大学岳麓书院教授、中国书院学会会长、

　　　　　　　　　　汨罗屈子书院院长

　　　　　　程方平　　中国人民大学教授、中国书院学会副会长

　　　　　　李相海　　韩国成均馆大学名誉教授、

　　　　　　　　　　韩国传统建筑修理技术振兴财团理事长

主 持 人：朱汉民教授

　　朱汉民：刚才李兵教授介绍了书院的一个传统——会讲。中国最早的会讲是在南宋，当时朱熹从福建来到长沙岳麓书院，与张栻进行了会讲。今天同样在屈子书院进行一个非常重要的会讲。李教授来自韩国，比朱子来得更远，我们探讨的话题也是一个非常重要的学术话题：书院传统和现代传承。刚才我们三人就此话题发表了意见，现在我们就这个话题再深化讨论。

　　东亚书院的传统和现代传承涉及两个问题：一个是东亚书院作为一个有形的文化遗产。刚才李教授重点谈了韩国书院申遗的问题，申遗就是一种有形文化遗产保护。凡是列入世界文化遗产保护名录的遗产，必须具有非常重要的价值，并且在现代也得到很好的保护。刚才李教授详细地介绍了韩国书院的情况。我每次去韩国开书院会议的时候，都要参观、考察、学习韩国书院有形文化遗产的保护。韩国非常完整、真实地保存了书院的文化遗产，而中国国内很多书院在大都市，被一些建筑包围了。韩国书院相对在村落，一般保持着原状，保护得非常好，韩国人民具有十分尊重传统的精神，所以他们这次申遗成功。说实话，我作为一个在书院长期工作的人，感到非常欣慰，对韩国孜孜不倦的追求与努力也表示非常钦佩。

　　刚才李教授特别强调了文化遗产与韩国儒家书院的特殊性。我想，作为一种文化遗产的书院有其人类的普遍性，就是重视教育。虽然各大文明都重视教育，

无论是古希腊时候的学院，还是中世纪在基督教教会里成长起来的大学，包括伊斯兰教的大学，都有重视教育的传统，但是儒教更加突出了教育的传统，体现了人类文明普遍性的特质。儒家属于儒教，最早把教育作为其最神圣的使命。儒教首先强调经世致用、治国平天下，其次是教书育人，启发个体的内在潜能和重视人文精神的发掘。儒家把这两个事情作为自己最大的使命，这是儒教，也是书院的一个普遍性价值。如果要探讨书院到底有什么普遍性的价值，韩国书院毫无疑问具有这样一个儒教的普遍性价值。

将书院作为对文化遗产的保护，中国和韩国在这一点上是相通的，所以中国的一些书院早就列入世界文化遗产名录里面，如庐山、嵩山、武夷山是文化和自然的双遗产，书院成了当地文化的标志。作为儒教文化，这次韩国书院也列入世界文化遗产名录，应该说具有文化的普遍性。中国也坚决支持韩国书院能够列入世界文化遗产名录，这些都是人类共同的文化遗产。

现在我们沿着文化遗产的话题继续探讨，我注意到李教授的观点还没有完全展开，现在请李教授继续谈一下韩国儒家书院及其性理学。大家欢迎！

李相海： 韩国书院申请世界文化遗产，从大的方面来讲有两个原因。首先是因为儒家文化在韩国至今还在持续地继承和发展。我们都在讲韩国的书院是以性理学为根本理念而建立的，其实从更大的概念上讲是儒学，这些都是书院教育、学习的基本内容。韩国书院文化能够完好地保存运营至今，得益于其主体也就是至今还存在于韩国社会的儒林。这是韩国书院申遗的第一个原因。其次，进入 21 世纪，包括韩国社会在内，很多人缺少一种正直、积极的生活态度和面貌，陷入了物欲的洪流中，这与书院所追求的精神，也就是追求、形成真正的人格的宗旨已经相去甚远。今天大会的主题也是"继承和发展"，更好地在当今社会继承和发展书院精神，这是当今书院要担当的重要角色和使命。因为韩国的书院可以说从初期开始也不是以科举为中心的，而是完整、真正的人格教育，所以这种书院精神如何在现代社会以一个新的形式来传承，是我们需要关注的重点之一。

刚才我讲的这一点，在韩国书院申遗申请书中也有所体现，我不知道刚才的回答对朱老师的提问是不是有帮助。

朱汉民：非常感谢李老师！他确实回答得很好。性理学起源于中国，但到了韩国之后，确实发生了一些变化，退溪先生做了非常深刻的研究。我特别对李老师刚才讲的儒林印象深刻，我参加过安东地区的儒林大会。儒林大会都是一些民间的士林阶层，相当于中国传统的乡绅，他们继承了儒家文化，每年都有大会并祭孔，他们将书院的祭祀活动以及各种各样的礼仪完整地保存了下来，非常稳定地流传到今天。我感到非常敬佩，这也是值得中国做书院或做学问、做教育的人学习和关注的。

我们也想听听程老师对这个话题的看法。

程方平：接着刚才李相海先生的话题我谈一点看法：中国的教育，大家以为"以吏为师"只是在秦代，其实秦代以后，官学的老师都有"官"的身份，而真正知识分子的精神是在民间的学校体现的，特别是在宋代书院里，体现得比较充分，这是我要分享和回应的。宋代以后，知识分子有了更正规的、更像样的、更成熟的、自己的"道场"，这就是书院。韩国、中国、日本有很多东西都很像。几年前，我到日本，也看到过日本的"精舍"，就是有文人情怀的人到那去静坐、冥想的地方，有典型的书院情调。

我在论文中写到了我的老家——衢州，就是在金朝和南宋的时候，曲阜孔庙从山东迁到我的老家，自此就有了孔庙分南北孔的情况。在孔子精神的影响下，当时的书院还是以周孔的渊源为主，即以孔孟儒家思想为主。我在南孔的研究过程中曾提过一个想法：南孔从曲阜迁到衢州有什么变化？因为衢州是四省交界处，包括浙江、江西、福建、安徽，所以我认为现在的很多研究都是分块、细化的研究，研究浙江的不关心江西的事，这是很局限、很短视的。虽然中国的儒家不像佛教、道教那样，有比较突出的信仰，但是在老百姓的心目中，孔子不是神一样的，而是老师那样的，是特别值得尊敬并能够引领人走正道的那么一位伟人。所以孔孟庙宇的所在地，应该是一个文化圈的中心。因此，我写了一篇不太成熟的文章，提出来供大家参考、批评。我知道，典型的学术研究还要做细致的论证，还要更多学界的同仁真正下功夫，我只是做一个初步的论证或一个假设。

我们既然意识到，书院在东亚教育史、文化史上是一个有特色、有恒久价值的教育现象，就需要各国的学者一起来研究，甚至要将概念统一。刚才韩国的专家把书院翻译成英文 Korean Neo-Confucian Academies，直接翻译过来的意思就是"研究院"。在现在"书院"的英译上，我也有过考虑，用"学校（school）"还是"研究院"，还是别的名字？我个人认为应该就是"书院（shuyuan）"。至于其他国家的学者，他们要想了解这个概念，就会去看解释。久而久之，就比我们给"书院"定一个"研究院"或者"学校"恰当。

朱汉民：谢谢程老师！刚才我们谈的时候已经提及了下一个话题。第一个话题是书院作为一个文化遗产保护的问题，这是一个有形的文化遗产。书院被列入世界文化遗产名录、全国重点文物保护单位、省级重点文物保护单位，都是从文化遗产角度出发的。我们不认为书院是一种消失的文化或者文明。我记得民国初年书院才废掉不久的时候，很快就引发各界人士对传统书院废弃的不满和叹惜。中国到近代以后共识很难形成，但是很奇怪，对书院的共识一下子都有，自由主义者胡适、马克思主义者毛泽东、文化保守主义者熊十力，几乎都赞成与推崇书院。我当时感到很奇怪，这是少有的对书院的一个共识，也就是说他们都认为书院是一个好的制度。到底好在哪里？书院不是作为一个消失了的文化，作为一个文化遗产，而应该是"活"在当下，这是我们应该继承的一个书院传统，这也是当代中国教育界、学术界要思考的一个重大问题。韩国学者跟我们思考同样的问题，也就是说，这些古代的书院、书院的传统到现在还有什么意义？

刚才程方平老师就谈到宋代有一个文化的大转型，其中一个重要的人物就是韩愈。韩愈提出了师道问题。因为"师"在汉代就是一个官员，是太学的官员、五经博士，韩愈倡导的就是把文化继承下来，把我们的价值、信仰以及中国文化弘扬下来，老师之所以有尊严是因为老师传承文化，我们要有这样一种文化的使命感与责任感。

回到我们今天讲的书院问题，即如何集成这样一个无形的文化。书院是传道的地方，老师是通过儒家经典学习掌握了道的人。师道为什么会有尊严？这个尊严不是老师个人的尊严，而是"道"的尊严。这个尊严是非常高的，文明的传承是高于其他价值的，这才是我们讲的人类的普遍性价值。所以这种价值是我们今天办书院需要思考的。所以我们三个就这个话题继续谈一谈。现在请李老师谈一谈韩国书院应在韩国文化建设中发挥什么作用？

李相海： 韩国书院在现代社会中也可以发挥很大的作用。比如说至今陶山书院还在同时经营儒生修炼院，这是面向社会各界人士的一个开放性的教育空间，定期举办培训、讲座等活动。儒生修炼院的对象，包括小学生、中学生、大学生，还有政府机构或者公司人员等社会各界人士，他们是修炼院的教育对象。

这个修炼院里面教授的内容，不仅有儒家经典，还有蕴含在经典当中的儒家文化精神。我之前跟修炼院院长有过交流，他讲这些接受儒家教育培训的社会各界人士，在培训结束以后都会对自己的生活面貌做一个反思，会深入地思考作为一个社会人士应该承当怎样的角色，以什么样的精神面貌来面对现代社会的生活。入选世界遗产名录中的其他8个书院也在各自所在的地区担任了一定的角色，它们一直在探讨研究如何积极地开发、利用书院，对社会做出更大贡献。不仅如此，这9个书院之外的其他众多的韩国书院，都在积极地探讨书院在现代社会的发展方向等问题。谢谢！

朱汉民： 谢谢李老师！我们再听听教育史专家程方平老师的看法。

程方平： 我们前面更多讲的是遗产问题，刚才几位专家都强调了，书院应该还有一个更重要的价值需要强调，即书院的价值复兴。在中国，书院现在有好几千个，这里边鱼龙混杂。大家都在思考，书院是否能够在未来的教育或文化发展中发挥积极的作用。现在不仅已经进入全民教育时期，而且进入终身教育时期。在正规学校受教育是有时限的，比如大学毕业拿了文凭，教育就应该结束了吗？很明显，大学毕业生在开始工作之后，还有很多东西需要继续学习。书院这样一个比较宽松、不设门槛的机构，你想学就可以来学，而且不一定是为了一个学历，这样许多未进入大学专业目录的重要知识和技能就有了传承或学习的地方。比如，上海、福建通过立法，已开始设"学分银行"。学分不一定只能通过正规的学校教育获得。如果一个人没有机会脱产读研究生，但是可以根据国家规定，了解研究生要获得多少个学分就可以在相应的机构拿到硕士学位，就可以给更多的人继续学习的机会。以后这种情况会越来越多，条件会越来越好，书院的发展空间也会越来越宽广。要知道，在未来社会很多的学习应该是在非正规的状态下进行的，而书院在这方面的优势非常大。

大家可能熟悉，白鹿洞书院是体制外影响体制内的典型，它影响了整个中国学校和学术体系发展千余年。清末是不允许外国人办学的，体制内的学校也很少聘请外国的教师，但是在书院可以，传教士到中国来最早创办的学校就是书院。为什么？因为从宋代开始办书院就有相对自由和自主的空间。在清末，中国人创办的书院，最早使用的教材就是外国人的，甚至请洋教师来上课。包括张之洞他们办的很多书院，传统文化教育办得很好，西学也大量引入，这些都走在体制内学校的前面，发挥了重要的作用。

再举个例子，就是北京大学的一批著名学者在"文革"后办的"中国文化书院"。1985 年，国内的很多大学课都开不齐，但是这个书院利用灵活的非体制优势，从全世界把研究传统文化的学者都请过来了，而且向全国开放。当时我在北京师范大学读博士，北京师范大学有些课都开不起，但是这个书院却请了国内外 20 多个学者，走在所有国内著名大学的前面，这是一个很典型的例子。环境学科在最开始的时候都是被打压的，因为和污染、和利益相关。中国文化书院是最早设绿色书院的，牵头人是梁启超的孙子梁从诚先生，通过他多方呼吁和努力，中国环境方面的研究与高等教育得到了很大发展，对体制内学校的影响也很大。所以在许多方面，书院的前景是广阔的，不是说只能办培训、搞研究，可以是多种形式的。其实国家的政策是有空间的，只要思想解放、实事求是，各地的书院都会创造出属于自己的辉煌。

谢谢！

朱汉民：刚才这个话题是在座的各位都非常关心的话题，李先生介绍了韩国的书院，他们在跟我们做同样的事情，要让韩国书院在现代教育中继续发挥重要作用。程老师介绍了中国书院的发展情况，比如说新办的书院，20 世纪 80 年代的中国文化书院，以及现在在办的一些书院，之所以能够吸引大众，是因为书院能够弥补我们现代教育（体制内教育）不足的地方。我所工作的岳麓书院，这些年做了一些非常重要的工作，既保存了重要的历史文化遗产，也复兴了书院。

在历史上，岳麓书院能够有那么高的地位，培养了那么多的人才，今天仅仅是为了向来访问岳麓书院的人炫耀一段历史吗？肯定不是。书院人都有这样一种使命感，希望书院能够在现代社会重现历史辉煌。今天这次会讲我们讨论了书院的传统和现代传承的问题，这也是现在从事教育、学术研究以及相关工作的人所关注的话题，希望这次会讲促使我们对这个问题的思考更深入，特别是要知行合一。

这次书院年会，我们花这么大力气来做关于书院的活动，就是希望中国书院学会作为把传统书院和现代书院结合起来的这样一个社团组织，能够推动书院的发展，并且让书院在今天发挥更加重要的作用。

谢谢李老师！谢谢程老师！程老师还要送一份礼品给屈子书院，请程老师介绍一下。

程方平： 我这次来参加屈子书院举办的会议很高兴。我前两年尝试做了一尊屈原的小雕塑。所谓活到老学到老，我是从前两三年才开始学的，总共做了50个，限量发行，这次来送给屈子书院是表示我的敬意。

谢谢大家！预祝会议圆满成功。

朱汉民： 谢谢程老师赠送这么珍贵的礼品给屈子书院！

各位尊敬的中国书院学会的专家学者、韩国书院学会的学者、日本的专家、观看直播的网友们，今天的屈子书院讲坛到此结束，再次感谢大家对本次活动的热情支持。感谢大家将近两个小时的真诚守候！最后祝各位在场的朋友和在线的网友们身体健康，工作顺利，阖家幸福！

谢谢大家！

（王琦整理并经主讲嘉宾最终审定）

董平，1959年9月4日出生，浙江衢州人，哲学博士。现为浙江大学"求是"特聘教授、中国哲学博士生导师，担任浙江大学中国思想文化研究所所长、浙江大学佛教文化研究中心主任、浙江大学马一浮书院副院长。兼任中华孔子学会副会长、中国哲学史学会副会长、中华孔子学会阳明学研究会会长、浙江省稽山王阳明研究院院长、中国孔子基金会学术委员、国际儒学联合会理事、浙江省文史馆馆员等职。曾在印度浦那大学高级梵文研究中心进修印度哲学，在美国哈佛大学哈佛燕京学社、比利时根特大学中文系、美国印第安纳大学宗教学系访学。赴斐济、澳大利亚、加拿大、法国、泰国等国讲学。主要从事先秦儒家道家哲学、宋明理学、中国佛教哲学以及浙东学派、王阳明哲学等方面的研究。2010年在中央电视台"百家讲坛"主讲"名相管仲"与"传奇王阳明"，2012年在教育部首批网络视频公开课主讲"王阳明心学"。主要著作有：《陈亮评传》《陈亮文粹》《天台宗研究》《老子研读》《先秦儒学广论》《宋明儒学与浙东学术》，以及古籍整理著作《王阳明全集》《邹守益集》等。

直播二维码　　　直播在线参与人数：45.2万

导言

　　王阳明与孔子、孟子、朱熹并称为"孔孟朱王"，是中国历史上集立德、立言、立功于一身的"完人"，其思想不但影响了明代以后中国学术发展的整个格局，而且流传至日本、朝鲜半岛以及东南亚各国。王阳明是心学的集大成者，他的思想深刻影响了明代中叶之后的中国思想发展进程。其知行合一学说蕴含着怎样的思想内容与人生哲理？对我们当今社会生活具有什么样的参考价值与实践意义？

　　2019年11月10日，浙江大学"求是"特聘教授、央视"百家讲坛"主讲嘉宾董平先生莅临屈子书院讲坛，以"阳明心学及其知行合一说"为主题发表演讲，剖析王阳明的思想世界与生活世界，揭秘王阳明的传奇人生与学术成就。讲座由凤凰网湖南频道全球同步直播，在线参与人数多达45.2万；长沙理工大学教授、湖南汨罗屈子书院执行院长王琦担任嘉宾主持。

各位朋友，大家好！

我非常高兴担任屈子书院讲坛第 7 讲的主讲嘉宾。我们今天的主题是"阳明心学及其知行合一说"。尽管阳明先生的一生并不长久，但在他 57 年的人生经历之中，其过程之波澜壮阔与艰难曲折，其人生成就之伟大与历史影响之深广，的确超出我们的想象。正因如此，当人们追忆他的全部生平活动，并把它置于历史发展的整体过程中去考察的时候，就会得出一个结论：王阳明是中国历史上的一个伟大人物，是一个早年就曾"立志"并且最终成就了自己志向的人，是一个实现了人格的整全、独立与完善的人，是"立德、立言、立功"三项俱全的人格典范。

一、王阳明的人格追求与心学要义

王阳明为什么能够有这样的成就？如果我们来做一个简单的、抽象的概括，那就可以说：他是一个在生活之初就确立了生命终极目标或志向的人，更重要的是，在此后的人生经历当中，不论现实的生活状况如何变化，他都没有放弃这一原初的生命理想，他始终坚持自己的"必为圣人之志"，始终不忘记自己的最初理想，始终把这一志向的实现作为自己的生命目的。用今天的话来讲，他"不忘初心"，是个"不忘初心"的典范。自从 12 岁时立下成为圣人的志向之后，不论现实生活遇到什么样的艰难险阻，不论是陷于物质生活的困顿还是遭受到各种各样的精神折磨、来自上层政治人物的极权威压，他都没有改变这一根本志向。王阳明真正成了孟子所说的"大丈夫"。什么叫"大丈夫"？孟子说："富贵不能淫，贫贱不能移，威武不能屈，此之谓大丈夫。"

（《孟子·滕文公下》）这三句话说起来很简单，要真正做到是极困难的。什么叫"富贵不能淫"呢？"淫"的意思是"过度"。有钱了，地位崇高了，于是在生活的各方面就过分，铺张浪费，骄奢淫逸，颐指气使，自以为是，这就是"淫"，就是过分。"过分"就不是"中"，"不中"必定"不正"，"不正"必定"不公""不平"。"富贵不能淫"，就是讲哪怕你富了、贵了，也必须坚持大中至正这一生活的基本原则。"贫贱不能移"，"贫贱"与"富贵"相对，既缺乏财富也缺乏地位，叫作"贫贱"。处于"贫贱"当中，一般人更容易去羡慕"富贵"，去巴结他人，所谓"戚戚于贫贱"而"汲汲于富贵"，这就叫作"移"。孟子说"贫贱不能移"，强调哪怕一个人处于贫贱之中，也必须坚持自我的本原之心，不改变自己的生活原则。"威武不能屈"，所谓"威武"，通常是指强大的外在压力，并且这个压力很可能来自"上层"。我们普通人，在面对着各种外在的强大威压的时候，也很容易"屈服"，不再坚持自我的本心了。"富贵不能淫，贫贱不能移，威武不能屈"，这样一个"大丈夫"，就是一个独立、完整、自主的人格典范。在孟子看来，这样的人就是一个真正坚持人格自我独立的人，他是以这种人格本身的完整性的实现为生命目的的，因此是不会受到任何外在环境、外在力量影响的。

各位年轻朋友，你们现在还在念中学，对我刚才说的这些话可能没有任何体会，但是在人生的未来路途中，我相信大家不可避免地会有各种各样的人生遭遇，也会面对富贵、贫贱、威武，能否坚持自我的初心，能否坚持人格的完善、独立、健全、自主，决定一个人能否取得终极成就，决定一个人的生活是否有意义和价值。王阳明的一生之所以能够取得伟大的成就，求仁而得仁，彪炳史册，成为"真三不朽"者，在我看来，正是因为他能始终坚持他的圣人志向，百折不挠，用生命全程来实践孟子"大丈夫"的光明人格。

王阳明具体是怎么做的，由于时间的关系，我们现在没有办法来做详细的讲解，但是我可以举一个例子。大家知道，王阳明因敢于坚持原则、坚持正义，得罪了当时朝廷的用事太监刘瑾，受到猛烈的报复，最后被贬谪到贵州龙场。这件事在王阳明的一生中十分重要，是他全部生命历程的关键转折点。贵州龙场就是现在的贵州修文县。现在的修文县各方面当然都发展得很好，但是五百多年前的龙场显然不是现在这个样子。据史料描述，当年的龙场是偏远的"蛮荒"之地。

王阳明到了龙场之后陷入了一系列的生活困境中。当地居民主要是苗族，王阳明和他们进行语言交流都有困难。不只是如此，他甚至连居住的地方都没有，迫不得已而住到了山洞里。他还面临着粮食困难、同伴生病等各种日常生计问题。可以说，在龙场的王阳明真正陷入了一个无以复加的"贫贱"状态。更糟糕的是，他还时不时地受到上级官员的侮辱，因此同时也面对"威武"。各位不妨设想一下，处在那样的状况之下，你会怎么做？你很可能因此堕落了，随波逐流了，为逃离"贫贱"而屈于"威武"了。能否在逆境当中崛起，真正能凭借的是一个人内在的心灵力量。正是在龙场这一艰苦的现实境遇之中，王阳明回顾自己 12 岁所立下的"必为圣人之志"的初心，于是他不断地反问自己一个问题："圣人处此，更有何道？"也就是如果圣人处在我今日的状况，他会怎么做？他心目中的圣人，无疑是指孔子。为什么会想到孔子呢？因为孔子曾经历周游列国 14 年的颠沛流离，他也曾经有过"欲居九夷"的感叹，而王阳明所在的龙场，正属于边远的"九夷"之地，可谓是情、境两相符合。

　　讲到这里，我顺便提一个小问题。孔夫子当年为什么要周游列国呢？恐怕我们许多人都认为，孔子周游列国是为了当官。这个观点，是我们后人对孔子的最大误解。如果孔子是为了当官，他根本就没有周游列国的必要！因为史料记载，在周游列国之前，他就当了官。他既做过"中都宰"这样的不大不小的官，也做过鲁国"大司寇"这样的大官。孔子之所以要去周游列国，实际是为了坚守他关于人道的价值理想，他试图通过自己的努力，使当年由周公所建立的"礼乐文明"，能够实现于天下。这既是孔子的信仰，也是孔子的理想。正因为他事实上处于鲁国的官场，所以他才清楚明白地意识到，他所在的鲁国已经不能实现这种理想了。他试图通过列国的周游，能够找到这样一个足以实现其最高理想的场所，使以"仁"为最高内涵的人道价值、以"礼"为展现形式的生活秩序，能够普遍地实现于天下。所以他说："如有用我者，我其为东周乎！"（《论语·阳货》）可是周游列国 14 年下来，他所见的国家，不是"危邦"就是"乱邦"，所以孔子也清楚明白地知道，他所坚持的那样一种"仁"的最高价值，那样一种人间的良序美俗，已经没有办法在他这个时代实现了，"道之不行，已知之矣"（《论语·微子》）；他也感受到了自然生命的衰退，当年"其为东周"的壮志似乎也随着自然生命的衰退而有所衰减了。因此，他也感叹："甚矣，吾衰也！久矣，吾不复梦见周公！"（《论语·述而》）但是另一方面，孔子终究不肯放弃他的信仰和理想，晚年回到鲁国之后，他做了三件事："删《诗》《书》"，"定《礼》《乐》"，"作《春秋》"。他做这三件事的目的，以前的说法是"为后王立法"，其实也就是希望通过这些典籍文本的后世流传，能够使"礼乐文明"为后代所知晓，能得其人而使"礼乐文明"重现于天下，普遍地实现人道的文明。孔子是坚信"人能弘道"的，所以他说："文武之政，布在方策，其人存则其政举，其人亡则其政息。"（《中庸》）

我们可以看到，孔子实在是第一个不论个人生活境遇如何改变，都不放弃自己理想的典范，正是这种坚持与不放弃，他才成就了自己的整全的人格，成为圣人。王阳明以孔子为榜样，不断地自我反思："圣人处此，更有何道？"我想特别强调的是，王阳明的这一反思，其实就是自觉地、主动地切入了圣人心态，正是这种圣人心态的自觉切入，导致其心灵境界的升华。这一结果，就是人们通常所说的"龙场悟道"。

"龙场悟道"的确是王阳明全部生命历程中的一个重大的转折点。那么他究竟"悟"了什么呢？从史料的记载来看，如果最简单地加以概括，就是悟了三个字："心即理"。虽然要把这三个字的意思讲清楚有点困难，对现场的中学生朋友可能更不容易，但我先说一件事，相信各位是能够赞同的。

在日常生活之中，我们每一个人说一句话、做一件事，如果追问一下：你为什么这样说、为什么这样做？有没有一个更加内在的、更为本原的意识在？那么我相信，我们都会承认，事实上是存在着这样一个更内在、更本原的意识的。也就是说，我们说话，就是那个本原意识的表达；我们做事，并且以那样一种方式去做那件事，就是因为那个本原意识要以这样的一种方式才能得到恰当的表达或体现。只要是一个正常人，我们内在的状态是一定要通过外在的言语、行为来体现的。同样，外在的言语、行为就是特定情况之下的内在意识或精神状态的外观。也就是说，正常的普通人在现实的日常活动之中，原本是内外一致的，有诸内，必形于外。是不是这样啊？这种内外一致，换句话说就是，我们的人格原是健全的，这就是我们的基本"素质"。正因为这样，所以当年孔夫子总是告诫我们要"谨言慎行"，这句话在现在的青年当中大概不受待见，或许大家会觉得要有独立意识，不需要那么"谨言慎行"。但是亲爱的同学们，如果我们真实了解这样一点，就是在日常生活当中，你自己的一言一行，哪怕是一举手、一投足、一颦眉，在你的交往对象那里都会被视为是你内在真实的外观，是你的心态、意识、精神的一种外在表现。那么，你还有理由不"谨言慎行"么？我们应当相信，一个人内在的精神状态或者意识状态，只能是通过言谈举止也就是言行来展示的。所谓"谨言慎行"，在孔子那里，正是用来确保个体本身独立人格的完整性的必要手段。

那么人本身的这种内外一致的人格完整性是从哪里来的？它似乎是自然而然的，人人自然都是如此的，所以我们就只能认为是"天赋"的。正因为是"天赋"的，所以它是人自身先天的本原性存在状态，是我们人本身存在的真实的本来样子。人既具有掀起情感、获得知识、进行推理、体现道德、表达愿欲、产生想象等方面的完整能力，同时具备所有这些方面的表达、体现、实践的能力。这一人格完整性的原初状态，王阳明简单地将它称为"心即理"。

在王阳明那里，人格本身的这种先天完备，在作为人的存在的本原状态的意义上，就是"本心"。所以在王阳明的心学之中，"心"或"本心"是用来指称存在的本原实在性的，是"本质"，是主体意识形成的基础与根据。这一"本心"根源于天道并且同一于天道，所以说"心即理"。这里的"理"即是"道"。"心即理"强调了人自身存在的本原真实状态与天道的实在状态之间的同一性，正是这种同一性才真实地构成了人的"本质"。在"心即理"或"本心即道"的观念之下，一方面使"本心"获得了宇宙万物之生成本原的意义，另一方面又使一切万物的存在性归于"本心"；心与万物便是交相圆融、互为一体的。正是在这一意义上，王阳明特别强调"万物一体"，既"心外无物"，又"物外无心"。不过在这里，我并不打算就这一话题做过多的阐释。

现在有一点是清楚的，即由于"心即理"，我们才具备本原的人格完整性，也因此，人格完整性就是人自身存在的本原性。脱离了人的这种存在的真实本原状态，那么所谓天下之理、社会秩序、道德人伦、审美情操等都无从谈起。"本心"代表了个体的真实存在，"本心"的呈现体现了存在的真实。正是在这一意义上，王阳明在"龙场悟道"之后，随即开始宣讲"知行合一"，"知行合一"在相当大的程度上成为王阳明心学基本要义的概括。

现在我们知道人格的完整性就是存在的完整性，那么显而易见，在人的现实存在作为一个完整过程的意义上，我们就应当把自己本来真实的人格完整性体现出来，只有这样，我们才谈得上作为人的存在。在日常生活中，我们是一个什么样的人，事实上是通过自己的全部行为活动来呈现的。我们"心即理"的本原存在状态同样只能通过日常生活中的行为活动来呈现。因此，在王阳明那里，他的"知行合一"说实际上就是一个实践命题，是用来呈现、体现、实践、实现"心即理"的本原真实状态的；或者说，我们每一个人的"心即理"的状态，只能通过"知行合一"的实践活动才能真正得到体现。我不知道这样说大家能不能听明白，现场是中学生朋友居多，所以我尽量用通俗的话来说那个并不通俗的意思。

二、知行合一与"知"的四重含义

现在我们来具体讨论"知行合一"问题。为了尽可能用简单的语言来讲述王阳明这一重要观点的完整内涵，也为了讲述的方便，我把"知行合一"分为四个层面来讲。

1. "知行合一"的"知"作为"知觉"，"行"作为"行为""活动"。在这一意义上，"知行合一"是强调知觉与行为活动的同一性。什么叫"知觉"呢？比如说"我觉得我胳膊疼"，如果我"胳膊疼"这件事情对我来说是真实的，那么我很可能就会去揉、捂、捶。请注意：不论是"捂"还是"捶"，都是"行"，这些"行"就是我"胳膊疼"的体现；再比如"我知道自己口渴了"，如果我真的"口渴"，那么我自然会去喝水，喝水就是真知口渴的体现。反回去说，如果我只是说"我口渴"，可是水在眼前，你让我喝水，我就不喝，那么你也可以判断：我的"口渴"未必是真的甚至是假的。吃饭、穿衣等日常活动都是如此。这就表明：一个人内在的真实知觉状况，是一定要通过外在的行为活动来展开的，因此外在的行动即是内在知觉状况的外观。由内而向外，由外而达内，内外一致，这就是我所理解的"知"作为"知觉"意义上的"知行合一"。

我刚才举的这些例子太过稀松平常了，可能同学们觉得没有什么了不起的。是的，在王阳明看来，"知行合一"本来就没有什么了不起的，不过是我们正常的普通人应当有的一种日常生活状态。一个人为什么能够做到知觉与行动的统一？很简单，因为我们原本人格健全完整。这种人格的健全完整是实现我们日常生活的基本方式。但是，这里面是有一个前提的。这个前提，用王阳明的话说，就是没有私心私意的掺杂，知觉与行动的同一性才可能得到自然的、真实的贯彻与体现。一旦有私心私意的介入，哪怕是吃饭、穿衣之类的事，都会出现内外不一致。比如说，我现在事实上觉得很饿了，并且事实上我就面对美食，可是我很担心吃了肥胖，所以只吃了一点点就不吃了，并且说"吃饱了"，尽管事实上我还是饿的。在这个例子中，"减肥"就是一种"私心私意"的存在。顺便说一句，我并不反对"减肥"，只是想说明这样一点：在日常生活之中，我们事实上面临着各种各样的可能使我们内外不一致的情境。王阳明的忧虑恰好是，如果我们不去关注这些日常生活中的内外不一致的现象，不懂得返本归原，而任这种不一致成为生活常态，那么事实上就一定意味着人格本身的内外断裂，我们把原本健全的人格弄得支离破碎了。如果真的这样，那么人的存在就走向了存在的反面，我们不可能在人格的分裂、存在的断裂之中寻求所谓存在的意义与价值。王阳明揭示知觉意义上的"知行合一"，尽管所举的例子无非饿了吃饭、渴了喝水之类的太过平常的日常生活现象，但他所强调的是：在排除任何私心私意掺杂其间的情况下，我们每一个人作为"天赋"的"心即理"的存在，人格原本是健全的、完整的，并且本来就具备用行为活动来体现这一整全人格的能力，所以只有通过"知行合一"的方式来呈现内外一致的人格本身的完整与健全，才真正体现了我们生命存在的真实状况。所以王阳明强调，我们必须回归到这一生命存在的真实状态，并且要求我们把这种本原的同一性、内外的一致性、知和行的完整性与一致性贯彻到底，将它体现到现实生活的所有情境之中去，来展开现实生活的丰富性与多样性，所以我们下面谈"知行合一"第二层面的意思。

2. "知行合一"的"知"作为"感知"义，"行"还是作为"行为""活动"来理解，在这一意义上，"知行合一"强调了知与行的同时共在。知与行的共在构成了我们的日常生活情境。从生活的实际状况来看，我们每一个人的现实生存，不论这一过程是长还是短，事实上构成生活之全部内容的东西只有一个，那就是"对象性交往关系情境"，我们时时刻刻都处在和对象的交往关系之中，与不同的人、事、物的交往情境及其交往过程就构成了我们的全部生活。正是在这一意义上，交往关系情境既是日常的生活情境，也是表达我们自我真实存在的基本情境。王阳明讲"知行合一"的第二方面意思，就是要求我们在日常的任何交往关系情境之中，都要把基于对象存在的真实性而产生的真实之知体现出来，特定情境中的"感"和"知"以及基于"感知"所产生的行为活动是不存在时间上的先后的，因此是"知行合一"。

什么叫"感"呢？我们每个人都有眼、耳、鼻、舌、身五种感官，这些感官的功能就是用来实现对外在事物的"感知"的，因此感官就是把我们自己和外界事物联系到一起的基本手段和方式。由"感"而"知"而"行"，是作为一个完整的过程来展开的。在王阳明看来，真"感"真"知"即是"行"，所以是"知行合一"。他曾经举《大学》里的两句话"如好好色，如恶恶臭"来说明这一意义上的"知行合一"，认为这两句话是《大学》"指个真知行与人看"。"好色"是指美好形态的东西，"色"的意思是"形"，即形状。比如说我眼前一朵玫瑰花，那也是"好色"。我眼前这朵玫瑰花，我就和它构成了一种对象性的交往关系。在这一交往关系中，这朵花的色彩、形态、气味等等是以它真实的当前状态向我开放的，我的感官也立即将它的真实状态摄入，就产生了赏心悦目之感。王阳明说：知好色属知，好好色属行，知行如何分得开？其实这是强调在特定的对象性交往关系情境之中，基于真实之"感"而产生真实之"知"，因真实之"知"而掀起真实之"行"，这是一个在特定现场的真情实感的共时状态。在这一状态之下，所谓知、行确乎是无所谓先后的，是内外一致共同掀起的，所以说"知行合一"。"好好色"是如此，"恶恶臭"也是如此。闻到难闻的气味，自然就会掩鼻，自然就知恶。但可能也有这种情况，比如说我长期处于"恶臭"的浸润之中，所谓如入"鲍鱼之肆"久而不知其臭矣；或者我今天刚好感冒了，鼻子塞了，虽然闻到难闻的"恶臭"，却也并不觉得多么难闻，没有掩鼻，甚至看到大家掩鼻，我反而觉得可笑。但是必须指出的是，如王阳明当年所说的这两种状况其实都是不正常的"病态"，不论是处于"鲍鱼之肆"，还是感冒鼻塞，并不表明你真的不知"恶恶臭"，或者"恶臭"不值得去"恶"，而是因为有别的缘故"隔断"了"感"和"知"之间的直接联系。所以这两种情况事实上导致内外心身的二重分离，这种内外心身的二重分离，在王阳明看来，就叫知、行的不合一。这种心身不一的情况，终究会导致生命的灭裂，从而解构生命存在的意义。

但是这种心身二重分裂的情况是如何导致的呢？按照王阳明的观点，还是因为在感知的过程中，有私心私意的介入。私心私意一旦介入特定情境下的感知活动，就会妨害感知的真实性，从而产生不诚的"意"。意有不诚，则心身"隔断"。在日常生活中，我们的行为未必都是基于"诚意"的。我们还以"花"为例，如见"好花"而"好好花"，仅停留在这种"感知"状况，这是没有问题的；可是一旦有私意介入，立即就会出现问题，比如说"我想要"，这一"我想要"的私心一旦出现，很可能就会伸手去摘花。"摘花"的行为，严格说来，并不是根源于"好好色"，而是根源于"我想要"，是在"我想要"的念头驱使之下而发生的现实行为。那么这里面就有一个问题："我想要"的念头是不是与"本心"相同一的？不与"本心"相同一的知觉或念头，显而易见，由它所发出的行为，就不可能成为"本心"的体现，不可能成为"本心"存在的证明，行为（身）与本心的真实状态（心）两者之间，正是由于这一缘故而相互"隔断"，现实生活因此走向了心身的二重分裂。凡不是由本心所发出的、不与本心自身的真实状态相同一的所谓"心意""念头"，都是私心、私意、私欲，是残害心身本原的一致性而导致心身分裂的根源。可是在日常生活中，多数人的现实生活恰恰是通过一系列的"我想要"来实现的，而不管这个"我想要"是否真的与自己的"本心"相契。见到某人钱多，"我想要"，于是乎奔着钱去；见到某人官高，"我想要"，于是乎奔着官去；如此等等。我们匆忙地奔竞于道路，左冲右突，追逐着"我想要"的对象，以此为满足，以为人生价值得到了实现。我们大概很少停下脚来，真正去反观内省，去真实地看一看那些基于"我想要"而发出的行为是不是"真己"想要的。正是在诸如此类的不断向外追逐的过程中，造成了自我人格的分裂，造成了心身内外的分离，造成了生命存在自身完整性的"隔断"。在这一心身的完整存在被"隔断"的意义上，我们连真正的"存在"都谈不上，还谈何存在的意义、生命的价值呢？

王阳明强调"如好好色，如恶恶臭"是《大学》指一个真知行给人看。一方面，将不曾被外物的欲望所隔断的生命存在的完整性揭示给人看；另一方面，强调在日常的生活经验之中，如果我们想要实现真正的自我存在，就必须将生命自身存在的那种先天的完整性、本原的同一性体现出来。这就需要在"感知"之际，照察内省，以"诚意"替代依于外物而起的"我想要"，从而使外在的行为活动真正成为体现自我本心、实现生命整全的现实手段。这是我就"知"作为

"感知"义来讲"知行合一"的意思。

3. "知行合一"的"知"作为"知识"义，"行"还是"行为""活动"。现在学术界有一种观点，认为王阳明的"知行合一"的"知"是不能作"知识"来理解的，否则"知行合一"就讲不通了。这种观点还比较流行。不过我个人是非常反对这一观点的，尽管我 20 多年前曾经有过这样的想法。我现在的观点是，"知行合一"必须将"知识"意义包含在内，否则就王阳明心学的整体思想来说，必定是不完善的。另一方面，王阳明之所以提倡"知行合一"，就是为了反对朱熹的"知先行后"之说，如果朱熹的"知先行后"是包含知识论意义的，而王阳明的"知行合一"却不包含知识论意义，那么在理论上，王阳明如何能够用"知行合一"来反对朱熹的"知先行后"呢？

其实只要回归到人本身的实际存在状况，这些问题似乎都是能够迎刃而解的。我个人主张，任何一个人的存在，就其存在本身而言，首先是感性存在。我们总是以一种"感性"的方式，比如现实的、经验的、可感知的，我称之为"对象性交往关系情境"的经验现场（场域）来实现的。脱离了这些经验现场，我们事实上没有办法来展开、来体现我们的真实生命存在。正因为如此，所有这些各种各样的、现实经验上的交往关系情境，就构成了我们全部生命得以实现的感性领域。但是显而易见的是，人的存在尽管不能脱离这些经验上的对象性交往关系情境，但交往关系情境并不只是"感性的"，同样也可以有"理性的"，有"审美的"，有以超越性实在为对象的"独与天地精神相往来"，也可以有自我沉浸式的"反思的"，等等。个体生命存在的完整性与同一性，依照王阳明的观点，毫无疑问是必须贯彻、体现、落实到个体的全部生存领域的，也就是必须体现到我所说的各种各样的"对象性交往关系情境"的全部现场的。既然如此，那么毫无疑问的是，理性活动本来就是人实现其完全生命的一个必不可缺的基本维度，"知行合一"作为一种表达自我存在的基本原理，作为一种生命的真实常态，无疑是必须体现于理性活动的。事实上，最具有典范意义的理性活动就是知识活动。正是在这一意义上，我们就必须讲明知识意义上的"知行合一"，或者"知行合一"必须具备知识论意义，方称得上是完整的。

正是在知识问题上，我们一般人认为：如果我们要去做一件事，首先必须知道如何去做这件事；也就是说，"知"一定是先于"行"的。当年朱熹就是这个讲法。朱熹大概的意思是：如果我们要做一件事，必须要先知这件事，所以是"知先行后"；但另一方面，做成一件事的重要性是优越于知这件事的，所以"行重知轻"。朱熹强调，知、行两者不可偏废，要齐头并进。朱熹的这个观点，其实我相信更符合我们今天大多数人的"常识"，但是遭到了王阳明的激烈反对。在朱熹的这个观点中，不论他如何重视知行不偏废，但"知""行"的确是被认作两件。王阳明恰好认为，"知先行后"观点极为有害，不仅在理论上是错误的，在实践上更是有害的。他提出一个简单的问题：如果说必先知一件事，然后才能去行这件事，那么要"知"到何种程度才算是"知"了？才可以去"行"？王阳明正是从这个意义上，特别批评朱熹的"知先行后"观点，认为这样所导致的结果，必将是"知""行"的分离，永远不行，也就永远不知。所以他说，他所倡导的"知行合一"，正是对治这种毛病的药。

我们前面讲过，"知行合一"实际上就是用来表达或体现我们"心即理"的真实存在状态的，所以它需要作为一种关于人的存在原理被完全地贯彻到现实人生的各个方面。知识活动自然不能例外，必须体现出"知行合一"才可能实现出真实的知识。按照王阳明的观点，我们在日常生活中，真正的知、真实的知，一定是通过实际行为来体现的。不能付诸实际行动的所谓知，不是真知。打个比方来说，如果小王同学今天作业没有做，老师批评了他，问他："知道错了吗？"他说："知道了。"结果第二天作业又没有做。那么事情很清楚，小王同学所说的"我知道错了"，能说他真的"知道错了"吗？如果真的知道错了，那么小王同学就应当做作业，用实际的行为来表明他是真的"知道错了"。如果他继续不做作业，那么只能说他所谓的"我知道错了"是假的，不是真的。正是在这个意义上，王阳明特别强调"真知即所以为行"，也就是说，真正的知、真实的知一定是能够通过实际行动来体现的；凡是不能付诸实际行动的知，都不是真实的知。为什么呢？按照王阳明的观点，我们内在的真实状态，当然包括知识状态，都只能通过现实的行为状态来体现。一个人的真实知识，就展开在他的实际的经验活动之中，现实的行为活动过程，是个体内在的真实知识得以展开、呈现的根本方式。我们要去做一件事，一定有要去做这件事的理由或"想法"，这一点是作为"意"而存在并且是为做这件事的人所"知"的。对做这件事的人而言，如果这个"知"是千真万确的，那么他必定会把这个"知"实现出来，也即去

"行"这件事。在这里，"知"虽然在逻辑的意义上可以被说成是先在于"行"的，但在作为一个过程的完整性意义上，"知"不仅不是与"行"相分离的，而且正是"行"的开端或起点；"行"是"知"的向外展开，是"知"由意识的存在状态转化为经验的行为状态，是"知"的实现形态。正是在把"知""行"作为一个由内向外的完整活动过程的意义上，王阳明说"知是行之始，行是知之成"，"知是行的主意，行是知的工夫"（《王阳明全集》卷1《传习录》上）。只有这样的"知行合一"，才代表了知识活动过程的完整性，所以王阳明说，"知至真切笃实处即是行，行至明觉精察处即是知"（《王阳明全集》卷2《传习录》中）。正是在知识活动过程的完整性与统一性的意义上，"知""行"是不可能两相分离的；如果两相分离了，那就不是真正的知识活动，是无法实现"真知"的。因此，王阳明特别强调"知""行"是同一个知识活动过程的两个不同面向，是同一件事在不同的意义上用了两个不同的称呼，实际上是一回事，所以他说："知、行原是两个字说一个工夫。这一个工夫，须著此两个字方说得完全无弊病。"（《王阳明全集》卷6《答友人问》）因为这个缘故，我也特别强调说：所谓"知行合一"，并不是把"知""行"两件事合为一个，而是本来就是一件事，所以"知行合一"其实是说"知行同一"。

任何知识都是通过行为活动来获得、来体现的，因此知识的获得过程体现为行为过程，知识运用的行为过程则体现为真实知识的表达过程。就此而言，"知行合一"便是一件自然的、不须争辩的事情。举例来说，当年王阳明去江西作战，毫无疑问，他是需要有关作战地方的山川地理知识的，他亲自去勘踏地形，了解、询问、走访山川道路、村庄的具体位置，在这一系列的行为活动被付诸实践的同时，就是他关于那些地方的山川地理知识的获得过程；而他作为将军，要谋攻，要排兵布阵，也就是他的山川地理知识的具体运用。前者可以说是"即行即知"，后者则是"即知即行"，知行的确是一体的，不可能分开。我不妨强调一下，当我们说"知行合一"的时候，不论是"知"还是"行"，我们都需要把它理解为一个过程，知识的获得体现为行为过程，行为的实践展开为知识过程，这一点很重要。正是在这个意义上，知识的"真伪"问题，是可以通过行为的实践活动来加以验证的。

我们还可以举一个与学生直接相关的例子。假定你有许多问题要请教老师，老师说"我给你本书，你的所有问题都在这本书里"。那么你拿到这本书后，要了解书中的知识。怎么办呢？你只能去阅读这本书，一行一行看过去，一页一页翻过去。阅读本身就是一个行为过程，当这个行为过程完成了，也就同时获得了书中的知识。在这个例子中，其实事情还稍微有点复杂。如果你只是把这本书翻完了，却不动脑子，没有诉诸自己的思维活动、意识活动，那么你能够获得这本书中的知识么？显然是不可能的。那么这就有问题了：我们所说的"行"，要不要把思维活动、意识活动、精神活动之类的内容包括在内？这个问题我这里不做详细解释，我只想说明，在王阳明那里，"行"是一个比我们日常理解的内涵更宽泛的概念，是把内在的思维活动、意识活动包括在内的。王阳明把思想活动也作为"行"的一个层面，这样做有没有道理呢？我觉得是有的。一个从来没有想过去偷人家东西的人，绝对不会是一个事实上的小偷；一个从来没有立志做圣人的人，绝对不可能真正成为圣人。一个人现实的行为活动，事实上就是某种内在的"知"或观念的客观化，意识、精神的活动在这一客观化的过程当中起到非常重要的作用。

王阳明讲的知行合一具有普遍的真理性。知识和行动的统一性代表着人本身活动的完整性以及存在的健全性，从这个意思上讲，"知行合一"不只是一种什么原理或观点，而是我们实现自我存在的唯一方式。这个话稍微有点抽象，因为时间关系，我这里也不展开讲了。

我这里应当提一下的是，现在许多人都在讲王阳明对后世的影响有多大，对曾国藩的影响，对日本、韩国的影响等等，这些显然都是事实，王阳明的思想对包括曾国藩在内的不少近现代的历史人物，对日本的明治维新以及日、韩的不少现代企业都产生过深刻影响。但实际上，我认为王阳明的"知行合一"说对毛泽东同志的影响最大。毛主席写过一本《实践论》的书，不知大家读过没有？《实践论》的主题就是论述"知"与"行"之关系，强调"一切真知都是从直接经验发源的"，因此"真知"是可以回归到实践中去的，实践是检验知识真伪的根本标准。基于真知来源于实践的意义，毛主席提倡"调查研究""实事求是"，这里面所包含的思想其实就是"知行合一"。我们这里因为时间的关系，也只是提一下，不做展开了。

4. "知行合一"的"知"作为"良知"，"行"仍是"行为实践""活动"的意思。在这一意义上讲"知行合一"，其实便是"致良知"。我们前面讲"知行合一"的意思，特别强调内外一致，可能会引起人们的误解，以为"知行合一"既然讲内外一致，那么就是"率性而为""我怎么想就怎么做"。这对不对呢？不对！如果"我怎么想就怎么做"就叫"知行合一"，那么这样的"知行合一"不可能是一种关于现实人生的有益指导，只会害人不浅！如果"我怎么想就怎么做"是对的，那么"我想做贼"结果就去做贼了，"我想打人"结果就去打人了，这样行吗？所以千万注意，"知行合一"的"知"还有"良知"一层内涵，这是无论如何都不能忽略的，"知行合一"的意义，最终要落实到"致良知"上。良知是什么呢？简单地讲，就是我们每一个人本来都完全具备的那个"心即理"的"心"，是我们的本心。良知这个本心，它是永远能够知是知非、知善知恶的，所以依着良知去做，就叫"致良知"，就是"知行合一"。在各种各样的现实的生活状态之下，我们都能够"知行合一"，都能够"致良知"，把我们内在真实的本心实在状态体现出来，这样我们才真正实现了人的存在，实现了真实的人生，并同时实现了人生存在的意义与价值。由于时间关系，关于"致良知"的问题，我这里就不做具体阐述了，以后有机会再来与大家探讨。

我就讲到这里。谢谢大家！

（王琦整理并经主讲嘉宾最终审定）

现 场 互 动

听众提问：董教授，您好！感谢您的演讲，它让我受益匪浅。我想向您请教一个问题：王阳明先生的致良知与现代企业的发展如何结合？谢谢！

董 平：对于这个问题，我首先说明，我对企业管理是门外汉，没有做过专门研究。但是企业管理的最后目的是什么呢？虽然做企业要赢利是没有问题的，但至少在企业的目标管理上，能否把赢利作为企业的最后目的呢？按照中国传统的观点，如果把赢利作为企业管理的最后目的，那么这个企业一定是管不好的。中国人从来是把"利"与"义"作为同一个问题来处理的，讲"君子喻于义，小人喻于利"，"义""利"之间要有一个根本的制衡。儒家有句话，可能大家都很熟悉，叫"利者，义之和也"，可是对于这句话，也许大多数人的理解不正确，因为大家把"和"字念第二声（hé），然后说"以利和义"，这其实是讲不通的。我建议大家把这个"和"字读第四声（hè），"和"的意思是"回响"，"利者，义之和也"，就是说，真正的"利"是"义"的回响，是"义"的行为的伴随现象，是对"义"的回报，这叫"利者，义之和也"。那么怎么来做到"义"？古人讲要通过"礼"来实现。"礼"是关于"义"的规定。可是"礼"是什么呢？人们都以为要讲"礼仪"，要有"礼貌"，其实又错了。这些只是"礼"之末节。大致说来，"礼"在现实性上的最主要意思，是关于共同体各个不同成员之间的各自责任、权利、义务规范的体系，要求人与人之间在交往过程中都能坚持、实践、体现其各自的"名分"，从而实现一个集体、一个单位在生活秩序上的共存和谐。在这个意义上说，"礼"就是"义"，因为一个人坚持他的责任、权利、义务的同一性是"恰当的""合宜的"，也就是"义"。所以我们说，"礼"是行为实现的外观说，"义"则是关于这种行为实践的价值评判。只有真正的"义"的行为才可能带来真正的"利"，如果只"以利为利"，弃置"义"而不顾，则"利"必是不长久的。这是"利者，义之和也"这句话的真实意思。如果了解这个意思，那么阳明心学与企业管理之间是否有关系，我想也就不难理解了。

在王阳明那里，"致良知"就是要求把天命之德性而存在的良知清楚明白地通过自己的生活实践体现出来，把它呈现到自己的现实生活的每一个当下情境之中。按照阳明先生的理解，良知的真正如实呈现必定是"义"的，必定是合乎当下交往关系情境中的实际情况的。"义"的实现，必是有"利"以"和"之的。就一个企业（或单位）而言，假如人人都能够清楚明白地知道自己的责任、权利、义务，人人都懂得"致良知"，人人都能通过"致良知"来展开自己行为的"义"，那么这样的一个企业能有不强的吗？这样的企业能在市场上无"利"吗？儒家是非常强调这一点的，管理不是要把人管制起来，甚至管死，而是要让人活起来，通过人的内在德性的自觉来激发人的活力，强化人的责任、权利、义务意识，从而实现人人自觉的自我管理。我觉得管理的最高境界，就是使每一个人都实现自我管理。人人都懂得"致良知"，人人都懂得"知行合一"，人人都在行为上展现出"义"，就是最高管理境界的实现。

听众提问：感谢董教授精彩的讲座！请问王阳明的致良知说跟他的巨大成就之间有什么联系，对当下的社会有什么重要的价值和意义？

董 平：因为时间的关系，我们今天实际上并没有具体展开"致良知"这个问题的讨论，但既然涉及了，我就非常简单地说几句。现在我们都说王阳明的一生获得了巨大成就，许多人因此把他当成"成功学"的典型范本。把阳明心学弄成"成功学"我是坚决反对的。王阳明确乎有巨大的成就，他是"立德、立功、立言"三者俱备的"真三不朽"。一个人要做到"德、功、言"三者俱备的确极难，但我同时认为，尽管说"三"，实际只是"一"。我讲的这个"一"就是人格健全的统一、内外一致的同一，这个"一"是要贯彻到生命的全程的，所以我们的生命是"一以贯之"的。若照着王阳明的讲法，"良知"即是"一"，"一以贯之"就是要把良知贯彻到生命的全程，用良知来统摄个体的全部生命。所以在王阳明看来，全部圣人的学问、工夫，只不过是《大学》开头说的"明明德"而已，"明德"即是良知，"明明德"即是"致良知"。每一个人的存在，总是通过他自己的现实行为活动来体现的。脱离现实的经验活动，任何一个人都无法真正体现他的存在。在王阳明看来，只有"明明德""致良知"的"一以贯之"，才算实现了一个人的真实存在。因此，一个人的现实生活，不论他取得了多大成就，只是"致良知"的结果罢了。王阳明的现实事功之巨大成就，也只是他"致良知"的结果。

王阳明的学说对当下社会的重要意义或价值，说起来会很复杂，如果用极简单的话来说，那么我们首先要晓得当下社会的问题在哪里。我个人觉得，当下社会普遍的问题，恰好是个人不懂得回望自己的心灵状态，人们总是以外在目标的追求为生命的目的，这反而是件本末倒置的事。若照着王阳明的观点来说，我们要"明明德"，要"致良知"。或许我们总是把这些话理解为"道德的实践"，不过我认为这是非常片面的。这些话的意思，在王阳明那里，当然包括道德实践在内，但同时必须把全部的生活实践活动都包括在内。也就是说，日常生活的全部活动都要"明明德"，都要"知行合一"，都要"致良知"。这就是上面我说的"一以贯之"。打个比方说，如果你是企业家，是开工厂搞生产的，并不是说"致良知"只和你的"道德实践"相关，和你的企业活动、生产活动无关，那样来理解，就错得离谱了。既然你开工厂，就一定要有产品，工厂的产品作为商品是要去占领市场的，商品是要赢利的。那么，这里就有了一个问题：你如何对待自己的产品？仅仅把它当作一个能够带来盈利的商品还是把它作为你自己存在的证明？或是把它当作你自己存在的意义与价值的证件？显而易见，这两者之间的差别是很大的。如果企业只是为了赚钱，那么生产假冒伪劣产品很可能免不了。如果把产品作为自己存在的证明，作为自己曾经存在于这个世界上的证明，那么还能去搞假冒伪劣产品吗？我相信人们不会愿意证明自己的一生是个假冒伪劣的一生。所以我说，如果我们的企业家都明了"致良知"之说，那么就不会搞出假冒伪劣的产品出来。这是一个很简单的道理：个人的生存价值是不能通过假冒伪劣产品来证明的，任何人都不能把自己存在的意义和价值建立在一个假冒伪劣的、虚假的基础之上，只有把自己的生活建立在实实在在的、内在真实的良知的基础之上，我们才谈得上获得了存在真实的意义与价值。王阳明的全部生活就是建立在这样一个真实"致良知"的基础之上的，这才成就了他伟大的一生。如果我们真想效仿或者学习王阳明，那么我们就要把全部言行、全部生活建立在同样的良知的基础之上；否则我们的生命就无法安立，而会变得摇摇欲坠，自然便谈不上存在的意义和价值了。我这样说，大家能同意吗？仅供诸位参考。谢谢各位！

（王琦整理并经主讲嘉宾最终审定）

第 8 讲

儒家的一贯之道：成己、成人、成物和『仁』的精义

王中江，现任北京大学哲学系教授，博士生导师，教育部长江学者特聘教授，兼任中华孔子学会会长、老子学研究会会长；曾任河南省社会科学院研究员、哲学研究所所长、中国社会科学院历史研究所研究员、清华大学哲学系教授。近年出版有《简帛文明与古代思想世界》《儒家的精神之道和社会角色》《道家学说的观念史研究》《根源、制度和秩序：从老子到黄老》《自然和人：近代中国两个观念的谱系探微》《简帛文献からみる初期道家思想の新展开》等 20 多部著作；发表学术专题论文 180 多篇；主编有"中国哲学前沿丛书""出土文献与早期中国思想新知论丛"《新哲学》《中国儒学》《老子学集刊》等。

直播二维码　　　直播在线参与人数：40.8 万

导言

　　儒家的学问是为己之学，是成就自我、成就他者、成就万物的生命之学。儒家的仁爱首先是自爱，基于自爱而产生共情：推己及亲是孝敬父母，是爱父母；推己及人是爱人，是人类之爱；推己及物是爱物，是万物一体之爱。这是儒家"仁"的精义。

　　2019 年 12 月 14 日，北京大学教授、"长江学者"王中江先生莅临屈子书院讲坛，以"儒家的一贯之道：成己、成人、成物和'仁'的精义"为主题发表演讲，揭秘儒家的生命智慧与"仁学"的精神内涵。讲座由凤凰网湖南频道全球同步直播，在线参与人数多达 40.8 万；长沙理工大学教授、湖南汨罗屈子书院执行院长王琦担任嘉宾主持。

王琦老师，各位同仁、同道、女士们、先生们：

大家下午好！

非常高兴，也非常欢迎大家来一起讨论儒家的问题。大家都从不同的地方来，尤其是今天来了一些小朋友，他们这么早地学习国学，热心中国文化，十分难得。今天我跟大家讨论的问题正如刚才主持人所讲，是有关儒家的、如何成就自我的问题。同时我将围绕儒家的一个核心概念——仁爱思想，和大家一起探讨几点。第一，从整体上看儒家的一贯之道。儒家的学问是关乎生命的学问，它和成就我们自己、成就社会、成就世界是联系在一起的。第二，与大家一起讨论儒家的仁爱价值。在座的各位对中国传统文化、儒家文化、儒家仁爱等问题都有相当的了解，今天我们来进一步探讨、理解这个问题，最后做一点总结。

一、儒家的一贯之道

中国传统文化博大精深，我们可以将其概括为"三教九流"。"三教"，大家都知道是儒家（或称为"儒教"）、道教、佛教。佛教是东汉时从印度传到中国的，道教也是在东汉时期产生的，其中道教和道家关系密切。道家和儒家一样是先秦的一个学派。"九流"就是先秦百家子学的九种学派，如儒家、道家、墨家、法家，纵横家、阴阳家等，其实也是九家。这些学派是在先秦建立的，儒家是其中之一。儒家发展到了汉代以后，产生了经学。经学就是研究学习的经典。我们现在学习儒家，大家都知道要学习"四书"，首先是《论语》《孟子》，其次是《大学》《中庸》。《大学》

《中庸》原是《礼记》中的两篇，宋代时从《礼记》中抽出来，和《论语》《孟子》并称为"四书"。《论语》和《孟子》到宋代时和儒家早期的几部经典一起称为"十三经"，成为中国儒家的一个大体系。

在这样一个非常复杂的儒家体系里面有没有核心思想、有没有一贯之道呢？回答是肯定的。儒家的学问是有一个核心、一个要点的。这个核心或者说一贯之道是什么呢？用现在的话概括说，就是儒家的学问是关乎生命的学问，是一个和我们的生活、我们的人生发展联系在一起的有关生命的学问。它不是一个外在的知识性学习。我们掌握了很多知识，知识是有作用的，但它和个人的人生观、价值观、理性是什么关系呢？这是儒家给我们提供的思考视角。所谓生命的学问，即所谓成就自我、成就他人、成就社会、成就万物的学问。人是一个社会群体的生物，始终是生活在社会里面。我们不是孤立的人，而是在关系中生存的人。儒家始终把个人的修身、自我人格的培养和社会的发展、人类的命运联系在一起思考。这就是儒学的一个核心思想或者叫一贯之道。

在历史上，比如说在汉代是如何看待儒家的学问的？在《汉书·艺文志》里对儒家学派有一个概括："儒家者流，盖出于司徒之官，助人君，顺阴阳，明教化者也。游文于六经之中，留意于仁义之际。祖述尧、舜，宪章文、武，宗师仲尼，以重其言，于道最为高。孔子曰：'如有所誉，其有所试。'唐、虞之隆，殷、周之盛，仲尼之业，已试之效者也。"班固认为早期儒家学派实际上是产生于司徒之官，与教化联系在一起。"教化"，现在如果从国家部门来讲，是跟教育部、文化和旅游部联系在一起的。古代称为礼部，负责"明教化"。其中，"游文于六经之中，留意于仁义之际"，这两句是非常能够代表儒家思想的，或者说是可以作为儒家的一贯之道的。"游文于六经之中"体现了儒家最开始学习的教材是"六经"。"六经"，现在简称为《诗》《书》《易》《礼》《乐》《春秋》。《诗》即《诗经》,《书》即《尚书》,《易》即《周易》,《礼》即《礼仪》,《乐》即《乐经》。到了汉代，"六经"中的《乐经》已经失传了，只有"五经"了。这些儒家学习的主要内容、沿袭的主要经典，在先秦其实已经成为系统了。孔子对这六部经典做了很多整理、编纂工作。学习这些经典的目的与追求是什么呢？就是"留意于仁义之际"，追求仁、追求义。现在我们还是把仁义看成一个基本的价值。人与人之间要交流合作就必须和睦相处，大家一定会说我们要讲仁讲义。批评一个人道德缺乏，如果用"不仁不义"，这种批评就很严厉了。仁义是儒家在历史上传承下来的，所以儒家的思想符号非常多，后来称之为"五常"，即仁、义、礼、智、信。这些道德价值和标准可以概括为"仁义"，它是儒家的一个核心价值，也是儒家的一贯之道。所以我今天主要讲的是儒家"留意于仁义之际"的价值追求，特别是集中到仁爱的思想上来谈论。

1. 生命之学与为己之学

我一开始就跟大家强调，儒家的知识不仅是追求知识，同时也是追求一种好的生活，追求一个好的人格，这个人格儒家称为贤人，称为君子，最高的称为圣人，是儒家的一个信念与理想，所以说这个学问是关乎生命的学问。因为每个人都要成就我们自己，所以孔子又将其称为"为己之学"。"为己之学"是跟我们的身心息息相关的，它不是一个表面的学问，而是一定要内化在我们的心灵里、内化到我们的精神里，在我们的生活里面起作用的一个学问。孔子说："古之学者为己，今之学者为人。"（《论语·宪问》）"古之学者为己"是说过去学风比较好，大家学习都是为了成就我们自己、完善我们自己，它是一个内在的学问。可是后来这个风气退化了，或者说没有延续下来，所以产生了一种"今之学者为人"的不好现象。学习不是一个真正为自己的生命学问，而是做表面文章，或者说图好看。孔子的"为己之学"并不像我们现在所说的自私自利与为我，而是一种真正要成就我们自己的人格的学问，和自私自利的学问是毫无关系的。

我进一步解释什么是"为己之学"。在先秦，孔子并没有对为己之学做过进一步的阐释，孟子也没有。荀子作为先秦儒家的最后一位集大成人物，发展了孔子的思想，对于其"为己之学"做了如下解释："君子之学也，入乎耳，箸乎心，布乎四体，形乎动静。"（《荀子·劝学》）这四句话是什么意思呢？"入乎耳，箸乎心"是指要听进去，要入心，要深深地印在我们的心灵里面；其次，"布乎四体，形乎动静"，是指我们学习了、印在心里了，然后在行动上要运用它，要实践它，表现在行动上。大家想想，学了很多的真理、知识，这些东西不是空的，而是要在一言一行中，将它作为法则与规范要求我们自己，在实践中体现出来，变成自我生命的一部分。

不是"为己之学"的又是什么学问呢？荀子说是"为人之学""小人之学"。他说的这种"入乎耳，出乎口，口耳之间则四寸耳，曷足以美七尺之躯哉"

（《荀子·劝学》）的学问，就是为人之学。就是听到讲了一些什么，然后把听到的说出来，然而"口耳之间则四寸耳"，听一听、说一说就完了，等于没说，没有把它变成自己心灵的、受到感化的东西，所以是表面的学问。如果这样的话，怎么能够提升我们自己呢？怎么建立一个良好的自我呢？这是荀子对孔子为己之学的解释。我觉得是很好的解释。

孟子虽然没有解释这句话，但他提出了一个很高的人格理想。他说："可欲之谓善，有诸己之谓信，充实之谓美，充实而有光辉之谓圣。"（《孟子·尽心下》）。你讲话不只是讲给别人听，首先自己要去验证与实践。自己不去做，让别人去做，这不是诚信，不是"有诸己"，所以"有诸己"也就是为己之学，对自己首先有个好的作用，所以孟子说"充实之谓美"，不断地充实自己，充实自我，让自己变得更完美。孔子这句话经孟子和荀子解释后，用现在的说法就是儒家的学问是生命的学问，是与成就自我、成就人生，过一种好的生活紧密联系在一起的。

我们的教育发展，一方面确实培养了大量的人，另一方面也存在很多问题。对于中小学教育、大学教育，大家可能有一些共同的看法，就是现在我们偏重知识的教育，放松了对人格的培养，或者说从小就放松了对个体的全面发展目标的追求。好像一个人只要学到了知识、掌握技能，以后就是一个很好的人。这其实是很片面的。我们的大学里出现了各种各样不好的现象，其实都跟教育的不完整性和缺陷是联系在一起的。由于我们过于注重知识教育和技能教育，而忽略了对人格发展、人的精神、人的价值的培养，所以出现了各种各样的问题。如果我们有一个很好的人生观、价值观、世界观，人生是可以走得非常顺利的。儒家的学问一方面是学习知识、学习技能，但是儒家更偏重的是人格的培养、人的全面发展，这一点对中国教育的发展，乃至于中国人的精神发展是一个战略性的问题。

举个王阳明的例子。王阳明是明代一位非常著名的哲学家，他创立了心学，培养了大批弟子。后来，他的学术传到日本，对日本的明治维新也产生了影响。他本身也是能够做事功的人，在政治上有所作为，能够领兵打仗，立了很多功，是两千多年以来儒家里面了不起的人之一。王阳明从小就立志，而且立了一个大志："做天下第一等人，做天下第一等事。"王阳明心目中的第一等人，第一等事，肯定不是考一个进士功名。儒家的人格理想追求就是要成为圣人，造福人类。中国传统里面有"三不朽"，"太上有立德"，最了不起的是建立美德。比如说在人类的伟大文明里都出现过伟大的教主，教主就是为人类去建立美德、建立精神价值。西方的基督教、印度的佛教、中国的儒教都追求成为圣人，都想太上立德。其次是为人类建功立业。我们每个人在各个不同领域里面去立功，可以成就人的不朽。第三种是立言，就是创立一家学说、成一家之言。现在各个不同的学科，特别是人文学科、社会科学，是可以立言的。但是王阳明不满足于做一个有功名的人，他要立德、立功、立言，做一个一等人，所以非常了不起。儒家确确实实是要追求这个价值的。如果我们不说要做第一等人、第一等事，我们做一个平常的人，行不行？平常的人是一个什么样的人呢？就是做一个真正的人，做一个心安理得的人，做一个表里如一的人，做一个与人为善、成人之美的人。真正的人是一个完整的人，人生健全、生活良好。真正的人虽然不是圣人，不是君子，也不是贤人，但是我认为这种人是很充实的人。用现代的话来说，真正的人实际上就是按照自己的兴趣、爱好、信仰、信念走自己的路，成就更美好的自己。

　　希腊有一个哲学家叫第欧根尼，西方称之为犬儒学派。这个人常常在白天打一个灯笼，别人很奇怪，上去问他："白天太阳这么亮，你为什么打一个灯笼走路呢？"他说："我正在找人。"他要找一个真正的人，一个合乎人的标准的人。这句话的意思是说他看到了很多人，但这些人都不是真正的人。第欧根尼很出名，他的故事流传得很广远，亚历山大大帝知道了他，就去拜访这位哲学家，想看看他到底是一个什么样的人。亚历山大大帝到大街上去找第欧根尼，找到时他正在一个地方晒太阳。亚历山大大帝上去问他："你一个哲学家穿得破破烂烂，生活不好，也没有官位，你有什么愿望有什么要求都可以提出来，我可以满足你的一切愿望。"第欧根尼说："只希望你到一边去，别遮住照到我身上的阳光。"我们会说第欧根尼是神经病吗？我们会说第欧根尼太清高、不识抬举吗？但这就是第欧根尼，他要做一个自己喜欢的人，或者说符合自己价值标准的人。儒家的学问就是做一个自己满意的人，所以说"为己之学"是一个全面的学问，既跟知识联系在一起，又跟道德、价值联系在一起。现代社会科学的分类非常复杂，大家一生要学很多东西，但同时分工非常细致，我们每个人都在一个小的领域里面发展。

2. 为己之学与知识、智慧、道理和价值

人生存于这个世上，想要过一种好的、有价值的生活，需要解决三个问题：

第一，如何过一种与自然相适应的生活；

第二，如何过一种好的社会和群体生活；

第三，如何过一种自我身心和谐与平衡的生活。

现在的学问可以说恰恰解决了上述三个问题。比如说经济学、科学和技术主要解决第一个问题；政治学、法学、社会学、伦理学主要解决第二个问题；哲学、宗教主要解决第三个问题。如果采取二分的话，知识和智慧是不同的。各种专门领域的知识提供具体的认识和指导；哲学智慧提供普遍的方法和指导；宗教提供信仰。

智慧很重要，也是最简单的。比如说我们各种各样的技能，从开始的入门学习，到最后发展到很高的境界，就叫出神入化。社会与自然界一样，都是有法则与规律可循的。遵循一定的法则和规则，按照一个最好的方法去行动，那就是绝技。无论做什么事情，都有一个最好的方法，但最好的方法不是摆在那里的，而是要去学习、要去摸索、要去体验、要去苦苦追求的。只有这样，才能掌握那个绝技。说起来好像很空，但谁都知道的，最重要的事情其实也是最简单的。

宋代开国君主赵匡胤和他的宰相赵普有一段对话。赵匡胤曾经问赵普："天下何物最大？"赵普想了半天还没想出来，宋太祖继续问这个问题。赵普回答说："道理最大。"（沈括：《梦溪笔谈·续笔谈》）宋太祖很满意这个答案。智慧和真理其实是很简单的。遵循自然的法则、遵循社会的法则、遵循人生的法则就是人类的最好捷径。一个人，如果大家说他不仁不义，不讲道德，大家还愿意跟没有信用的人合作吗？我想肯定不愿意。道理和道德不太一样。道理最大，讲不讲道理，就是说你有没有是非观，讲是非就是讲道理，讲好坏就是讲道德。这些看起来很简单，可是做起来是漫长而又艰难的。

儒家学问从整体上看就是追求美德、成就自我、成就人格的学问。爱是儒家的核心价值。一定要知道什么是真正的爱，如何去爱的问题。爱并不简单，不是心里想爱、动机很好就是真正的爱。所以我认为教育是最难的事情，培养孩子、培养学生是天下最难的事情。人是非常复杂的，从情感上、从意识上是非常复杂的，因而培养人是最难的。现在我们的教育把培养人这件事情看得太简单了。我

们说师范教育过去特别强调培养老师，也是培养人。大家如果不去学教育学、儿童心理学，培养人就可能会走弯路，甚至原本想要把孩子培养得好好的，结果没有把孩子培养好，这就告诉我们不仅要爱而且要会爱，会真正的去爱孩子。比如有人说爱孩子，孩子不听话怎么办？那就打。所以有家长通过体罚对孩子表达爱。那这种方法好吗？如果问孩子，我想孩子们都会说"不好"。所以爱和会爱必须结合在一起。

　　儒家爱的学问很复杂，人与人之间的关系也很复杂。儒家一开始就强调要学会与人相处，人与人之间要相互信任。不仅人与人之间、人和社会之间、国与国之间，甚至人和不同的族群之间都要交往。如何去交往？孔子关于如何对待他人、如何对待他者有个说法。有一次孔子和他的弟子讨论这个问题，子路回答说："人善我，我亦善人；人不善我，我亦不善之。"（《韩诗外传》卷九）就是说，如果别人对我好，我就对他好；如果别人对我不好，我也对别人不好。大家觉得这个回答怎么样？子贡又是怎么回答的呢？他说别人对我好，我也对别人好；如果别人对我不好，"我则引之进退而已耳"。就是说别人对我不好，我也不马上去报复，而是敬而远之。到了颜回，他怎么回答呢？颜回说："人善我，我亦善之。人不善我，我亦善之。"别人对我不好，我不仅不报复，我还要继续对他好。大家觉得这个难不难？难吧，一定是难的。人如果做到这一步，就是化敌为友，这个就难了。

　　子路、子贡、颜回三个人的回答不一样，因此他们就问孔子谁的答案最好。孔子评价说："由之言，蛮貊之言也。"子路的话是野蛮人的话，别人对你不好你马上就去报复他，这个不好。子贡是"朋友之言"。我们是要交朋友的，你对我不好，我也不会马上去报复，还可以再交流交流、沟通沟通，了解自己有什么地方做得不好。颜回之言则是"亲属之言也"（《韩诗外传》卷九）。颜回的境界就是你对我不好，我也要对你好。如果做到这一步，我们的世界就宽广了。当然，做到这一步是很难的。

二、儒家的"仁"的精义与成己、成人、成物之学

　　接下来我们讨论儒家的仁爱思想，看看儒家的仁爱思想和生命的学问，以及成就自我和成就人格之间的关系。儒家的思想从整体上看可以称为仁爱主义。

《吕氏春秋·不二》曾概括先秦诸子各派的思想曰："老聃贵柔，孔子贵仁，墨翟贵廉，关尹贵清，子列子贵虚，陈骈贵齐，阳生贵己，孙膑贵势，王廖贵先，兒良贵后。"这里把孔子的思想概括为两个字——贵仁。我认为概括得非常好，体现了孔子的一贯之道。如何理解这个"仁"呢？很多人在讨论儒家思想时，认为儒家思想太重孝敬、孝心了，限制在亲情之间，那么，儒家思想是否适用于社会、适用于这个世界，甚至适用于全人类呢？

首先我们提出一个问题。孔子经常带着弟子周游，到不同的地方学习、讨论问题。有一次，孔子与子路、子贡、颜回三个弟子在一起，就向他们提出了两个问题："知（智）者若何？仁者若何？"子路说："知者使人知己，仁者使人爱己。"（《荀子·子道》）孔子评价子路之言说"可谓士矣"，也就是当时知识界一般的回答水准，或者说考试 60 分。子路出去后，子贡进来回答说："知者知人，仁者爱人。"也就是说，有智慧的人是能够了解别人的人，有仁德的人是懂得爱人的人。子路的回答是从别人回到自己的，子贡的回答则是从自己转向了别人。所以孔子评价他："可谓士君子矣。"达到了君子的标准了，相当于打了 80 分。对于这个问题，颜回回答说："知者自知，仁者自爱。"这个回答跟他们两个都不一样。有智慧的人首先是真正懂得自己的人；一个有爱心的人首先是真正地爱自己的人。对于这个回答，孔子评价说："可谓明君子矣。"（《荀子·子道》）这个答案就是最高标准，是明君子矣。那就是 100 分，满分。

大家也许会很奇怪，为什么智者首先是了解自己，而不是了解别人；仁者也不是去爱别人，首先是爱自己，这就跟开始讲的"古之学者为己"的问题联系起来了，和我们生命的学问联系起来了。我同样引用希腊哲学家亚里士多德的一句话来帮助我们理解颜回讲的仁者自爱。他说："善良的人是应该最爱自己的人，因为一切理智都为自己选择最好的东西，把最大的善分给自己，他们重视高尚胜于一切，他们是真正的自爱者。"[1]这个说法是不是和一般说法不一样？爱首先要做到自爱。如何来理解这个问题，我们来讨论儒家的"仁"字。"仁"这个字大家都会写，一个单人旁，从"人"从"二"，讲的是两个人相互之间有一个好的关系，相互爱。一个人是不能讲爱的，必须是两个人或者更多人才能去说爱的问题。爱谁，谁被爱，人与人之间相爱，都是两个人及以上才可能发生的事情。

---

[1]亚里士多德：《尼各马可伦理学》，苗力田译，中国社会科学出版社 1990 年版，第 201 页。

可是，后来我们发现，"仁"这个字没这么简单，一开始可能不是这样写的，不是这样的意思。我们看下面图片：

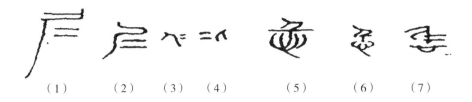

（1）　　　（2）　　（3）　　（4）　　　　（5）　　　　（6）　　　（7）

前面的四个字，估计大家能认出来，是"仁"字，从"人"从"二"，指两个人。但是到后面三个字，这些字的构形就不一样了。《说文解字》里面的"仁"有两个字：一个是从"人"从"二"；一个是"爱"字。上面一个"千"，下面一个"心"，也叫"爱"，那是什么意思呢？两个字之间是什么关系呢？《说文解字》没有说明，几千年来大家也解释不清楚，为什么"仁"字是两个字呢？除了从"人"从"二"的仁，还有 "千""心"之"仁"。怎么理解？现在看我们后面的字。其中一个写的是"千""心"，后来这个字在出土文献里面发现了新的构形，实际上写成"身""心"，上面是一个身体的"身"，下面是一个"心"，这个字叫"仁"，叫"爱"。所以儒家的仁爱，其实一开始并不是说如何去爱别人，而是指如何对待自己，这是这个字构成的本义。所以爱一开始并不是说去爱别人。

大家也许会觉得奇怪，爱自己还要爱吗？大家说爱自己是不是叫爱？爱自己肯定也是爱，而且在通常情况下都是首先爱自己的，不会轻易说不爱自己。那就要解释为什么会从爱自己发展出爱父母、爱别人、爱社会，还要爱万物。这个事情是怎么演变的？儒家的仁爱一开始是跟自己的身心联系在一起的，也就是说从个体的成长、心灵的成长来看，它是一个自我发展的过程，其间产生了各种各样的情感与价值，但一开始是跟自己联系在一起的。每个孩子呱呱坠地，非常痛苦地来到这个世界，然后开始成长，所以说爱首先是自爱。与自爱共同发展的情感是同情心，我们也称之为共情，或者说亲社会性。所谓同情心就是自己对别人的遭遇、处境和状况感同身受，在自己心灵和感情上产生的一种感应和共鸣。主要有两种状况：一种是别人有不幸的遭遇，或者遇到不好的事情，二是别人幸运成功了，我们如何去看待与面对。也就是说如果朋友有好事了，我们会去祝贺；如果朋友不幸了，我们会去安慰。但是同情心不只是对朋友，如果陌生人发生不幸了，我们也会表示同情；或者陌生人有什么喜庆的事情了，我们也会为之高兴，就是说，喜别人之喜，忧别人之忧，这叫同情心。

这样的同情心是怎么发展出来的呢？它从一开始便跟自己的身心发展联系在一起，是我们对自己生活过程中的经历与遭遇、幸或不幸的情感反映。当我们获得了一个好的机会，我们会很喜悦；当我们遇到不幸时，我们会很痛苦。这种心情是在自己的不幸、自己的痛苦和自己的幸运、自己的快乐等感受中产生并培养起来的。当别人出现与我类似的情况时，我就会产生同情与共情，所以说首先必须自己有这种情感，无论是痛苦或快乐。当别人遇到痛苦和快乐时，我们才会产生移情，才能够对别人表现同情。我们的同情心或者共情首先依赖于自身直接的情感体验和感受。一个人对自己身体的痛痒和身体安逸的感受，对幸福的喜悦和对不幸的悲伤感受是最直接的，也是"经验性"的，它是同情别人的前提。你自己从来不知道什么叫痛苦，或者说从来不知道什么叫快乐，那你怎能同情别人的痛苦和快乐呢？所以儒家确实把源自个人的这种情感，发展出了一个共情、同情的思想即仁爱。其中最典型的就是孟子讲的"仁爱之心"。

孟子讲仁爱之心，有段话大家非常熟悉："所以谓人皆有不忍人之心者，今人乍见孺子将入于井，皆有怵惕恻隐之心；非所以内交于孺子之父母也，非所以要誉于乡党朋友也，非恶其声而然也。"（《孟子·公孙丑上》）不忍人之心是什么意思呢？一个人突然看到别人家的孩子要掉井里了，虽然孩子不是自己的，跟这个孩子的父母也没有交往，也不是为了名利去救助他，但是也会产生同情心。在人类的群体演化过程中，为了共同的生存与发展，人与人之间要相互协助、相互帮助，共同有爱心，这是人类在进化过程中产生的一个优势，也是最大的适应性。但是不是说在一个团体里面可以爱，在这个团体之外的不可以爱，所以国与国之间会发生战争？该怎么解释同情心和爱心呢？这是很矛盾的。如果一个人做了很多坏事，我们说他没有同情心，按照现在的心理学、社会学或者伦理学研究来说，这个人其实不是天生就没有同情心，而是在个体发展过程中没有很好地发展自我内在的潜力，没有把内在良好的品质表现出来，慢慢失去了与人为善的精神价值，慢慢失去了同情心，以至于"零共情"。"零共情"也就是冷漠。

　　儒家讲同情心实际是有其自然根据的。人类的自然发展就伴随着一种同情心。儒家讲爱讲仁，是要求每个人亲身体验、亲自证明的，这种情感的发展让我们有同情心与爱心。墨子说："仁，体爱也。"（《墨子·经上》）爱是体验的，不是抽象的。我们发展这种同情心、发展这种爱，有时候实际上超出了爱我们自己。我们自己需要这种爱，需要这种关心，同时知道别人也需要这种爱、需要这种关心，所以"体仁""体爱"与发自内心的仁爱，是从自身之爱中"外化"和"体现"出来的。这是儒家的身心之爱的最初意思，仁爱首先是爱自己。

　　我们说爱首先是爱自己，但儒家不会说自爱就可以了，因为人是生活在群体当中的。我们有家庭、有父母、有亲人、有朋友，如何处理好这种关系呢？儒家把自爱往外面发展，然后就产生了爱的第一个核心意思，那就是"孝"，孝敬父母。大家知道儒家的仁爱思想和基督教的博爱，有一个明显的不同，就是特别强调孝，这是儒家之爱的特征。孔子多次讲："孝悌也者，其为仁之本与！"（《论语·学而》）孝就是仁爱的资本。

　　孝跟自爱有什么关系呢？孝也是从自爱发展出来的。《礼记·祭义》说："身也者，父母之遗体也。"曾子也说："身者，亲之遗体。"（《大戴礼记·曾子至孝》）亲情与身心具有连带性。我们的身体从哪里来？父母给的。其实不止人类，动物世界也是一样的。所以《礼记·祭义》说："行父母之遗体，敢不敬乎？"我们的身体是父母给的，所以儒家从这种意义上强调孝，父母对子女的爱和子女对父母的孝，就成为仁爱的一个核心思想。孟子说"仁之实，事亲是也"《孟子·离娄上》，《中庸》说"仁者，人也，亲亲为大"，都在强调孝敬，认为与自己的身心关系最密切的是父母。如果连自己的父母都不爱，这个说得通吗？什么是孝呢？儒家的孝实际上跟自爱联系在一起。我们的身体是父母给的，我们能不爱护自己的身体吗？试想：如果我们不爱护自己，父母是不是很痛苦？如果我们跟别人打架，自己受伤了，父母痛苦不痛苦？父母痛苦，那就不是孝。所以，自己爱自己，这就是孝。当然长大有能力了，成功了，做了很多的好事，受到肯定和赞誉，父母感到很自豪、很有荣光，这也是孝。因而基于父子血缘和身心休戚相关的亲情之仁，与其他的仁爱相比，合乎人情地具有了优先性、亲密性和厚重性的特点。所以儒家的仁爱是跟孝联系在一起的。孝有两个意思，一个是仁爱，爱自己；另一个是爱父母。这两者必须同时有。

过去，由于儒家强调"爱有差等"而一直受到批判，说儒家总是强调孝，孝敬父母为核心，所以爱有差等。爱自己的父母程度高，爱别人的父母的标准比较低，因而儒家的"爱"受到了批判。为什么呢？因为基督教讲博爱，不分彼此。虽然大家没有血缘关系，但是大家都是兄弟姐妹，大家都是一样的。这种博爱听起来是不是非常美好？天下一家，互助互爱，是不是很美妙？墨家也讲兼爱，要求对所有的人一视同仁，不分彼此，无差别地爱所有的人。而儒家之爱，先讲自爱，然后讲如何去爱父母，所以有些人认为儒家的爱不普遍，适用性比较狭隘。我们应怎么看这个问题？

今天我跟大家讨论、区分两个问题：一是儒家的爱被批评是因为爱是有差等的，这是不是儒家仁爱的缺陷或缺点？二是墨家讲兼爱、基督教讲博爱，是不是就是最完整的，或者说比儒家讲的仁爱价值更高、更普遍、更实用？我们现在采取一个二分的方法，就是说爱的程度和爱的范围，基督教怎么看？墨家怎么看？儒家怎么看？爱的程度、爱的多少和爱的范围之间的关系怎么处理，也即儒家的爱是不是有一个范围？过去我们在"批林批孔"时说儒家的爱就是有等级的爱，只爱一部分人。爱哪一部分人呢？只爱贵族，贵族之外的都不爱，这过去叫阶级分析。其实在古希腊也是有等级的，因为奴隶根本就不是人，所以根本就不可能被爱。印度有四种姓，婆罗门是最高级的。种姓低的是被歧视的，能爱吗？不能爱。儒家有没有等级制呢？现在我们讲传统文化，仍然有人说儒家有很强的等级制，体现在爱上有等差。过去说儒家是贵族，爱的人也是贵族。儒家真是这样吗？其实儒家并没有停留在爱自己、爱父母的层面上，儒家同时也讲"四海之内皆兄弟"，从这个角度来讲，爱也是没有范围的。天下的人，不管是亲戚、朋友之间，还是小群体、大群体之间，所有的人都在我们爱的范围内，没有划等级，没有划阶级，没有划界限。儒家强调的孝只是仁爱的出发点，在家里面，从小父母照顾我们，我们孝敬父母、爱父母，这是仁爱的出发点。仁爱首先要从孝敬父母做起。无论是朱熹还是王阳明，都是这样解释的。这是第一种爱，爱就是孝。我们说儒家的爱没有范围，是说儒家不限在这第一种爱中。儒家是从自爱到爱父母，再推己及人，爱别人，这是儒家一般意义上说的"仁者爱人"。爱人是推己及人，自己知道什么是好、什么是坏，然后运用到别人身上，因为天下的人是同等的。所以儒家说："孝之方，爱天下之民。"（《郭店楚墓竹简·唐虞之道》）如何才能爱父母呢？他说爱天下的人就是对父母的一种孝心，这是不是很宏大了？孝不限于对自己的父母好，还要对别人好，这也是一种孝，是孝的扩展。

第二种是"爱而笃之，爱也"（《郭店楚墓竹简·五行》），这是儒家的一贯思想。儒家强调爱自己和爱别人是统一的，爱别人的父母和爱自己的父母也是统一的，所以儒家讲"仁者爱人"都是从这里发展出来的。"己欲立而立人，己欲达而达人"（《论语·雍也》），自己希望有所建立、有所发展，自己希望事业发达、有所成就；同样，别人也希望有所建立、有所成就。用现在的话来说就是我们要共赢，成就自己的同时也成就别人。其次是"己所不欲，勿施于人"（《论语·公冶长》），自己不喜欢的一定不要强加给别人。真正的爱、真正的推己及人是自己好好对待自己，同时能够推到别人身上，这叫自爱爱人。

儒家之"仁爱"到此就结束了吗？并没有。儒家不仅成就自己，而且成就别人、成就社会。此外，儒家的爱还有第三层意思，即爱物。如现在我们常说的儒家生态伦理思想。确实儒家的仁爱思想是跟万物联系在一起的。万物都有它的价值，我们要爱它，这种爱叫作推己及物。"万物一体之仁"超越了人类共同体，它是对所有事物都表现出同情心和爱的"仁"，因此可以说是宇宙共同体之爱。从这种意义上说，儒家的仁爱比墨家的兼爱、基督教的博爱更博大、更宽厚。

儒家的爱首先是自爱，实际上一开始便与自己联系在一起，然后发展出一种共情与同情心，并在成长过程中体验。我们推己及父母叫孝，推己及人叫爱人，推己及物叫爱物，这就是所谓的成己、成人、成物。成就的东西不是一方面的，而是整体的。这个世界是整体的，我们自己也是整体的，所以发展自己是跟发展世界息息相关的。儒家说我们每个人在日常生活中都可以发展这种爱的价值，要学会处理好人自身的身心关系、人与自然的关系、人与社会的关系、人与万物的关系，这都是爱的结构性、整体性问题。儒家的爱是非常之普遍之爱，这个爱不仅对中国人适用，而且对世界的发展适用。没有哪个国家说不要爱父母、不要爱自己、不要爱朋友，所以这个思想可以称为人类伟大的精神遗产。但它又非常朴实，可以在日常生活中去实践、去行动。与佛教追求彼岸世界、道教追求长生不老不同，儒家强调在日常生活中超越自己，在家庭生活中超越自己。

这就是我今天给大家的报告。谢谢！

（王琦整理并经主讲嘉宾审定）

讲

坛

现场互动

听众提问： 王教授，您好！非常欢迎您来到汨罗市屈子书院传道授课。我有一个问题向您请教，有学者认为屈原有黄老学派、法家、道家的思想，还有学者认为他是儒家学说的集大成者。请问屈原的爱国主义思想与儒家的联系是什么？谢谢！

王中江： 谢谢您的问题！这里是屈原的故地，我这次来产生了很多的感想，屈原非常了不起，他不止在中国文学史上有着重要地位。刚才您提出的这个问题其实是说屈原的思想在战国时期跟诸子之学的关系。如果从思想的来源上讲，每个人的思想都是很复杂的。但如从整体上看，屈原的思想有更多的儒家倾向。因为大家知道儒家强调修齐治平，始终是关怀天下、成就自己、成就社会、成就国家。屈原是一个了不起的符号，体现了中华民族的爱国主义精神。从这个角度看，屈原的整体精神跟儒家更接近一些，或者说整体上跟儒家是吻合的。

有人说屈原是法家，我觉得证据比较弱。对于黄老学派的思想，我也有比较多的研究，从某种意义上讲，黄老之学也受到了儒家的影响，它和庄子的思想不一样。庄子的思想过去被说成是隐士的思想。王国维写过《屈原文学之精神》，认为庄子的精神属于南方精神，不同于黄老学所代表的北方精神，屈原则是南北之精神的一种结合。从这个抽象意义上来讲，黄老学说跟屈原有某种共通性。但从思想内涵上来讲,用什么方法去治理国家,建立好的秩序,黄老学的思想实际上跟法家的关系也很密切,他是靠制度、法治,从这一点来看,屈原的思想中多少可以找到有关法治思想的表述。

另外,屈原的思想跟广义的道家有关系。儒家思想虽然发展到《周易》时追求天道,但是对天道、自然的秩序,宇宙万物为什么会这样,在先秦时讲得不多。但是道家哲学追问自然的奥秘、万物的秩序、世界的起源,所以老子说"道生一、一生二、二生三、三生万物"。屈原写的《天问》非常了不起,他提的那些问题实际上是真正的哲学问题。过去我们说屈原是文学家,其实把屈原说小了,屈原不仅是文学家,还是一个伟大的哲学家。我跟我的朋友讨论,我说现在我们写中国哲学史,屈原是不写进去的,因为一般写在文学史中。如果我以后写中国哲学史,我一定要写屈原,因为屈原确实是有思想的,他有关自然的思想、宇宙的思想,和庄子思想、道家思想的关系是非常密切的,或者说是相互影响的。

听众提问: 王教授,您好! 非常荣幸有机会向您提问。现代社会信息网络的发展给人们带来便利的同时,也带来了人与人之间沟通上的隔阂,减少了人与人之间面对面的沟通,请问: 面对现代社会的这些情况,应该如何更好地实现人与人、人与社会、人与自然的和谐发展?

王中江: 谢谢你的问题! 你提的问题是非常重大的,这也是自古以来人类一直在探讨的问题。确实像你讲的那样,现在人类的物质文明、经济技术发展非常迅速。现代工业文明、技术文明、人工智能、生物工程令人应接不暇。一方面我们从中获得了各种各样生活条件的改善,但确实同时也产生了很多问题。这实际上是文明转变的一个结果,因为古代文明是农业文明,农业文明的经济发展速度是很低的,所以人们说,近一百年的发展成果是过去几千年的发展都达不到的。古代社会整体上重视人的精神发展,重视美德的培养,重视文明的发展。现在社会变成了一个在技术、工业、企业带动之下,以追求利益为核心的社会。这一点大家可以感受到,中国改革开放之初的口号是什么? 以经济建设为中心。经济是首要的,是核心。经过多年的发展,我们的物质条件甚至能和世界上任何一个发达国家相比了。

中国的伟大在什么地方？当然农业是一方面，但更重要的是文化、思想、理论、学术。可是近一百多年来，我们的文化、思想与西方存在一定的差距，所以国家从文化战略上开始认识到，国家的发展需要伟大的文化、伟大的思想创造，需要不断建立伟大的学说。中国要建立新的知识体系、新的文化体系和各种各样的思想学说。伦理学的发展、人的精神发展便成为其中一部分了，所以我想事情正在发生变化。

中国人开始客观地、冷静地、理性地看待中国传统文化。传统文化很大一部分是精神价值、理念、理想、宗教等。儒家追求的仁爱价值，对现在来讲并不过时，仍然是大家所需要的。现在大家开始重新认识中国传统文化、学习传统文化，这个"大家"不仅包括一般大众，而且包括企业界甚至于政界。中国传统文化可以说是"三教九流"，但其核心都是跟伦理价值与精神联系在一起的。儒家教什么技术呢？佛家教什么技术呢？道家教什么技术呢？都不是，都是从精神发展、道德发展、美德发展出发，成就自我。在现代中国的转型过程中，在中华文明的复兴中，这些东西是精神文明的动力和源头。大家通过多年持续努力，我想一定会改变。我想大家都有这种共同的愿望，我们不只是一个经济人、一个技术人，更要做一个文化人，做一个有价值的人、有理想的人、全面发展的人。

谢谢！

（王琦整理并经主讲嘉宾审定）

儒学与中华家文化

第9讲

吴光，浙江淳安人。现任浙江省社会科学院研究员，浙江省文史研究馆馆员。兼任浙江省儒学学会会长、全国儒学社团联席会议创会秘书长、国际儒联荣誉顾问等职。曾任浙江省社会科学院哲学所所长、中国人民大学国学院特聘教授暨博士生导师、中国孔子基金会副会长、国际儒联理事暨学术委员等职。曾多次应邀到日本、新加坡、韩国、美国、德国、澳大利亚等国访问和讲学。著有《黄老之学通论》《儒家哲学片论》《国学新讲》《吴光学术论集》等专著和文集，主持了《王阳明全集》等古籍整理工作，主编了"阳明学研究丛书"，发表学术论文300多篇。

直播二维码

直播在线参与人数：45.8万

导言

　　《大学》曰："古之欲明明德于天下者，先治其国，欲治其国者先齐其家，欲齐其家者先修其身。"家是最小的国，国是千万家。家庭是国家发展、民族进步、社会和谐的重要基点，是我们每一个人梦想启航的地方。在建设中国特色社会主义与中华民族复兴的过程中，我们应该如何重新认识中华"家文化"的根本内涵及其与儒学的关系，合理定位其在中华传统文化中的价值与地位？颜之推、司马光、朱熹、王阳明等历代大儒有哪些家风、家训？我们当今该如何培养优秀"家文化"？

　　2020 年 1 月 12 日，浙江省社会科学院研究员、浙江省儒学学会会长吴光教授莅临屈子书院讲坛，以"儒学与中华家文化"为主题发表演讲，揭秘中国家文化。讲座由凤凰网湖南频道全球同步直播，在线参与人数多达 45.8 万；长沙理工大学教授、湖南汨罗屈子书院执行院长王琦担任嘉宾主持。

尊敬的王琦院长，尊敬的各位来宾，各位朋友：

大家好！

我今天非常高兴到湖南省汨罗市屈子文化园与屈子书院，和大家做一个学术交流。刚才主持人已经介绍了我的一些情况。我的第一本书也可以说是我的成名作，是跟湖南有关系的。我在1969年到1978年在江西万载工作，因为江西是跟湖南交界的，所以我经常来长沙参观马王堆汉墓。我对马王堆汉墓发掘的一些文物，尤其是《黄老帛书》《帛书老子》《黄帝书》非常感兴趣。所以我在1978年考上中国人民大学历史系研究生以后，选的硕士论文题目就是《论道家黄老之学》，主要研究马王堆汉墓的《黄老帛书》，并在硕士论文基础上形成一本书，定名为《黄老之学通论》。我自认为对古代道家从老子到黄老已经研究得比较通了，因此叫《黄老之学通论》。这本书在1985年出版后受到学术界的关注，《中国社会科学》《哲学研究》《光明日报》等报刊发表了对我这本书的评论。那时候的书评跟现在的不一样，现在往往出版一本书是组织几个人去写书评，我们那个时候写书评，我给别人写也好，别人给我写也好，既不是组织的也不是邀请的，而是出于自发的要求。中国社会科学院的张海燕教授当时是研究生，在《中国社会科学》1986年第1期发表了题名《一部颇具特色的哲学史专著——评吴光著〈黄老之学通论〉》的书评。这本书可以说是我研究道家比较有影响的一本书，也算是我个人的成名作。这本书跟长沙马王堆汉墓出土的帛书有密切的关系，这是我跟湖南的学术因缘。

今天我为大家演讲的主题是"儒学与中华家文化"。我从1988年以后应邀到新加坡东亚哲学研究所做儒学专题研究近两年，写了一本书叫《儒家哲学片论——东方道德人文主义之研究》，这本书先是在新加坡出版，后来在台湾出版，重印了好几次。这本书是我研究儒学的第一本著作。此外，我还在香港出版了《儒学百问录》，在孔学堂出版了《吴光说儒：从道德仁学到民主仁学》，这是我论述中国儒学发展史和当代儒学研究的一本专著。王琦院长很用心，她从网上买了我的这本书。这是我系统论述儒学的一本书。我近年出版了几本儒学著述汇集，一本是《国学新讲——吴光演讲录集粹》（2016 年浙江人民出版社出版），是我关于国学二百余场演讲的选集，选了 38 讲，其中第一篇是《与浙江省委书记谈国学》，谈了我对中国哲学若干前沿问题和浙江文化建设的认识与建议。全书分国学、儒学、道学、浙学四编。另一本书是 2018 年在贵州孔学堂书局出版的《从"道德人文"到"一道五德"——吴光学说论集》，这实际上是我的儒学论文合集，从我发表的百余篇儒学论文中选了32 篇，是我 40 年儒学研究的基本成果。

与家文化相对而言是国文化。我们的国文化是什么呢？国文化就是中华优秀传统文化，简称中华国学。因为中华优秀传统文化的主体部分就是传统的国学。在国学里面最主要的部分就是儒家、佛家、道家三家。儒学在儒、佛、道三家里面是起主导作用的，国文化是讲治国平天下的文化，家文化是讲修身齐家的道德养成文化。

一、儒学的内涵定位与根本精神

关于儒学的性质，我在《儒家哲学片论》这本书里面比较详细地罗列了当时一些儒学研究大家，包括现代新儒家，甚至是现代反儒家学者关于儒学性质的一个论述。现在新儒家、非儒家或者反儒家学者关于儒学性质的看法是很不相同的，即使在新儒家内部关于儒学性质的看法也很不相同，比如已经过世的被称为北京大学儒学泰斗的汤一介先生，他主持了《儒藏》的编纂，对儒学很有研究。他对儒学的性质，就曾经用"泛道德主义"来概括。泛道德主义这个概括是不是有道理呢？是有道理的，但是也不全面。在八十年代的时候，有不少人把儒学概括为伦理本位主义。我 1988—1989 年在新加坡东亚哲学研究所做专题研究的时候，当时的新儒家学者，比如说杜维明先生等，就大谈儒家伦理，把儒家伦理作为儒学性质的一个概括。那些反儒家学者，例如包遵信先生，他把儒学也概括为伦理本位主义。我认为把儒学概括为伦理本位主义就是只注重儒学关于人与人之间的伦理关系。其实伦理和道德是不一样的，道德是内在于心的心理自觉，而伦理是外在于人的一种人际关系之理，是一种秩序。《礼记》里面讲"伦者序也"，就是讲一种秩序，伦理就是人与人之间关系的一种秩序，所以如果把儒学概括为伦理本位主义的话，就容易忽视它最有价值的东西，即内在的道德自觉。比如"三纲五常"的"五常"，仁义礼智信是道德，"三纲"是伦理。尽管在西方哲学里面可能把伦理学和道德学混为一谈，但是在中国哲学里伦理和道德是有区分的。所以我在新加坡就针对把儒学概括为伦理本位主义这个说法，写了一本叫《儒家哲学片论》的小书，副题叫《东方道德人文主义之研究》，就把儒学概括为东方道德人文主义。所以我对儒学内涵的定位是"以人为本、以德为体、以和为贵"，而且"集道德、伦理、政治三位为一体"的"道德人文主义"哲学，儒学的根本精神就是道德人文精神，这是我在 1988 年提出来的，在 1989 年出版的《儒家哲学片论》里就坚持了这个基本观点。

在儒家看来，人之所以为人，是因为人是有道德的。人生的根本意义和价值就体现在对理想道德境界与完善人格的不懈追求之中，所以儒学所追求的首先在于确立道德理性，但儒学的道德理性并不是脱离社会实践的一个道德的空想，而是对人的价值的根本性肯定，是一种以人为本的人文主义的思想艺术。儒学的道德人文主义与西方以人权为中心的人权人文主义是根本不同的。西方的人文主义是一个以人权为中心，或者说人权至上的人文主义。所以，我们如果将儒学的根本精神定位为伦理本位主义，就可能误导人们只重视外在的伦理秩序和人际关系，而忽略儒学的根本价值。而将儒学定位为道德人文主义，就必然引导人们去发掘儒学的内在价值，指导人们树立道德的理想、完善道德人格、关怀人生的意义、追求人生的幸福，从而有助于建立一个以人为本的多元和谐的文明社会。我曾经做过一个关于文化自信的智库报告，里边提出一个观点，讲文化自信的本质是道德自信。为什么这样说呢？因为我们从历代关于文化的基本观念来看，"文化"就是"人文化成"，就是"文德教化"。再比如说我们现在关于社会主义核心价值观的论述，24个字。其中绝大多数都是讲的道德，比如说"富强、民主、文明、和谐"，文明和谐讲的是一种道德的要求，"自由、平等、公正、法治"，自由、平等也是一种道德境界，"爱国、敬业、诚信、友善"这8个字就完全是我们中华传统美德了，所以我讲文化自信的本质是道德自信。在十八大以后，习近平总书记在中央政治局集体学习会上对中华传统美德有一个很好的概括，他说"要深入挖掘和阐发中华优秀传统文化讲仁爱、重民本、守诚信、崇正义、尚和合、求大同的时代价值，使中华优秀传统文化成为涵养社会主义核心价值观的重要源泉"。这是对中华传统美德的精辟概括，是对社会主义核心价值观论述的重要补充。

二、儒学的基本特性

我在《儒家哲学片论》那本书及相关论文里概括了儒学的五大特性：

一是道德理性。所谓道德理性就是确立道德的主体性地位。人生与社会的终极理想以道德为依归。孔子说"仁者人也""仁者爱人"，就是讲道德之"仁"，是人立于世界的根本依据。孟子说"人之所以异于禽兽者几希"（《孟子·离娄下》），人和禽兽之别就差那么一点点，这一点点在哪里呢？人是讲道德的，禽兽是不讲道德的。《荀子》有一句话概括得更加明确，"水火有气而无生"，水火是有气场的，但是它没有生命；"草木有生而无知"，草木是有生命的，但是它没有知觉；"禽兽有知而无义"，禽兽是有知觉的，但它不讲道义；"人有气、有生、有知，亦且有义，故最为天下贵"（《荀子·王制》），这是《荀子》揭示的人与禽兽、草木的根本性差别，人有气、有生、有知、有义，所以最为天下贵。这个跟西方基督教文化讲人生下来就带着原罪来的是不一样的，我曾经对几种文化的特性有所概括，说基督教是原罪的文化；儒家是原善的文化，人之初，性本善，人最为天下贵；道家是原虚的文化，天下之物生于有，有生于无；佛教是原苦的文化，人生就是要求得解脱，摆脱各种各样的苦难才算是解脱。原罪、原善、原苦、原虚，各自的文化特性不一，但是它们在最高层次上又是相通的。它们在最高层次上都讲什么呢？其实无非是讲"真""善""美"，所以是相通的。但到第二层次讲原罪、原善、原苦、原虚，就有所不同了，一直到最基层，讲日常礼仪风俗，礼俗方面就有很大差异了。比如说节气，基督教过圣诞节，我们过清明节、春节、中秋节，道家过鬼节（农历七月十五日中元节），所以礼俗方面就有很大区别。儒学的第一个特性就是道德理性。儒学认为，如果离了道德之仁、道德之义，人就与禽兽无异了，所以说道德理性是儒学的核心价值。

二是人文性。儒学的一个重要特性就是人文性。儒学特别强调以人为本，以解决社会人生问题为根本任务，关怀人的生死存亡。马厩失火，孔子问的是伤人乎，不问马，这就是以人为本的一个思想。儒学重视社会的安定和谐，追求人生的意义和价值，成就君子人格。孔子"己欲立而立人、己欲达而达人"（《论语·雍也》），孟子"富贵不能淫，贫贱不能移，威武不能屈"（《孟子·滕文公下》）的大丈夫精神，荀子所谓"权力不能倾也，群众不能移也，天下不能荡也"（《荀子·劝学》）的君子德操，体现的都是一种人文精神。

三是整体性。儒学以整体宏观地把握自然、社会、人生为理性思考的方向。"天人合一、万物一体"的观念源远流长，甚至可以追溯到史前文化。我曾经有一个论述，"天人合一"的观念我们可以从7000年前河姆渡遗址的一块象牙雕刻看出来。那个雕刻是什么图案呢？就是两个鸟捧着一个太阳，考古学叫"双鸟异日"，民间说是"双凤朝阳"。两个鸟捧着一个太阳，按常理讲，鸟就会被烧死了，但是为什么有这种象牙雕刻呢？我认为是象征史前人类追求人与天的自然和谐相处，追求"天人合一"的一种理想境界，所以可以说"天人合一"的观念甚至在史前人类里就已经有了，这个成为儒家思想的一个源泉。"万物一体"的观念也体现在一些古代的文物的图案上。比如说杭州良渚文化遗址有一块玉琮，这个玉琮是一个什么图案呢？就是一个羽冠，由人面、兽身、兽爪合为一体。这个合为一体是什么意思？实际上就是"万物一体"的观念的物化，所以说儒学的整体性体现了"天人合一""万物一体"的思想观念。我在新加坡的时候曾经跟一个美国教授辩论，他讲儒家的整体性是一个封闭的、循环的体系，我不同意他的看法。我认为儒家固然是宏观、整体性地看问题，但是我们这个世界是一个开放的世界，是一个变动的世界，是一个不断进步的世界，所以整体性不等于封闭性，而是追求最高和谐境界即整体和谐的精神。所以我曾经对儒家的大同思想有一个解说，文章发表在《北京日报》上，就是《儒家大同理想新解》。这个"新解"新在哪里呢？就认为大同不是同一，而是大和。这个有没有根据呢？是有根据的，见于《礼记·礼运·大同》篇的郑玄注解。《礼记》是由东汉经学家郑玄注疏的，他在《礼运》篇的"是谓大同"句下注曰："同犹和也，平也。"这个同就是和，大同就是大和，大、太古通，大和就是太和，太和就是最高的和谐境界。宋儒张载在《正蒙》这本书里面有《太和》篇，太和这个观念在古代就是大和。那么，在大同即大和的社会里，人是不是完全大公无私呢？我的解读不完全是大公无私，是大公有私。为什么说大公有私呢？因为大同社会"男有分，女有归"，男的是有社会分工的，女的是要寻找归宿、成立家庭的。成立家庭，家庭成员不同，拥有的生活资料就不同，生活资料就是各个家庭所专有的，实际上这个就是私有财产，所以说大同社会不是绝对的大公无私的社会。主体上是公有制社会，是"大道之行、天下为公"，但是天下为公里边有家庭，有家庭就有私产，只不过古时候大家觉悟都很高，没有偷盗的，因此可以做到夜不闭户。但是户里边是不是还有私有财产呢？显然是有私有财产的。所以我解读大同就是太和，即最高的和谐境界，也就是整体和谐，但社会成员之间是"和而不同、大公有私"的。这样的大同社会，比较有可能实现。

四是实用性。最早是李泽厚先生概括了儒家思想的特性，说是一种实用理性，我认为其概括有道理，其具体表现为经世致用、修己安人。孔子讲修己安人、修己安百姓，是作为一种政治观，从修身到治国平天下。所以修己安人、经世致用，就是儒家道理想在政治上的应用，要求将儒家的道德修养落实到安定民生、治国平天下的政治实践中，从而体现了儒学的实用性。

五是开放性。其表现为重视兼容和谐、与时俱进，重视开放和变革。儒家认为"文"与"质"的关系是辩证的，历史上从孔子开始讨论"文"与"质"的关系，所谓文和质的关系就是文明和野蛮的关系。儒学就是抱持文明进化的历史观来看待历史的，所谓"苟日新，日日新，又日新"（《大学》），这是一种开放的、发展的历史观。所以儒学的开放精神也包含了一种兼容的和谐、多元的包容思想。

三、儒学的核心价值观：从仁本礼用到一道五德

1.历代儒家的核心价值观论述

历代儒家的核心价值观论述是有同有异的。其实，关于核心价值观的论述不是一锤定音、永远不变的，而是要根据生活与社会实践不断丰富其内容、增加新论述。比如说党的十八大讲社会主义核心价值观，是24字论述，第一组富强、民主、文明、和谐，到十九大的时候又有一个新论述了，增加了一个"美丽"，叫富强、民主、文明、和谐、美丽。我前面讲了习近平总书记关于中华文化"讲仁爱"等六德是社会主义核心价值观"重要源泉"的论述，实际上也是对社会主义核心价值观论述的重要补充。

历代儒家对核心价值观的论述虽然本质上是一样的，但是具体内容不一样。比如说孔子讲了二十几个价值范畴，如仁、义、礼、智、圣、孝、悌、忠、信、中、和、恭、敬、宽、敏、惠、温、良、俭、让、勇等，这些都是对核心价值的概括，但是他讲得最多的是仁和礼这两个概念。学术界也有各种概括，或说"仁礼一体"，或说"仁礼并重"，我认为这些概括都是有问题的。我的概括是"仁本礼用"。在孔子的价值观论述中，仁和礼的关系是什么呢？仁是根本的，礼是仁的一种外在的表现和运用。如果从体用关系讲，仁是体、礼是用，所以我把它概括为"仁本礼用"，或者叫"仁体礼用"，这是孔子的核心价值观论述。到孔子的孙子子思有一种新提法，即所谓"五行说"。"五行说"是哪五行呢？仁、义、礼、智、圣。庞朴先生对子思的"五行说"曾经有一个很中肯的解读。另外，子思有"六德"之说，这"六德"就是圣、智、仁、义、忠、信。20世纪80年代，在湖北荆门市郭店发掘出一些儒家简牍，其中有一篇叫《六德》，据考证是子思的著作。子思后面是孟子，孟子就更加简洁地将核心价值观概括为"仁义礼智根于心"。《管子》这本书是各家学说的一个综合，不是一家一派的学说。郭沫若先生早就有考证，他认为《管子》这本书是稷下学宫各家各派著作的总汇，我比较同意他的看法。还有人说《管子》这本书是管仲学派的著作。管仲那个时候学在官府，没有学派之分，只有学在民间，孔子以后才有学派。学在官府，就是指只有官府一家之言。管仲那时候还没有形成一个学派，所以谈不上

管仲学派。《管子》这本书是各家学说的总汇，有儒家的、法家的、道家的、阴阳家的、五行家的，最主要的是儒、墨、道、法这几家。其中儒、法、道这三家的著作比较多。《管子》这本书里面有儒家的著作《牧民》篇，里面提出一个核心价值观，即"礼、义、廉、耻"作为"国之四维"。说"四维不张，国乃灭亡"。所谓"四维"，就是支撑国家的四根精神柱子，这四根柱子要是倒了的话，国家就会灭亡。

到荀子，讲"隆礼重法"。有人解读《荀子》的"隆礼重法"就是法家，这个说法是片面的。荀子是儒家。为什么说荀子"隆礼重法"是儒家呢？因为荀子讲的是"隆礼尊贤而王"，隆礼、尊贤是儒家的一贯主张，这才是王道。又讲"重法爱民而霸"，荀子是王霸兼用的。"爱民"是儒家主张，法家是不爱民的。法家对爱民、仁义道德都加以批判。《韩非子》有《五蠹》篇，就是批判儒、墨的。荀子是站在儒家立场上来讲"重法爱民"的，所以荀子是儒家。除"隆礼"之外，荀子还有一个重要思想——"隆仁"。他说，"王者先仁而后礼"。有人据"隆礼"一言就把荀子概括为礼学，也是一偏之见。实际上，荀子还是继承孔子的"仁本礼用"思想的。荀子说"王者先仁而后礼"，说明他是站在儒家立场上去谈礼、谈法的，可以说荀子是"王霸兼用，礼法共治"。

到西汉时期，董仲舒提出了"三纲五常"思想，将仁义礼智信作为五常之道。到了东汉，"三纲五常"被固定化。从此以后，历代君主专制社会都把"三纲五常"作为一个核心价值观加以论述，直到清末。新文化运动开始"打倒孔家店"，批判"三纲五常"的思想，以后关于核心价值观的论述才有重要改变。

新文化运动提倡民主、科学和爱国精神，这个主流应该肯定。但是也有一股潜藏的逆流，就是从"打倒孔家店"到全盘批判乃至否定中国传统文化。以鲁迅的《狂人日记》为代表，他说读遍了二十四史，字里行间就是"吃人"两个字，就是礼教"吃人"。其实鲁迅只看到了过去的礼教有压制人性的这一面，即所谓"吃人"，但是他没有看到礼教"养人"的一面。中华民族的道德人文精神就是在传统的礼教里面培养起来的。但是新文化运动对传统的道德、传统文化加以否定，形成全盘反传统思潮。这种思潮在五四时期还不明显，是潜在的，但是以后越来越明显，到"文化大革命"时，发展到了登峰造极的地步，打倒一切、否定一切，全盘否定传统文化，提倡两个决裂：一是跟传统决裂，一是跟传统的观念决裂。

2. 一道五德：当代儒学核心价值观的新论述

现在已经进入全球化时代。在全球化背景下，我们如何来重新认识和推广儒学的核心价值观是当务之急。当代也有几位知名学者对核心价值观重新加以论述。比如说，北京师范大学的周桂钿教授提出"一本五常"之说。"一本"就是民本，以民为本；"五常"就是孝、仁、义、中、和，把孝字摆在第一位，把传统的礼和信去掉。杜维明先生提出"摒弃三纲，保留五常"之说。也有人提出"三纲"一个字也不能要，"五常"一个字也不能改。我认为这是一家之言。其实，所谓"五常之德"也是根据时代的需要而调整的。我2010年写过一篇文章，发表在《哲学研究》上，题目叫《重塑儒学核心价值观——"一道五德"论纲》，对当代重塑儒家核心价值观问题做了论述，提出了"一道五德"的新论述。我认为，儒家所讲的仁、义、礼、智、信，仁是最根本的，是儒家的根本之道，这个仁就是以人为本、以德为体，尊重人的生存权、发展权，强调人的道德自觉，由此发展出一个从传统的民本走向现代民主的当代人文精神。

仁和义、礼、智、信诸德是一种体用关系的看法不是我首倡的，宋儒早就有此论述。如宋儒程颢就说，仁是头脑，义、礼、智、信是四肢，头脑是指挥四肢的。仁是体，其他诸德是用。我对"一道五德"的概括也就是一种体用论的概括，仁是根本之体，义、礼、信、和、敬是体之用，是当代特别需要提倡的一种五德。五德是仁道的体现。"义者宜也"，义就是适宜，是恰到好处，包括公平、公正的思想。"礼者序也"，礼就是一种伦理，是一种秩序，礼现在发展到法。"信者诚也"，《中庸》讲"诚者天之道，诚之者人之道"，所谓"诚之者"就是守住这个"诚"，也就是"信"。"和者达道"，在一味强调"斗争"的氛围里，尤其需要强调和平与和谐。敬就是"敬畏"，敬畏就是一种信仰。有人说中国人没有信仰，这是在跟西方人相比，因为西方人信仰基督教，但是中国没有一个全民的宗教，所以有人主张要建立全民的宗教，好像如此就有"信仰"了。这是一种偏见。其实，中国人历来是有信仰的，这个信仰就包含在我们的敬畏意识里。孔子讲君子有"三畏"，畏天命、畏大人、畏圣人之言，这就是君子的信仰。后来孟子对孔子的敬畏思想有了新的补充。一是敬畏道德，"人之异于禽兽者几希"，就是建立对道德、道义的敬畏；二是敬畏历史，他说孔子写了《春秋》这本书，乱臣贼子就害怕了，就是要树立对历史的敬畏；三是敬畏民心，他说"得民心者得天下，失民心者失天下"。所以孔孟奠定了中国人的信仰基础，对天命、对圣人、对道德、对历史、对民心的敬畏，成了中华民族的优秀传统。这个敬畏意识就是信仰。比如说评价某个人不讲仁义，不讲仁义就不是人，不讲道德良知就不是人，这都是一种道德评价，我们的信仰就包含在我们的敬畏意识里。所以我们现在这个时代尤其需要重建敬畏意识，重建我们的信仰。概括而言，当代儒学核心价值观可以概括为以仁为根本之道，以义、礼、信、和、敬为五常大德的"一道五德"价值观。这个核心价值观，既有现代性也有普世性，既是我们现代生活的需要，也是全人类普遍需要的价值观念。

中国从改革开放以来提出了建设中国特色社会主义理论，坚持实事求是的思想路线，进而提出"以德治国"方针，制定"小康社会""和谐社会""中国梦"目标，提倡以"八荣八耻"为主要内容的社会主义荣辱观，一直到24字社会主义核心价值观与习近平总书记的"新六德"，这些都是关于核心价值观的论述。这些说明了什么？说明我们的主流意识形态，从改革开放到现在40年了，儒学的元素越来越多了。最初讲实事求是，实事求是来源于《汉书》，是儒家的概念，被作为"马克思主义的精髓"。江泽民提出"以德治国"，胡锦涛提出"和谐社会""八荣八耻"。有的人说"八荣八耻"很难记，记不住。我说如果拿传统的核心价值观去加以概括的话，也就好记了。这个"八荣"就是我们传统的仁、义、礼、智、信加上忠、勤、廉。怎么说呢？比如说第一个是讲"以热爱祖国为荣"，爱国就是忠于国家。二是讲服务人民，全心全意为人民服务。仁者爱人，以民为本就是仁。三是尊重科学，尊重科学就是智。四是团结互助，团结互助就是义。诚实守信就是信，遵纪守法就是礼（传统讲礼，现在讲法），辛勤劳动就是勤，艰苦奋斗就是廉。所以我讲"八荣八耻"就是中华传统美德"仁、义、礼、智、信"加"忠、勤、廉"的现代版。到社会主义核心价值观，24个字中有16个字来自中国传统文化，还有8个字来自西方文化，"自由、民主、平等、法治"，这是从西方文化来的。也可以说，社会主义核心价值观论述是中西文化的合璧，是中西道德观的合璧。社会主义核心价值观就是全球化时代中国特色社会主义的一个根本性指导思想，我们作为儒者应该具有自觉担当的精神，为实现"中国梦"和全人类的共同发展恪尽职守。

四、中华家文化的内涵与要素

1. 家文化在中华文化传统中的地位与意义

现在我们讲中华家文化。首先要讲它的内涵与要素。家文化是跟国文化相对的，我前面讲过，国文化就是中国优秀传统文化，也就是中华国学。我比较提倡中华国学这个概念，对中国人来讲是国学，对世界来讲就是中华国学，国学的主体则是儒、佛、道三家之学。那么，文化是什么东西呢？统计起来，全世界有几百种关于文化的论述，中国人也有很多关于文化的论述。我坚持根据我们老祖宗的说法，也就是《周易》讲的"观乎人文，以化成天下"。什么叫人文呢？就是《周易》所讲的"文明以止，人文也"，即讲文明达到一个最高的境界就是人文。这个"人文"是什么意思？就是人文道德，"观乎人文，以化成天下"，就是用人文精神去教化天下人，以达到移风易俗的目标，这就是"文化"的原始含义。

但《周易》是讲"人文化成"，还不是直接叫"文化"。"文化"这个词来自西汉的经学家刘向。刘向编的一本书《说苑》有《指武》篇，首次提出"文化"的概念。他说："圣人之治天下也，先文德而后武力。凡武之兴，为不服也。文化不改，然后加诛。"显然，他这个文化的论述是跟武力相对而言的，"文化"就是文德教化，武力就是武力征讨。文德教化如果不能改易风俗，遂用武力征讨。所以说文化就是人文化成，就是文德教化。如果这样的解说可以成立，那就应该承认，文化这个概念一开始就是一个正面的概念，就是一个正能量。所以，文化没有优秀不优秀之分，优秀传统文化，难道还有一个不优秀的传统文化吗？至于历史上的糟粕，比如说秦始皇的"焚书坑儒"，算不算文化呢？当然不算。文化的本质就是文德教化、人文化成。

那么，什么叫中华家文化呢？中华家文化就是强调中华美德的一种道德养成文化，就是中华民族强调以修身齐家为基础的道德养成文化。儒家文化是中华家文化的主要思想源泉，儒家的经典《大学》首章有非常重要的一段名言。它说："大学之道，在明明德，在亲民，在止于至善。……古之欲明明德于天下者，先治其国；欲治其国者，先齐其家；欲齐其家者，先修其身；欲修其身者，先正其心；欲正其心者，先诚其意；欲诚其意者，先致其知；致知在格物。物格而后知至，知至而后意诚，意诚而后心正，心正而后身修，身修而后家齐，家齐而后国治，国治而后天下平。自天子以至于庶人，壹是皆以修身为本。"这就是所谓《大学》的"三纲领、八条目"，其中"三纲领"的"在亲民"一条，被程颐、朱熹修改为"在新民"，王阳明反对这个修改，而主张遵从东汉经学家郑玄注疏的《礼记·大学》篇（即所谓《大学古本》）。后面讲的格物、致知、诚意、正心、修身、齐家、治国、平天下即所谓"八条目"，基本思想是"明德"为体、"亲民"为用，"修身"为本，"治国平天下"为人生目标。身修而后家齐，家齐而后国治。修身齐家而后治国平天下，这正揭示了儒家家文化与国文化的内在逻辑关系。

2. 中华家文化的基本内涵和要素

所谓家文化，就是根植于中华文化传统而以修身齐家为核心的道德养成文化。家文化包含家风、家教、家法、家史等四大要素，涉及德、义、礼、史四个方面。

家风是指一个家庭或者家族的道德风尚、生活方式与文化传统，是造就家文化的根本精神。家风是一种精神，是造就"家文化"的一种根本精神，比如说孝、悌、忠、信，这就是"家文化"的一种根本精神，修文习武、耕读传家也是传统家文化的一种精神，这是家风。

家教就是治家的规矩、礼仪和家长的训示。家训也是一种家教，是一个家庭必须要遵守的道德准则、行为规范和礼仪制度，一般由祖辈遗传下来，或者由家长来制定，如果祖训没有的话就由当时的家长制定一个家训，这就是家教。家教也包括家长在日常生活中对子女的重要训示或教诲。

家法就是惩治违背家教的一种刚性的办法，包括道德谴责、制度惩罚甚至肉体惩罚。过去的家法就是一根大棍子，这根大棍子就是用来惩罚肉体的，违背了家教、违背了家风就用这根棍子来惩罚。还有一种制度性的惩罚，比如说如果违背了家族规定的某些制度和礼仪就要受到惩罚。还有道德谴责，道德谴责是普遍的，比如规定贪赃枉法者不得入祖坟，也不得入宗祠，这在过去是很严厉的惩罚。这个就是一种刚性的惩罚，也是家法。

家史，就是记载家族发展史的典籍，包括家谱和家人的著述成果等。过去的宗谱、家谱里边一般都有一个文苑或者艺苑，就是文艺作品之类，这是家史。

总之，家风、家教、家法、家史，这四大元素构成了中华"家文化"的一个有机整体。中国历来有家国天下的说法，我们的宣传标语里也讲"家是最小国，国是千万家"，家是国的最基层细胞，国是千万个家的共同体，所以"国文化"也体现在"家文化"里。所谓家国天下，就是讲国是家的延伸。"国文化"就是"家文化"的政治延伸，国风、国教、国法、国史，这些东西都是"国文化"的要素，也是"家文化"四要素的延伸。在家要尽孝悌，在国要尽忠贞，忠孝传家历来是我们的传统。

五、历代大儒的家风家教

我国历代著名士大夫家族或大儒家庭，都有优秀的家风家教传承。例如《孔子家语》，虽其成书时代及真伪尚存争议，但我相信其中保留了许多孔子及其子弟的家训、家教史料，可视为一部"孔子家训"之书。魏晋以后的著名家训，则有三国诸葛亮的《诫子书》，北齐颜之推的《颜氏家训》，五代钱镠及其后裔的《钱氏家训》，北宋司马光的《传家集》，南宋朱熹的《朱子家训》，明代王阳明的家书《示宪儿》、袁黄的《了凡四训》，明末刘宗周的《祖训》《宗约》，宋明时代号称"江南第一家"的浙江浦江郑义门的《郑氏规范》，清儒黄宗羲的《梨洲末命》、朱用纯的《朱柏庐治家格言》、曾国藩的《曾氏家训》等。现简介如下：

1. 颜之推《颜氏家训》

历代大儒，一般都有一个比较好的家风和家教。最早最完整的是北齐颜之推的《颜氏家训》，后人认为"古今家训以此为祖"。《颜氏家训》讲的主要是立身、治家之法，辩正时俗之谬，以训子孙。以儒家为主，兼采佛老之言，佛家和道家的一些治家格言也作为家训。

2. 诸葛亮的《诫子书》

《诫子书》强调的也是修身立德，立志成学。其中一些话都是脍炙人口的。例如"夫君子之行：静以修身，俭以养德。非淡泊无以明志，非宁静无以致远"这些话，成了人们耳熟能详的格言了。淡泊明志、宁静致远也是许多文人名家的座右铭，被写在书法作品里。"非学无以广才，非志无以成学"，这些也是诸葛亮《诫子书》里的名言、成语。

3. 司马光的《传家集·训俭示康》

司马光在《传家集·训俭示康》里提倡俭素思想。司马康是司马光的儿子，他是以廉孝著称的。司马光《传家集·训俭示康》里讲："吾本寒家，世以清白相承。……众人皆以奢靡为荣，吾心独以俭素为美。……古人以俭为美德，今人乃以俭相诟病，有德者皆由俭来也。"现在中国崛起了，我们的生活越来越富裕了，要不要提倡俭德？当然要。我们要向司马光学习，以俭素为荣，以奢侈为耻。

4. 朱熹的《朱子家训》

《朱子家训》影响很大。我们到韩国去，发现儒家学说对韩国影响最大的是程朱理学，其中最重要的书是《朱子家训》，韩国人是谨守儒家朱子家训的。《朱子家训》的核心就是谨守礼义。君之德是仁，臣之德是忠，父之德是慈，子之德是孝，兄之德是友，弟之德是恭，夫之德是和，妇之德是柔；事师贵礼，朋友贵信，敬老爱幼等等。该书特别强调"勿以善小而不为，勿以恶小而为之"。

5. 王阳明的家风和门风

王阳明的家风和门风也是很值得我们了解的。王阳明在被贬龙场以后，收了不少弟子，立了一个学规。我们知道，书院的学规讲得最多的是朱子的白鹿洞书院学规。《白鹿洞学规》（载《晦庵集》卷七十四）分好几个方面，首列"五教之目"曰："父子有亲，君臣有义，夫妇有别，长幼有序，朋友有信"；次列"为学之序"，曰："博学之，审问之，慎思之，明辨之，笃行之"；次列"修身之要"，曰："言忠信，行笃敬，惩忿窒欲，迁善改过"；次列"处事之要"，曰："正其义不谋其利，明其道不计其功"；末列"接物之要"，曰：

"己所不欲，勿施于人；行有不得，反求诸己"。王阳明的学规简易直接得多，就是八个字：立志、勤学、改过、责善。

王阳明对自己的家庭成员和弟子的教育体现在许多方面，尤其是他对儿子王正宪有一个《示宪儿》的三字经。《三字经》宋朝就有，据章太炎考证，是南宋宁波学者王应麟撰著，后来又经过多人修改，成为现在我们所知道的《三字经》。王阳明则专门有"家训三字经"，其要点是："幼儿曹，听教诲"，小孩子要听大人的教诲。"勤读书，要孝弟"，要勤奋读书，孝敬父母，友爱兄弟。"学谦恭，循礼义"，为人子弟要谦恭守礼。"节饮食，戒游戏"，这句家训尤其适合现在，现在很多孩子都玩游戏着迷，所以要劝孩子们力戒游戏，饮食要节俭，不要浪费。"毋说谎，毋贪利"，不要说谎，不要贪图私利。"毋任情，毋斗气"，不要任情使性，不要斗气赌狠。"毋责人，但自治"，不要去责备别人，要严于责己。自治就是克制自己、严于责己的意思。"能下人，是有志"，能够善为人下，才算是有志气的人。"能容人，是大器"，能够包容他人的人，才能有大出息。"凡做人，在心地"，做人就是心地要好，就是要讲良心。"心地好，是良士；心地恶，是凶类"，良心好的人一定是善良之士，心地恶的人一定是凶残之类。"譬树果，心是蒂"，比如说种植水果，那个心就是果蒂。"蒂若坏，果必坠"，果蒂如果坏了，果子一定会从树上掉下来。"吾教汝，全在是；汝谛听，勿轻弃"，我教导你们的做人道理全都在这里了，你们一定要聆听牢记。王阳明的教子三字经，我看可以成为现在家长教儿的一个典范，特别是其中的道德要求和勤奋读书的要求，正是我们今天应该大力提倡的。

6. 明末大儒刘宗周的家风家训

明末有个大儒叫刘宗周，是王阳明的后学，浙江绍兴人。他编了《刘氏宗谱·祖训·宗约》，内容丰富，其根本精神就是忠孝礼义、扬善惩恶。这就是刘宗周提倡的道德人文精神。

7.《朱柏庐治家格言》

《朱柏庐治家格言》是一篇很有名的家训。朱柏庐，名用纯，是江苏昆山人。他的治家格言讲得很具体，都是一些为人处世的日常生活准则、勤谨守礼的基本道德。如"黎明即起，洒扫庭除，要内外整洁""读书志在圣贤，非徒科第；为官心存君国，岂计身家。安分守命，顺时听天"等等。

8.《曾国藩家训》

曾国藩，湖南人，是近代镇压太平天国农民起义的名将，被誉为清朝"中兴之臣"、立德立功立言的"三不朽"者。他的家训内容丰富，也很有名，但最主要的是修身处世和谨守家风这两类。例如其"修身处世类"说："明修己治人之道，才叫读书。……戒傲惰，再戒傲惰。以'廉、谦、劳'三字自惕。居安应思危。应从挫折处磨炼意志。""谨守家风类"说："'孝友'二字可使家势经久不衰。严教子侄勤、敬、和。……力戒骄奢，……以勤俭自持，以忠恕教子。"这些对我们现在提倡"家文化"都很有参考意义。

整体而言，历代大儒的家风、家训所代表的中华"家文化"，是以修身立德为根本，以仁爱、和谐为立身之本，以勤俭持家为良好家风，以亲民、廉洁为从政大德。这是儒家经典《大学》三纲领、八条目的具体运用，值得我们深入挖掘、发扬光大。上引《大学》首章那段话，就是修身齐家治国平天下的根本性指导思想。还有《论语》所载孔子讲的"弟子入则孝，出则弟，谨而信，泛爱众，而亲仁，行有余力，则以学文"一段话，就是后来流传广泛的《弟子规》的基本思想，其核心就是"孝悌"二字。《弟子规》也是我们应该要学习的儒家启蒙读物。

六、当今家长如何传承优秀家文化

对当今家长而言，我们应如何重建家文化、培育好家风呢？我有五点建议。

一是带头读经典。特别是带头学习国学基本经典，如儒家的"四书"。儒家的"四书"本来是按《论语》《孟子》《大学》《中庸》排序，但是朱熹特别把《大学》放在四书之首，当然有他的深意。儒家的基本经典是"四书五经"，"五经"说实在的比较复杂，尤其是三礼，《礼记》《周礼》《仪礼》，里边有很多东西是我们现在无法理解的，其烦琐礼仪也是现代人不可能完全遵守的。所以我主张我们要遵守基本的礼仪，但是不要拘泥于古礼。有人说我们要全盘恢复古礼，请问是什么时代的古礼？是清代还是明代、宋代、唐代的？或者是春秋战国的？春秋战国前面还有夏商周，到底是哪个时代的古礼？如果说是夏礼，那是最早的了，商周以后的礼是对夏礼的改革、损益，可见夏礼也是不完全的。今天说殷礼、周礼也是不完全的，所以孔子说殷因于夏礼、周因于殷礼，"其损益可知也"，"其或继周者，虽百代可知也"。这些都是讲古礼是因时损益，不断变化的。礼是每个时代都会有所损益的。《礼记》曰："礼，时实为大，顺次之。"许多人强调恢复古礼时忘记了这句话，就是以时为大，因时制宜，随时变化。所以，我们现在并不提倡完全恢复古礼，而提倡基本的礼仪，即对古礼有所损益、有所改革的现代礼仪。我主张读"四书五经"，主要读"四书"，而"四书"最重要的还是《论语》。《论语》就像一部道德百科全书，包含了各种各样的为学、为人、为政、为道的道德格言，应该反复读、经常读，并且要践行，"学而时习之"。

还要学习后儒的代表作，比如说王阳明的《传习录》。除此之外，还要读些儒家以外的经典著作，如道家的《老子》《庄子》，佛家的《坛经》《金刚经》《华严经》。要深入了解佛老经典的主旨和精神，力求做到王阳明所说的"儒佛老庄皆为我用"。

二是选读几种家训代表作。要树立一个良好的家风，就要学古人的家训、家教，所以有必要选读几种家训代表作，比如说《颜氏家训》、诸葛亮的《诫子书》、王阳明的《示宪儿》教子三字经、《朱柏庐治家格言》等。

三是尽量多了解一些家族的发展演变史。因为每个家族、每个姓氏，在历史上都有许多值得骄傲的名人和重要事件，所以有必要了解一些本家族的发展演变史，对家庭成员进行家史教育，把家族中一些好的传统提炼出来，发扬光大。

四是阅读并且熟悉一些启蒙教育读本。比如《三字经》《百家姓》《弟子规》《千字文》，还有一些中华诗词选本之类。

五是家长要率先垂范，以身作则。要做一个有道德、有知识、有能力、肯担当的好家长，为孩子做个好榜样。一般来说，父母亲是孝的，孩子必定会效法父母亲来尽孝，如果父母亲对自己的父母亲不孝，那么孩子可能会效仿父母，成为不孝子孙。

我们今天要建立的优秀家文化，应该是保持家庭和睦、道德高尚、仁爱忠孝、礼义廉耻、父慈子孝、夫妻恩爱、敬业守礼、诚实守信等基本道德的家文化传统。要传承美德，利国利民，应该修身立德，齐家立业，以"仁本礼用"作为根本宗旨。我们在致力培养优秀家文化的同时，还应该自觉地培养家庭成员的爱国主义情怀。

今天我讲家文化讲了这么多，如果讲得不合适的地方，欢迎大家批评，也欢迎讨论。

谢谢大家！

（王琦整理后并经主讲嘉宾最终审定）

现场互动

听众提问（一）：吴教授，您好！听了您的讲座，我心里非常激动，因为我对传统文化非常崇敬。我今天想问您一个问题，可能问题比较长。

刚才您提到了"义礼信和敬"是我们今天应该遵守的五常。我们现在处在娱乐至上的年代，很多小孩子打游戏，崇尚明星，对父母也有一些反叛现象。特别是今天看到这么一则新闻，说郭美美在坐五年牢出狱之后改名，以一条视频重回流量巅峰，开视频直播推新歌。王宝强的前妻马蓉以一个跳舞的视频也出道了，粉丝高达 385 万。现在网上流传一种叫作"抓周键盘侠"的人，他们被蒙蔽了双眼，质疑眼前的一切，只愿意相信自己相信的，对刚才我举例的那几个人，他们是无限宽容和理解。但他们质疑归国的杨振宁给中国带来的无数先进技术弥补了中国多个领域的空白。

很多人都在说这个时代已经缺乏信仰了，请问教授儒学在这个年代是否能够很好地解决孩子们的信仰问题？我是一位人大代表，曾经提过一个关于在全市学前教育及义务教育阶段开设传统国学和屈（原）学经典课程的建议。请问在现代的教育体系下，这个可行吗？如果学的话，幼儿、小学、中学阶段分别读什么书？我们做家长的又如何培养孩子在这方面的学习兴趣？

听众提问（二）：吴教授，您好！非常欢迎您来到汨罗市屈子文化园。我有一个问题，您刚才将儒学定位为道德人文主义，认为西方是人权人文主义。我就想到抗美援朝，我们的志愿军来到了冰天雪地的朝鲜战场，他们宁愿成排成排地冻死、宁愿在烈火中献身也不违背纪律，如黄继光宁愿用胸口堵敌人的枪口也要取得胜利，是不是我们的志愿军是用道德人文主义战胜了美国及联合国军的人权人文主义？因为欧美士兵一旦遇到被包围或打不赢，他们是允许举手投降的。从这个角度来讲，道德的人文主义和西方的人权人文主义，哪一方更强？强在什么地方？我个人认为在抗美援朝战争中，我们用道德人文主义、用士气战胜了美国、战胜了联合国军，这与屈原的爱国主义精神有什么深度的联系？请您指导。

听众提问（三）：我听了吴教授的讲座很受启发。刚才教授说到了国文化和家文化，也说到了国学的三大主流。请问：在家文化建设里，儒、佛、道三家思想在家文化中如果用百分比的话，应该怎么分配？

吴　光：我现在来回答三位提的问题。这些问题确实具有相当普遍的意义，也是很有水平的问题，说明我们对这个问题是有所思考的。

第一个问题，先拿郭美美和杨振宁作为一个例子。郭美美炫富实际上是她缺少一些基本的道德，这是一种个人行为。由此牵出一些腐败的案子，比如说红十字会里边有一些制度性或道德性的腐败，披露出来之后影响了红十字会的信誉。中国有些人，不管是正面的东西还是负面的东西，都以一种好奇的心理去追，因此郭美美受到大家的关注，出狱以后粉丝仍然很多，也是可以理解的。我们现在这个社会，各种各样的价值观都是存在的，许多年轻人不明是非，觉得郭美美这个人长得很漂亮，而且她很勇敢地把自己暴露在社会大众面前，所以对她有兴趣。

对杨振宁的事情应该要从公德和私德两个角度加以区分。从公德来讲，他追求科学的精神、爱国主义精神，是值得我们肯定的。他追求科学，用一生来证明他对科学的热爱，然后用行动来证明他对祖国的热爱。他在晚年时回到祖国，确实是为了发展中国的科学事业，提升科学研究的水平，这一点我们应该充分肯定，所以国家给了他一个良好的待遇，也是应该的，无可非议。他的个人生活方面可能引起大家很多的批评，但是这属于他的私德。只要他没有违背公德，我们不必对他加以批评。

第二个问题。我们现在应该读一些什么书？我确实不能列出一个书单。我对名家列书单是有一点反感的。一个人一辈子书是读不完的，所以拣一些最简单最简洁的东西，行有余力再去读一些其他的书。而且要根据不同年龄段的人选择不同的经典，比如说小孩子，3岁以上小孩子有一些记忆力了，有一些理解力了，可以让孩子读一些启蒙性的书，如《三字经》《弟子规》《百家姓》《千字文》等。我小时候家里没有很多书，就是一本《百家姓》、一本《三字经》，这就是我读的书，《弟子规》还是后来读的。《三字经》《弟子规》《百家姓》《千字文》我小时候也读过了，这是一些最基本的东西，是启蒙读本。还要读一些中华诗词，一般是《唐诗一百首》《宋词一百首》，这些是选了又选的书，让小孩子去背也好，但是不要去追求背书量。儿童教育既要读经也要解经，要适当地解。儿童读经就要读启蒙读本。

到中学阶段就要读高级一点的读本，比如读《论语》读"四书"。到高中以后就要读历史书，比如《史记》，还有一些文学书。到大学更要深入了解中华的经典读本。到研究生就是研究了，所以说不同的阶段有不同的读书要求。其实我看到梁启超、胡适的那些书单，我们一辈子都读不完。

第三个问题。有一位同志讲了志愿军、西方人文主义和东方人文主义的区别。我之所以做这样的区分，就是根据东方人文主义和西方人文主义各自最基本的特质去讲的。因为东方确实首先是强调做人的道德，"仁者人也""仁者爱人""人之异于禽兽者几希"，这些东方做人的道德，是道德理性，强调道德优先，是一种确立道德主体性的人文主义。西方人文主义是从宗教来的。文艺复兴时期，天赋人权的启蒙思想就是对人的权利的一种肯定，所以西方的也是一种人文主义的思想。但是西方人文主义思想是以天赋人权作为基本信条的，所以西方社会是人权至上的。其实不讲道德只讲人权，这个人格是有缺陷的。西方也有博爱的思想。是追求人权至上还是道德至上？这是东西方人文主义的一个根本区别。

屈原确实是一个爱国主义的典范，他郁郁不得志，被楚怀王两次贬谪到边远地方来，但是他不改初心，始终以国家和人民的利益作为他最高的道德标准，所以屈原有一种爱国主义精神，忠于国家，也忠于楚怀王。后来范仲淹写的《岳阳楼记》，也蕴含了忠君爱国精神与爱民精神。先天下之忧而忧，后天下之乐而乐，忠君爱国跟爱民是紧密地联系在一起的。所谓"居庙堂之高则忧其民，处江湖之远则忧其君……先天下之忧而忧，后天下之乐而乐"，从屈原到范仲淹，他们都是爱国爱民的人文主义道德典范。

第四个问题。家文化里面儒、佛、道的比例，这个百分比是很难讲的。一个家文化里面很难说儒家文化占了百分之多少，但是一般来说儒家的家文化起主导作用。主导就是引导性的一个文化，主体的是占了多数的。中国家文化的道德，家训、家教基本上是儒家的道德信条，比如说孝悌忠信、仁义礼智，这些都是儒家的文化。佛家和道家有没有作用呢？老实说，印度的佛教不讲齐家、不讲忠孝、不敬王者，但是佛教到中国来以后中国化了。所以我认为佛教中国化对马克思主义中国化是有一种借鉴作用的。佛教中国化就是儒家化，把儒家的思想吸收到佛教的教义里。一个典型例子，就是《二十四孝图》。很多人以为它是儒家的传统，其实是佛家的。《二十四孝图》强调的是孝，佛教将孝强调到极端。这个极端是什么？比如说"郭巨埋儿"，为了孝敬自己的母亲，把自己的儿子给杀掉，这不是儒家所提倡的。儒家提倡仁爱的思想，父慈子孝，包括爱自己，儒家怎么会提倡把孩子埋掉去孝敬自己的母亲呢？这是中国的佛家接受了儒家的孝文化之后，跟佛教的"舍得"文化结合在一起创作的。

还有"割肉疗亲"，把自己身上的肉割下来为父母、亲人治病。这是一种不人道的道德。佛教里有一个"舍身饲虎"的故事，可以把自己的身体舍弃喂饥饿的老虎，这符合儒家的思想吗？不符合。佛教吸收了儒家的孝道文化，又按佛教的教义指导编出了《二十四孝图》。现在有人提倡新的《二十四孝图》。《新二十四孝图》就没有郭巨埋儿、割肉疗亲这些东西了。佛教里面，比如说劝人为善、行善积福的思想在"家文化"里边有一定的地位。又如佛教报应的思想，善有善报恶有恶报。其实儒家里面也有报应的思想，如"积善之家，必有余庆，积不善之家，必有余殃"，这就是一种善恶报应的思想、劝人为善的思想，所以说儒、佛、道在最高层次上是相通的。佛教行善积德的思想是值得我们在家文化中加以使用的。道家无为无不为的思想即有所为有所不为、自然无为的思想，及时放下、急流勇退的思想对家文化是有补益的，但是我们很难划定各自所占的比例。就儒、佛、道整体而言，儒学占主导，佛、道是补充。王阳明曾经讲过一个很好的比例，他认为儒、佛、道各有其道，但佛、老是小道，儒家是大道。所以儒、佛、道三家的思想在家文化中都有其地位。

我就做这些回应。谢谢！

（王琦整理并经主讲嘉宾最终审定）

善待中华优秀传统文化

李宗桂，教授，博士研究生导师，中山大学文化研究所所长，国务院学位委员会和国家教育部联合表彰的"在工作中做出突出贡献的中国学位获得者"，享受国务院政府特殊津贴专家。长期从事中国哲学和中国文化研究，主要研究方向是中国传统文化与现代化、中国古代哲学、当代中国文化、现代新儒学。出版著作十余部，主编学术丛书三种，在海内外发表学术论文二百余篇。主持国家和省部级课题近二十项，获得包括中国图书奖、全国优秀图书奖、教育部人文社会科学优秀研究成果奖、国家社科基金项目优秀成果奖、广东省哲学社会科学优秀成果奖在内的国家和省部级奖励近二十项。担任中华炎黄文化研究会理事、国际儒学联合会理事、中国孔子基金会学术委员会委员、尼山世界儒学中心理事暨学术委员会委员。中央马克思主义理论研究和建设工程《中国文化概论》课题组首席专家。

直播二维码　　　　直播在线参与人数：43.7 万

导言

　　中华文化源远流长、绵延数千年，有其独特的价值体系与精神内涵，已经成为中华民族的基因而根植于中国人的内心，潜移默化地影响着中国人的文化心理、风俗习惯、日常生活与行为方式。在中国走向世界、中华民族文化复兴的今天，我们应如何认识中华优秀传统文化的价值与内涵，把握其评价标准，通过创造性继承、创新性发展与现代化运用，使之更好地融入现代社会与当代世界，彰显新时代的文化自信与文化价值？

　　2020年8月15日下午，中山大学文化研究所所长、博士研究生导师李宗桂教授莅临屈子书院讲坛，主讲"善待中华优秀传统文化"，并与现场听众进行精彩互动。讲座由凤凰网湖南频道全球同步直播，在线参与人数多达43.7万；长沙理工大学教授、湖南汨罗屈子书院执行院长王琦担任嘉宾主持。

现场与线上的朋友：

　　大家下午好！

　　感谢大家冒着酷暑来到现场，和我一道探讨如何看待中华优秀传统文化的问题！也感谢线上的朋友，虽然我们素昧平生，但是你们这么支持并参与中华优秀传统文化问题的探讨，我非常感动，也非常感谢！

　　我今天主讲的题目是"善待中华优秀传统文化"，这是出于什么考虑呢？一是我们正在建设当代中国新文化，弘扬中华民族的优秀传统文化，二是我们也在面对全球化进程中西方以及西方之外的文明的挑战，我们要如何融入世界文明，坚定文化自信，增强文化自觉，需要很好地探讨。今天虽然是一个公开性的、公共性的社会讲座，而不是一个严格意义的专门学术讲座，但是我们可以从学术立场出发，用学术观点去考察、看待、审视传统文化。由于讲座蕴含的内容很多，为了让大家听起来比较方便，所以我想分几个方面来讲。

一、何谓善待？为何善待？

　　我说的善待中华优秀传统文化，这里边涉及很多问题，要一个一个来解剖、来解析、来解释。现在先说第一部分。

（一）何谓善待？

　　所谓善待就是用友好的态度、善良的心态、美好的情感，去对待我们民族的优秀传统文化。友善是我们民族优秀的传统文化，人与人之间要友善相处，友善相待。我们正在弘扬的社会主义核心价值观的一个重要内容就是友善。爱国敬业、诚信友善是社会主义核心价值观，直接继承了中华民族的优秀传统文化，所以我说我们要用友善的态度、善良的心态、美好的情感去对待它。不要一提传统文化，就认为传统是古代的、死亡的僵尸，只能放在博物馆里展览，甚至展览都配不上，这就不是友善的态度，不是善良的心态，不是用美好的情感去对待。

（二）为何善待？

理由很多，原因很多，概括起来主要有以下几条：

1. 中华优秀传统文化是中华民族的根和魂

最近二十多年来，特别是最近十多年来，上至党和政府，下至学术界、企业界、社会上的人民大众，都非常关心文化问题。从20世纪90年代开始的国学热，到现在长盛不衰，而且不少人把弘扬中华优秀传统文化与建设中华民族共有精神家园联系起来，这就使我们认识到一个根本的问题，那就是我们民族的根在哪里？我们讲文化自觉，就要了解我们文化的根与源头在哪里？我们怎么发展过来的？到了近代，我们的社会和文化是怎么转型的？改革开放以后，我们怎么突破旧的思想藩篱，创建新文化，面向新世界？经过多年的理论研讨和文化建设实践，我们认识到优秀传统文化是我们民族的根，也是我们民族的魂。没有魂就没有精神、没有生命，所以在这个问题上政界和学界一致认为，优秀传统文化是我们民族的根与魂，如果丢了根、散了魂，那我们就没有生命力，前进步伐就会停止，乃至我们的文明会消亡。

2. 中华优秀传统文化是国家文化软实力的重要标志

这些年来，我们国家大力提倡建设中华文化的软实力，强调要增强国家文化软实力。国内有两个文化软实力的学术杂志，一个是武汉大学办的《文化软实力研究》，一个是湖南大学办的《文化软实力》，这两个杂志我很关注，我是武汉大学杂志的编委，给湖南大学的杂志写过文章。我非常赞成政府重视国家文化软实力建设。我们讲文化软实力，是相对于经济、国防、军事这些硬实力来讲的，但是软实力在一定程度上甚至比硬实力还要重要，涉及民族、国家、机构、团队、个人价值观与价值理念。你的三观怎么样，非常重要。因此从十七大报告开始明确讲弘扬中华文化，提升国家软实力。如果没有中华民族优秀传统文化，我们国家的软实力是无从谈起的。

3. 中华优秀传统文化是社会主义核心价值观的重要精神来源

我们民族的优秀传统文化，是我们社会主义核心价值观的一个重要的精神来源和价值来源。我们今天讲的社会主义核心价值观，大家很熟悉。富强、民主、文明、和谐，这是从国家层面讲，我们要建设什么样的国家；自由、平等、公正、法治，这是从全社会来讲，我们要建设一个什么样的社会；爱国、敬业、诚信、友善，这是从个人层面来讲个人应该怎样为人处世，怎样在社会安身立命，实现自我发展、服务国家社会。

我们今天要弘扬与践行社会主义核心价值观，不仅宣传它、学习它、实践它，而且要看到它的精神源头在哪里。在我看来，社会主义核心价值观根源于中华民族的优秀传统文化。2014 年 5 月，人民日报社约我写一篇关于传统文化与现代化关系的文章，因为文章要登在《人民日报》理论版，所以我起了一个比较豪迈、有气势的标题：《开掘优秀传统文化 弘扬当代核心价值》。后来，我的稿子全文发表了，但是改了题目，叫《阐旧邦以辅新命》，并加了个副标题《充分汲取中华优秀传统文化的价值观滋养》。阐旧邦以辅新命，这是学术界很流行的话，所谓旧邦就是古老的中国，但是它的使命是不断向前、不断更新的。我们今天建设的社会主义现代化，需要阐释挖掘民族优秀传统文化，以辅助新的使命。在 20 世纪 80 年代，这个新命是什么呢？四个现代化。后来叫中国特色社会主义现代化，不仅有工业、农业、国防、科技四个现代化，还有第五个更重要的现代化，就是人的现代化，我们统称为社会主义现代化。这样的现代化需要一个价值支撑，就是民族的优秀传统文化。所以《人民日报》帮我把题目改为《阐旧邦以辅新命——充分汲取中华优秀传统文化的价值观滋养》，我觉得改得很好。这篇文章着重阐发了社会主义核心价值观的重要来源即中华民族优秀传统文化。

4. 中华优秀传统文化是文明互鉴的文脉依据

今天是全球化的时代，尽管有人捣乱要破坏全球化的进程，要搞单边主义、保守主义、封闭主义，但是我们仍然要张开臂膀，热烈地、深情地、持久地拥抱全球化，参与全球化的文明进程。这就有一个问题：不同国家、不同民族的文明是不一样的，在全球化时代如何处理彼此关系？我认为，不同文明要相互交流、相互借鉴。有交流才有理解，有鉴别才有发展。我们的文脉、我们的优长之处、我们文明的民族性的根据是什么？我们的价值根基在什么地方？在优秀传统文化。所以我觉得善待优秀传统文化是文明互鉴的文脉依据。

5. 中华优秀传统文化是我们文化自信的重要价值内涵

我们讲文化自信不是空喊口号，不是形式主义的、简单的宣传，而是发自内心的对民族传统文化的认同。我们的文化从哪里来，我们要向哪里去，我们优秀传统文化的优长处是什么，需要明辨。当然，我们文化的缺点、局限，乃至一些要命的东西，如何去除它、转化它，也需要明辨。这样我们才能找到文化自信。而优秀传统文化就是我们文化自信的一个重要价值内涵。

6. 中华优秀传统文化是我们每个人安身立命的价值源泉

从个人层面看，优秀传统文化是我们每个独立个体安身立命的价值源泉。传统文化有很多很好的思想，比如说儒家讲"知其不可而为之"，是说我想清楚了，看准了一个方向与目标，就坚定不移地去实行，竭尽一切努力，知其不可而为之。但是当我们一时办不到、实现不了的时候，就要采用道家讲的"知其不可奈何而安之若命"，强调顺应自然。我努力了，方法也正确，但是一时达不到目标，没有关系，我们顺应自然，积蓄力量，等待时机，重新崛起。总之，我们个人安身立命的很多价值依据，在传统文化中有非常好的支撑。

7. 中华优秀传统文化是增强中华民族凝聚力的重要价值纽带

我们常说海内外中华儿女是一家。中华一体、四海一家，有什么根据？这是因为我们有一个共同的文化价值理念、有共同文化的根，这就是中华民族的优秀传统文化，这个优秀的传统文化，是我们增强民族凝聚力的价值纽带。有关民族凝聚力的问题我也研究过，写过文章，也出过书。我们之所以有那么强的韧性、那么强大的内在动力，是因为我们始终相信，在中华民族优秀传统文化支撑下，海内外中华儿女共同努力，一定能够实现中华民族的伟大复兴。

我们今天讲海内外中华儿女，数量非常大。怎么整合，怎么形成共识？我觉得从今天全球化趋势来讲，我们不能强求海外的华人华侨、港澳台同胞一定要按照社会主义先进文化来办，但如果他们愿意，当然是很好。在我看来，能够使海内外中华儿女整合力量、达成共识的，能够形成一个文化价值认同的最大公约数的，就是中华民族的优秀传统文化。因此，从根本上讲，中华优秀传统文化是增强中华民族凝聚力的重要价值纽带。

综合而言，根据以上的理由，我们需要善待民族的优秀传统文化。

二、何谓中华优秀传统文化?

中华优秀传统文化近些年几乎成了人们的口头禅。我们天天挂在口头，报纸上讲，会议上讲，沙龙里讲，朋友聚会吃饭的时候也在讲，从官方到民间到学术界都在讲。那么，什么是优秀的传统文化? 我们说自由、平等、公平、正义、独立是优秀的传统文化，有人说不是。有人说"三纲五常"里面的"三纲": 君为臣纲，父为子纲，夫为妻纲才是优秀传统文化，而且今天照样应该按照这种三纲价值观办事。我们知道，君为臣纲、父为子纲、夫为妻纲，这是封建专制政治的集中表现。我们今天距离五四运动已经 100 年了，还去宣传这些吗? 当然不行。五四以来争取的妇女解放的思想和实践，解放女性做独立的个体，强调做自主的个体、有尊严的个体、平等的个体，男女真正平等。但是现在一些"女德班"鼓吹按照封建道德原则做"现代淑女"。而他们所谓的现代淑女的标准就是: 绝对服从老公，打不还手，骂不还口，逆来顺受，绝对服从，永不离婚! 这是非常污糟的东西。但是有人说这就是最好的，这就是优秀的。当然还有其他各种打着国学的旗号，打着弘扬优秀传统文化的旗号，出来贩卖私货的，我们叫作沉渣泛起，这是绝对不能答应、不能认同的。可见，当今对于什么是优秀传统文化有着非常不同的理解。

我研究中国传统文化与现代化有 30 多年了，做教授快 30 年了，做博士生导师也有 20 多年了，一直在思考这些问题。什么是优秀的? 什么是好的? 在毛泽东时代，要求对民族传统文化批判地继承，我们要认真总结这一份珍贵的遗产，批判其封建性的糟粕，继承其人民性、民族性的精华，这是基本的原则。我们今天叫作创造性转化，创造性转化优秀传统文化，创新性发展优秀传统文化，这是一以贯之的。但是究竟哪些是民族性精华? 哪些是值得转化、创新发展的优秀传统文化呢? 我觉得没有形成一个共识与标准，更多的是从日常生活出发，从感性出发，从直觉出发来探讨问题。所以我想了很多年，认为应该有一个具体的标准。这几年我主持一个教育部哲学社会科学重大课题攻关项目，就是研究中国优秀传统文化的现代价值，出了一本书，50多万字，其中提出了中华优秀传统文化的几条评判标准。

（一）中华优秀传统文化的评判标准

1. 适应时代要求

这个传统文化之所以是优秀的，是因为它能够适应时代要求，在这个时代产生了积极的进步的作用。

2. 推动社会发展

不停留在书斋里，不停留于文人学士的清谈中，不仅仅存在于束之高阁的典章内，而是和社会实际密切结合，能够解决这个时代中国社会、中国文化的问题，能够推动社会进步与民族的发展。

3. 经受实践检验

当这样一种传统价值、传统理念被提出来以后，要经过时间检验与实践证明。比如要修身齐家治国平天下。修齐治平，好不好？好，但是要经过实践检验。我们曾一度否定传统文化，将其全部说成是封建糟粕，但是改革开放以后，随着经济的发展与市场的开放，发现有问题。光讲经济，一切向钱看，这是片面的，甚至是错误的。我们不管有多少钱、有多少物质，最后还是要有精神支撑。人是要有一点精神的，要有人文关怀，要有家国情怀。经过这样一个反思，我们觉得传统文化中修身齐家治国平天下的思想还是有合理价值的。我们今天也要修身，修养自身，我们也要把家庭处理好，我们也要为社会服务，参与社会的事务，要处理好职业道德、家庭美德、社会公德、公民道德等领域的问题，成为具备改革创新精神的当代君子，成为合格的现代公民，而这，需要经过实践检验。

4. 有助文化认同

文化认同是对民族文化核心价值的认同，是对民族精神的自觉服膺，是对民族成员标志的由衷肯定。"文化认同"是联系民族共同体的精神纽带，是增强民族凝聚力的精神依托，是民族认同、国家认同的重要基础。

中国优秀传统文化对于中华民族成员的文化认同，有着别的文化要素无可替代的作用。多元一体的中华民族，多元一体的中华文化，需要文化认同的支撑。对民族文化悠久历史的自豪，对民族核心价值观的践履，对万物并育而不相害、道并行而不相悖的多元开放的文化心态的追随，都是文化认同的基础和具体表现。仁爱精神所滋养出的仁政思想，以及相应孕育出的民胞物与、四海一家的情怀，老吾老以及人之老、幼吾幼以及人之幼的襟抱，立德立功立言的"三不朽"事业追求，富贵不能淫、贫贱不能移、威武不能屈的大丈夫气概，天变不足畏、祖宗不足法、人言不足恤的担当精神，为天地立心、为生民立命、为往圣继绝学、为万世开太平的责任意识和使命意识，先天下之忧而忧、后天下之乐而乐的忧患意识，诸如此类，不一而足，真正体现了中国式的文化品位，彰显了有别于其他民族的独特标志。每一个中华民族的成员，无论身在何处，只要能够秉承、认可这些标志，在实践中践行这些优秀传统文化，就自然而然成为地道的中国人，成为中国文化的维护者和推动者。因此，我们说有助于中华民族文化认同的传统文化，属于中国优秀传统文化的范畴。

5. 促进民族团结

中华民族在长期的历史发展过程中，形成了以汉族为主体的多元一体的中华民族格局，正所谓"五十六个星座五十六枝花，五十六族兄弟姐妹是一家"。今天，判断传统文化里面的内容及其价值是否优秀，要看它是不是能够促进民族团结，这是一个重要的检验标准。如果这个观念、价值、理念，不是促进而是促退的，那就是有问题的。在今天的中国尤其要讲民族团结。

我们经常讲中国精神、中国气派、中国作风、中国价值，其中中国精神现在有一个规范的表述，是由两个方面、两部分组成。一是以爱国主义为核心的中华民族精神；二是以改革创新为核心的时代精神。可以说中华民族精神着重讲了古代，或者是从古代引申、概括过来的。中华民族精神有一个规范的表述，就是五千年来，我们形成了以爱国主义为核心的团结统一、爱好和平、勤劳勇敢、自强不息的中华民族精神。这不是现在说的，不是因为现在有的国家跟我们怼上了，有的国家的总统跟我们干上仗了，我们就说我们要怎么样，实际上我们早就讲过了。早在2002年举行的中共十六大上，领导人的报告中就讲过了。我们今天更要珍惜这个精神，护卫这个精神，践行这个精神。

6. 提供精神支撑

优秀传统文化可以为我们的民族、我们的国家、我们每一个个体提供一种精神的支撑，当然也包括智力的支持。

7. 助力民族复兴

中国社会从明朝中后期开始明显衰败，到清代，特别是鸦片战争以后，被帝国主义列强宰割凌辱，被迫签订了大量的不平等条约，直至1949年中华人民共和国成立，才结束了这个局面，中华民族从此站起来了。从站起来到富起来再到强起来，这是一个渐进发展的过程，是一个我们不断地走向复兴的过程。我们讲什么是优秀传统文化，关键一点就是看它是否能够帮助我们促进民族复兴，能够促进的，就是优秀的，否则就不是。

8. 有益世界文明

我们今天强调弘扬中华民族优秀传统文化，并不是狭隘的民族主义，不是关起门来自说自话，闭关锁国，井底之蛙，而是要开眼看世界。鸦片战争以后中国战败，林则徐就是近代开眼看世界的首批进步人士。在全球化的时代，我们应该学会如何与别的文明友好相处，和而不同，相互借鉴，推动人类文明的进步，所以中华优秀传统文化一定是有益于世界和平，有利于世界文明的，这样的文化才是优秀的传统文化。

上面谈了这么多，能不能用简洁的一句话告诉大家，在这八条之外，或者换一种表述，简洁地说明什么是优秀传统文化？我觉得可以这样说：所谓中华优秀传统文化，简而言之，就是中华民族在长期发展过程中形成的、在历史上产生了积极作用、至今还有合理价值的传统文化。这就是我对于优秀传统文化的简要说明。

（二）为何要在"传统文化"前加上"优秀"二字作为限定词

现在引出一个问题。传统文化就是传统文化，为什么还要加上"优秀"二字？学术界也有学者发出质疑，包括研究我这一行的朋友、学长和老师。他们说传统文化就是传统文化，我们弘扬传统文化，当然是弘扬好的方面，为什么现在非常强调"优秀"？我认为这里面有非常深刻的原因与复杂的背景。我稍微做一个概略性说明。

1. 近代特别是五四以后对传统文化的现代价值的争论

五四时期批判旧思想、旧文化、旧道德、旧风俗，要从传统中走出来，拥抱世界文明，向西方学习。毛泽东就说过，鸦片战争以后，先进的中国人经过千辛万苦，向西方寻找真理。确实如此，拜西方为老师，甘愿当他们的学生，但是后来发现老师总是想打学生，这当然有问题。这就有一个我们怎么看待中华文明与西方文明的问题，怎么看待传统文化与现代文明的关系的问题。从根本上讲，就是近代以来特别是五四以来，对传统文化的现代价值的争论问题。

2. 中西体用之争

近代以来，中西体用之争涉及中国文化和西方文化孰优孰劣，我们应该要怎么看待传统文化等问题。张之洞、曾国藩等也走过这个路子，中体西用，以中华文化为本体、为根本，以西方文化为用具。在精神文明上，我们先天圆满自足，非常丰盛，非常成熟，非常优秀，但是我们又被打败了，原因是什么呢？因为我们技术上不如人，物质文明不如人，科技文明不如人。怎么办呢？我们很谦虚地学习，师夷长技以制夷，来改造中国，推动社会进步。但是后来随着社会的演进，到了二十世纪二三十年代，又有人说中体西用会阻碍中国进步，不能用中体西用的思维，甚至主张全盘西化。胡适就被看作全盘西化的代表，其实胡适后来是讲"充分的世界化"，并没有讲全盘西化。我们中山大学构成成分之一是岭南大学，岭南大学校长陈序经教授才是彻底主张全盘西化的，认为中国处处不如人，事事不如人，"文化的各方面，都大大不如人"。甚至医学、美术、音乐以至文字，在西方面前都相形见绌，所以"非彻底和全盘西化，不足以言自存"。这个问题非常复杂，可以讲多堂课。中西体用、中西古今之争的问题，其实涉及怎么看待传统文化的问题。

3. 全球化时代，文明互鉴、中外交流之需

今天为什么要加上"优秀"两个字，说明我们要弘扬的是"优秀"的，而不是另外的东西。如果把那些污糟的，比如说宦官、三寸金莲、抽大烟、娶姨太太甚至封建专制政治推广到世界上去，这是笑话。所以文明互鉴、中外交流之时，需要弘扬优秀传统文化。

4. 文化建设守正创新之需

今天文化建设需要的是守正创新，要坚守正直的、正确的、正义的东西。创新不是要停留于传统文化，甚至也不是停留于优秀的传统文化，而是要赋予优秀传统文化新的内涵，融入改革创新的时代精神。我们今天弘扬的不是一般意义的传统文化，而是优秀的传统文化，但即使是优秀传统文化，也要经过创造性转化才能创新性发展，要用改革创新的时代精神去改造它、发展它，才能为我们所用。

近年来，随着中华文明的复兴，文化建设力度的增强，有人提出复兴儒学。我赞成儒学复兴这个说法，但同时认为儒学复兴要有合理的边界。就是说儒学复兴只能是为当代中国文化提供资源，而不是按照有些人的说法，是儒教复兴，最后以儒教为国教。在建设中国特色社会主义文化的今天，不发展生产力，不建设民主政治，不依法治国、依宪治国，而是倒退到过去，那是不对的，是肯定行不通的。所以，我们要守正创新；所以，我们要加强优秀传统文化的建设和弘扬，这不是一个防御性的口号，也不是一种抵制性的思想，而是要倡导正面价值，反对沉渣泛起。

三、中华优秀传统文化的典范性内容

善待中华优秀传统文化，是指我们用善良的心态看待、处理优秀传统文化。哪些是优秀传统文化呢？刚才讲了标准，讲了为什么要用"优秀"一词来限制、来引导。那能不能具体一点，哪些内容是优秀的？中华优秀传统文化的内容十分丰富，无法用三言两语全面概括，今天我只能列举一些典范性的内容来讲。之所以说是典范性的，是因为它既是优秀的，又是最有代表性的。下面我列举式地跟大家谈一谈。

（一）仁爱精神

中华文化和西方文化，一个重要的差异或者重要的不同之处，就在于中华文化非常重视讲仁爱精神的问题。中共早期建党三人之一的张申府教授曾经有一个看法，他在 1926 年就说过：未来中国的新文化是三流合一。这指的是什么呢？中国文化的"仁"，是中国文化的精华，也是最好的、最能拿得出手、最能应对西方文明的，但仅有这个是不够的。因为中国优秀传统文化有一个问题，即重视综合性与整体性，忽视分析，这就要将西方文化里以罗素为代表的分析哲学拿过来。中国重综合，西方重分析，综合和分析二者整合，既综合又分析，不就取人之长补己之短了吗？但是这还不够。综合靠整体，分析要解剖对象，就容易造成碎片化、琐碎化，缺乏内在的活力与生命。怎么办呢？还要引进唯物主义的辩证法。中国文化儒家的"仁"，西方文化的分析哲学，唯物主义辩证法，这三者合

一，就是未来中国新文化的发展方向。习近平总书记讲中华优秀传统文化时，就说了讲仁爱、重民本、守诚信、崇正义、尚和合、求大同六个方面。习近平总书记从治国理政的角度来谈弘扬中华优秀传统文化，第一个就是讲仁爱。

仁爱包含了仁者爱人、克己复礼与忠恕之道等内涵。仁爱精神怎么来的呢？"仁"学是孔子创立的。"仁"就是从自己出发，把天下的人都看成像自己的亲人一样，以仁爱之心去对待他，所谓仁者爱人。仁就是对人以爱，这就是仁。仁在哪里呢？在我们内心。怎么实现仁呢？"为仁由己"，要靠自己的努力，而不是别人或领导强迫你，要靠自己内心的道德约束，靠自我反思、自我提升。"仁"除了"仁者爱人"的抽象性、原则性的规定和说明外，具体怎么去做呢？孔子有一个经典性表述："克己复礼为仁。"大家知道，孔子培养了三千弟子，其中有贤人七十二人，而排名第一位的是颜渊。颜渊非常勤学好问。有一次他请教孔子什么是仁，孔子回答说"克己复礼为仁"。克制自己不恰当的欲望，恢复礼的秩序和原则，这就是仁。"一日克己复礼，天下归仁焉"（《论语·颜渊》）。如果大家都能够克制自己不恰当的欲望，恢复礼的秩序和原则，天下就实现了仁。颜渊说老师您讲得很好，但是这是一个原则，请问具体的步骤，怎么去做到克己复礼呢？孔子回答颜渊说："非礼勿视，非礼勿听，非礼勿言，非礼勿动。"（《论语·颜渊》）礼是什么呢？礼有两层含义：一个是制度，一个是行为的规范。凡是不合理的那些东西那些事情不要去看、去听、去说、去做。比如说青少年要健康向上，结果你天天去看那些钩心斗角、尔虞我诈的东西，甚至看那些色情的东西，这就是不对的。我们作为成人也要遵守社会秩序和规范，不合理的那些行为、事情就不要去做，这些在今天照样具有合理的价值。如果把"礼"看作今天的制度、公民道德与行为规范，看作今天精神文明的基本要求，我们就很清楚了，很多事情是不能去做的。比如说不能随地吐痰，在公共场所不能大声喧哗，在列车上不能跑来跑去等。公共场所应该怎么做，是有规矩的，这叫非礼勿动。

要具有仁爱精神，成为有仁爱品德的人，不仅要有"四勿"，还要讲"五德"。孔子教导学生说，一个人如果能够在天下推行、实践恭、宽、信、敏、惠五种品德，就具备了仁的品格。恭，恭敬。"恭则不侮"，对人恭敬就不会受到欺侮，人与人打交道有礼貌讲规矩。宽，宽容、宽厚。待人宽容，做人宽厚，不刻薄寡恩，斤斤计较，而要宽厚待人。"宽则得众"，为人宽厚就得到了大家的拥护。信，诚信。说话算话，言行一致。"信则人任焉"，你做事做人有诚信，别人就信任你，领导就任用你。敏，敏捷。"敏则有功"，办事敏捷就有效率、有成效，容易取得成就，而不是拖拖拉拉。惠，实惠。"惠则足以使人"。使用人，就是给人实惠，让他人得到必要的好处，享受到应该有的利益与权利，那么就可以团结他人跟你一块干。如果具备这样五种品德，你就可以畅行于天下，也就能够成为一个有仁爱品德的人。

但仅仅这样还不够，还要具备忠恕之道。"己欲立而立人，己欲达而达人。"（《论语·雍也》）忠，忠诚；恕，宽恕。忠恕之道就是忠恕的原则和方法，这是儒家的思想，也是中华优秀传统文化很重要的一个理念。它可以分两个方面讲。"忠"是积极地去处理、去对待他人与世界，做到"己欲立而立人，己欲达而达人"。自己想在社会上站得住、立起来，同时也希望去帮助别人站得住、立起来；自己想要人生顺利、仕途通达、成就事业，同时也希望并帮助别人实现目标与人生理想。"己欲立而立人，己欲达而达人"的思想，在古代起到了积极的作用，在今天照样能够起积极作用。所谓的"恕"，包含了"己所不欲，勿施于人"（《论语·卫灵公》）的意思。自己不想做的事情、不想受到的待遇、不想遇到的尴尬，就不希望别人遭遇。二者结合就是忠恕之道，这是仁爱精神里面非常重要的一条。

20世纪90年代初期，在法国巴黎举行了世界宗教会议。会上发布了《走向全球伦理宣言》。宣言认为，未来人类社会的发展需要很多价值支撑，其中孔子讲的"己所不欲，勿施于人"就是公认的价值观。可见，这是中华文化中能够拿到世界跟西方文明对话，得到认可的、积极的东西。仁爱精神就是我们民族的优秀传统文化，这是我要讲的中华优秀传统文化的典范性内容的第一个方面。

（二）民本思想

中华文化有一以贯之的民本思想。所谓民本，就是以人民、民众为根本。这个思想源远流长，从古代延续到今天，在历史上起了非常积极的、进步的作用。《尚书·五子之歌》记载了这样一句话："民惟邦本，本固邦宁。"老百姓是国家的根本，这个根本稳固了国家就安宁了，这是民本思想的一个最早的典范的表述。《尚书》还说："天视自我民视，天听自我民听。"（《尚书·泰誓》）中国古人认为天人合一，天和人是相通的。天，神圣、崇高、公正、亲民。老天怎么看问题呢？"天视自我民视"，老百姓怎么看，天就怎么看。"天听自我民听"，上天听取意见，不是听君主的，而是听老百姓的，老百姓怎么听，它就怎么听，所以天人合一。此外，中国古代著名思想家孟子说过一句很有名的话："民为贵，社稷次之，君为轻。"（《孟子·尽心下》）认为老百姓是最为宝贵的，国家次之，君王更次之。这是非常有名的民贵君轻的民本思想。君主和老百姓又是什么关系呢？荀子说："君者，舟也；庶人者，水也。水则载舟，水则覆舟。"（《荀子·王制》）荀子以舟和水的关系比喻君和民。君主是船，老百姓是水，水可以承载君主这艘大船，也可以倾覆这艘大船，意味着人民的力量是决定性的，突出强调民众的作用和地位。其实大家熟悉的《离骚》里面的一句话："长太息以掩涕兮，哀民生之多艰。"也是民本思想的一种表现。古代的民本思想当然与现代的人民主体、以人民为中心的理念是不一样的。不同的时代有不同的内在规定。但是中国古代民本思想在历史上起了积极的作用，它往往成为人们反对君主专制、维护人民基本生活权利的一种理论武器。

香港中文大学有个很有名的学者金耀基，他写过一本叫《中国民本思想史》的书，是在台湾出版的，后来中国人民大学出版社也出版过。在这本书里面，他认为中国的民本思想一以贯之，延续了几千年。为什么秦汉以后的专制政治和欧洲中世纪的专制政治不一样，显得相对温和呢？他认为这是由于中国有民本思想的支撑。所以他把中国古代的专制政治称为开明专制。我觉得金耀基先生讲的有一定道理。

（三）贵和尚中

中国传统文化中有着深厚绵长的贵和尚中的思想传统。贵和尚中，就是看重和谐，崇尚中道。中道，就是追求、实现中和的原则和方法。《中庸》说："中也者，天下之大本也。和也者，天下之达道也。"古人说"中"是天下最大的根本，"和"是天下最通达的康庄大道。如果能够实现"和"，实现"中"，则天地井然有序，万物蓬勃发展，即所谓"致中和，天地位焉，万物育焉"（《中庸》）。为什么这样？因为中庸作为一种品德，是最高的。孔子说："中庸之为德也，其至

矣乎！民鲜久矣。"（《论语·雍也》）当然还可以讲出其他很多的内容，因为
时间关系，我只能概略说。

（四）追求崇高

中国传统文化中有深厚而又坚韧的追求崇高的传统。我这些年在很多地方开
讲座，包括讲国学，讲过很多传统文化的优长之处，都是单列的。后来我觉得可
以把很多好的方面整合起来，用一个词来简洁地概括它，即追求崇高。下面要讲
的，就是怎样为人处事、怎样立德、怎样在社会立足。

1. "三不朽"的事业追求

中国古代有一本经典《左传》，其中有一句大家很熟悉的话："太上有立
德，其次有立功，其次有立言。虽久不废，此之谓三不朽。"（《左传·襄公
二十四年》）人生在世要追求三种境界，或者叫成就三种功业，第一位的是立
德，树立美好的品德，成为道德高尚、品质优良的人；其次有立功，建功立业，
成就一番事业，实现人生理想；再次立言，著书立说，成就一家之言。立德、立
功、立言，这叫"三立"。大家知道天津有一个著名相声艺术表演家马三立，三
立是什么？就是这三立，立德、立功、立言。所以传统文化对我们有很深刻的影
响，影响到后世取名。我所在的中山大学前两年的校长叫黄达人，取"己欲立而
立人，己欲达而达人"之意。追求崇高，立德、立功、立言，就是"三不朽"的
事业。不管立什么、怎么发展、时代怎么演进，我们都要追求这种不朽的事业。
"三不朽"在《辞海》里面已经是一个单独的词条，可见影响很深。

2. "大丈夫"精神的培育

追求崇高的第二种表现是"大丈夫"精神的培育。人生在世，我们会面对很
多困顿诱惑，名利荣誉与升降浮沉，人生要爬很多坎，上很多坡，我们应该怎么
去面对它？我们要挺立精神自我，做一个堂堂正正的大丈夫，"富贵不能淫，贫
贱不能移，威武不能屈"（《孟子·滕文公下》），这就是大丈夫，这是孟子讲
的。孟子认为人生在世要追求美好的品德。因为人之所以为人，在于他有崇高的
价值追求，追求做一个高尚的人、品德纯粹的人。这是为什么？人和禽兽有没有
区别？二者是什么关系？既可以说有区别，也可以说没有区别。从生理的层面
看，人和动物似乎没有什么区别。禽兽要吃喝拉撒睡，要繁衍后代，人也要吃喝

拉撒睡，也要繁衍后代，这有什么区别呢？但从另外一个角度来讲，人和禽兽又有很大的区别，人有道德礼义良知，而禽兽没有。所以如果我们骂谁道德败坏，没有人性，就说谁禽兽不如。孟子认为，我们要做一个有道德的人，要有仁义礼智四种美好的品德，所以要不断地修身养性、培养浩然之气，祛除恶性，提升自身，最后成为一个有浩然之气的富贵不能淫、贫贱不能移、威武不能屈的大丈夫。

我们历来讲大丈夫精神基本指的是这个。最近十多年，我发现一个现象，讲"大丈夫"，有对读书人和士大夫而言的，也有对一般普罗大众而言的，当然还有对政治家从政者而言的，就是要有担当精神与责任意识。王安石曾说：天变不足畏，祖宗不足法，人言不足恤。人们称之为"三不足"的理论和立场。王安石是北宋的宰相、熙宁变法的主导者，他推动社会变革，革除弊政，创立新政，推动社会进步。王安石为了坚定不移地推行变法，改革创新，提出了著名的"三不足"理论。无论是天崩地裂、洪水滔天的巨大灾害，还是祖宗家法与遗言，抑或是别人的造谣中伤，都不会阻止他革除弊政变革社会的决心，这也是一种"大丈夫"精神的表现。这是政治家层面的"大丈夫"精神。这种精神对当代中国领导人有深刻的影响。温家宝同志2008年3月就任总理时发表就职演说，就引用了王安石的"三不足"理论的原话。

3. 坚持道义优先

道义是相对于功利而言的，道义是精神、价值、理想、情操、追求；功利是物质的、现实的利益。道义和功利这二者孰优孰劣呢？当二者有矛盾的时候我们怎么办呢？古人是坚持道义优先的。孔子讲："君子喻于义，小人喻于利。"（《论语·里仁》）君子懂得坚持的是道义，小人追求的是功利与眼下的实惠。到了汉代的董仲舒就讲："正其义不谋其利，明其道不计其功。"（《汉书·董仲舒传》）"正其义不谋其利"，是要端正、弘扬道义，而不追求功利。"明其道不计其功"。明，明白、弘扬、追求，道是价值理想，最高的最美好的价值原则，明其道而不计较得到什么实际的好处。这是追求崇高的一个表现。到了清代，重视实际的一名叫颜元的思想家，他根据时代条件做了调整，说："正其义以谋其利，明其道而计其功。"（颜元：《〈四书〉正误》）"正其义以谋其利"，指我们既要端正、追求、弘扬道义，又要谋求功利，重视正当利益的获取，以义取利。"明其道而计其功"，指的是我们既要坚持道义与价值理想，还要考虑实际的功效。为什么有这种转变？这是因为明朝中期以后，中国社会生产力进一步发展，商品经济逐渐发展起来，人们开始重视经济利益。在这个情况下我们既要坚持道义，又要讲究功利；既要弘道，又要计功。这二者并不是截然对立的，这点非常重要。值得注意的是，即使是颜元这种义利皆要、道功同取的思想，也是以追求崇高为最终取向的。

4. 推崇君子人格

中国文化一以贯之地推崇君子，全社会都尊重君子，追求君子人格。君子和谁相对应呢？和小人对应，做君子不做小人，从古到今都是这样的。君子是品德崇高的人，博文强记，知识广博，但又廉洁礼让，坚持不懈。当然君子还有很多具体的好的品德和行为。"君子义以为上"（《论语·阳货》），就是在道义和功利之间，君子以道义为上。"君子和而不同"（《论语·子路》），和而不同就是不同的元素、不同的意见、不同的观点，有机地整合在一块，这是"和"。什么叫同呢？简单地、违心地服从，相同的材料、相同的原料、相同的观点拼凑在一块，这就是"同"。中国文化主张和而不同，坚持和谐，兼容并包，不违心地去附和别人，等等，就是君子。《论语》开篇的《学而》章有三句话："学而时习之，不亦说乎？有朋自远方来，不亦乐乎？人不知而不愠，不亦君子乎？"大家都很熟悉，但关注更多的是前两句。其实，对于士大夫而言，对于追求崇高境界的人而言，第三句是最重要、最高层次的要求。"人不知而不愠"，我有本事、有能力，做了好事帮助了别人，但是家长不知道，父母不知道，领导不知道，没有得到表彰，没有得到鼓励，没有得到实惠，我并不生气。因为我做这个事情是自愿的。如果你能够做到人不知而不愠，这就是真正的君子。在古代社会，这是很高的境界。在今天的社会里，具有现代公民素养的人、接受了高等教育的人，更应该追求"人不知而不愠"的境界和情怀。那些鼓吹"高调做事"的人、那些热衷于四处宣扬自己如何了不起的人，真的应该从孔子这里寻找智慧、培育情怀、提升境界。此外，"君子中庸"，做事不偏激，不走极端，也是在眼球经济时代、注意力时代、标题党横行的当下，值得大力倡导并认真践行的。直白地说，今天我们要堂堂正正地提倡君子品德，推崇君子人格。

5. 深具家国情怀

中国古代是家国同构的社会。家庭和国家是按照同一原则组织起来的，家国天下是通的，而且中国人认为四海是一家。大家都看过《水浒传》，有人把《水浒传》翻译为"四海之内皆兄弟"，可谓传神。家国一体，血缘宗法社会必然是家国相通、民胞物与的社会。汉武帝时派司马相如到云南去安抚少数民族，就明确提出"遐迩一体"。远近都是中国人，都是中华共同体内的人。我们今天的中国人都有中华一体的情结。家国情怀的一个很重要的表现，就是有浓厚的乡情、亲情、山水情。中国人非常重乡情、认老乡。诸如此类，从不同侧面反映出家国情怀。

中国的"春运现象"，大家都很熟悉。"有钱没钱，回家过年！"是这些年人们熟悉的春节回家团聚的心里话，也可说是春节家庭团聚的"动员令"。相距上千里，只要父母兄弟姐妹在老家，在外的人都要回去过年。十多年前，北京一位学者在《人民日报》上发表一篇文章《保卫春节》。为什么要保卫春节？他说春节慢慢淡化了，没有仪式感，不让放烟花鞭炮，就是吃，不好玩了，今天也不缺吃，春节快消逝了，所以我们要保卫春节。后来新华社记者采访我，我的回答是：春节何须保卫！只要中国人在，只要春节这个节日不取消，人们内心深处的春节就一定存在，而不在于是否放鞭炮、是否要龙灯之类外在的形式。亲情、友情、乡情的融合，家国情怀的感召，必定使春节成为中国文化的重要基因和特殊符号，成为中国特色的文化习俗和价值认同。

我们讲爱国主义，可以讲很多抽象的道理、很高大上的理论，其实最实在的、最具体的就是山水情、家国情怀。什么是家国情怀？什么是爱国主义？爱我们祖祖辈辈生于斯长于斯的这一块土地，爱祖国的山山水水，爱我们的家乡，爱我们的家人，这就是家国情怀，就是爱国主义。古代文人喜欢游学，每到一地游玩、办事，就会留下一些诗词和美好的篇章，在传播中华文化的同时，也宣传了名山胜景，这就是家国情怀。范仲淹的《岳阳楼记》："不以物喜，不以己悲。居庙堂之高则忧其民，处江湖之远则忧其君。是进亦忧，退亦忧。然则何时而乐耶？其必曰'先天下之忧而忧，后天下之乐而乐'乎。"这种"先天下之忧而忧，后天下之乐而乐"的忧患意识，就是真正的家国情怀。当然，还有屈原讲"长太息以掩涕兮，哀民生之多艰"，"亦余心之所善兮，虽九死其犹未悔"，"路漫漫其修远兮，吾将上下而求索"（《离骚》），为追求美政善政，不懈地努力，不管遭遇何种困难，都不改初衷，九死不悔，这些都是家国情怀的重要表现。

（五）追求公正

中国古代社会，特别是秦汉以后的专制社会等级分明，有非常多不合理的东西，受到历代进步人士的批判。古人追求的公正，具体表现在财富分配公正以及人格的相对平等方面。等贵贱、均贫富之类的口号，比较典型地体现了传统社会的公正观。关于古代贫富两极分化的典型描述，《汉书·食货志》曰："富者田连阡陌，贫者无立锥之地。"这句话几乎成了一个成语了。讲的是有钱人霸占了很多田地，田间道路纵横，但是贫穷的人连放个锥子的地方都没有。贫富两极分化，董仲舒认为这是不对的。那么怎么办呢？"调均"，调节均衡，通过调节行政措施来达到均衡。怎么调节均衡呢？不是把富人的财产全部没收、充公，或者农民起义把它全部夺过来，而是通过行政措施来调节均衡。

调节均衡以什么为标准呢？"使富者足以示贵而不至于骄，贫者足以养生而不至于忧。以此为度而调均之，是以财不匮而上下相安，故易治也。"（《春秋繁露·度制》）太富、巨富，就容易骄横，"骄则为暴"，骄横就上挑衅朝廷下欺压百姓；太贫穷也不行，"大贫则忧，忧则为盗"，过分贫穷、忧愁最后会使人成为江洋大盗，啸聚山林造反。怎么办呢？调均之后，使富人足以显示他的尊贵，而不至于骄横，贫穷的人足以维持基本生活，而不至于忧愁，这样上下就相安，社会就容易治理好了。我觉得这也是解决社会公正问题的一个重要的观点。为什么这样讲？孔子讲过一句话："不患寡而患不均，不患贫而患不安。"（《论语·季氏》）不担心财物少，而担心分配不均衡、不合理。不担心贫穷，而担心思想不安定，思想不安定就容易走向另外一条路。这些思想都是中国古代渴求社会公正的一些表现，值得肯定。

（六）追求大同

中国古人有天下为公的思想，天下为公就是大同。在《礼记·礼运》有详细的论述。近代中国的思想家康有为写了《大同书》，但为毛泽东所批评，因为康有为没有找到一条正确的通向大同的路，这也是事实。但是不管怎么说，古代提出天下为公，到近代面临帝国主义欺侮凌辱宰割时，康有为写了《大同书》，希望通过向西方学习，改革变更，使中国富强起来，走向大同，这个思想还是有合理因素的。我们今天提出构建人类命运共同体，这实际上就是追求大同的一种表现。限于今天的时间关系，这个问题只能简单地谈到这里。

四、善用中华优秀传统文化

我们说要善待中华优秀传统文化，其实质是要善用中华优秀传统文化。什么叫善用呢？我觉得就是理性地用、真诚地用、合理地用，这就是善用。有一些儒家学者或者自称儒家学者的人，说中国的现代化道路坎坷，鸦片战争到现在一百多年了，现代化的目标还没有实现。其根本问题就是没有用儒教立国，没有用儒学来解决问题，如果全部按照儒家文化办，中国早就现代化了。我觉得这不是善用，这是情绪性地用。善用是真正地落实于行动的善待，它主要有以下几个方面。

第一，用孔：立足当代中国文化建设的实际。"用孔"，我要特别慎重地申明，"孔"是传统文化的代称，具体来说就是优秀传统文化的代称。在改革开放40多年后的今天，简单地、盲目地崇孔的时代结束了，粗暴地批孔的时代也结束了，用经学方式照本宣科地释孔的时代也结束了。我们今天是"用孔"，要立足当代中国文化建设的实际，要用活用好优秀传统文化，创造性地转化优秀传统文化，创新性地发展优秀传统文化。

第二，求治：以解决实际问题为目标。中国传统文化一个本质性的特点，就是趋善求治，不断趋向至善，追求良治善政。求治就是用中华优秀传统文化解决实际问题。我们今天讲弘扬中华优秀传统文化，善待优秀传统文化，不是为了炫耀我们满腹诗书，不是抒发我们的思古幽情，而是要解决中华儿女精神家园的建构问题，要解决当代中国新型文化建设的实际问题。

第三，理性。要坚持实事求是的价值理性，既反对厚古薄今、是古非今，又反对以今非古、盲目否定民族传统文化的历史虚无主义。

第四，坚守中华文化立场，传承中华文脉。弘扬优秀传统文化是为了坚守中华文化立场，传承中华文脉，实现中华文明的伟大复兴。在这里，我想借用费孝通先生的话来表达我的看法。费孝通先生在晚年有一个著名的、最早有关文化自觉的系统理论。对于在全球化时代，国与国之间、民族与民族之间怎么相互善待？他说："各美其美，美人之美；美美与共，天下大同。"全球化时代，各个国家民族肯定自己民族的文化的优长之处，各美其美；但是不能只是自夸，只是自信，还要肯定、学习别人的长处，美人之美，即肯定、赞美、学习、借鉴别的民族的文化之长；美美与共，不同国家、不同民族、不同文化都友好相处，天下大同。我觉得这个思想是很深刻的，创造性地转化了传统文化，创新性地发展了传统文化。在今天，我们要善待中华优秀传统文化，要善用中华优秀传统文化，要推动中华文明的复兴，人与人之间、团体与团体之间、机构与机构之间、地区与地区之间、民族与民族之间、国家与国家之间，都应该奉行这样一个原则。各美其美，美人之美；美美与共，天下大同。这是全球化时代文明互鉴的颠扑不破的真理。

（王琦整理并经主讲嘉宾最终审定）

现 场 互 动

听众提问：请问您对当今青少年群体学习中华优秀传统文化有什么建议？

李宗桂：二十多年前，有记者采访过我类似的问题，我也写了一篇文章，发表在《人民日报》上。我的看法是青少年需要学习传统文化，特别是优秀传统文化，但不是去读大部头的书，而是选学一些经典的、精粹的篇章就可以了，包括一些古典诗词、古典散文。当然，也可以学习一些经典。这中间，我觉得一开始可以看白话文版本，再慢慢地能看注释的本子就可以了。当然，水平高与境界层次追求高一点的，最后能达到没有注释也能够看懂，也是不错的，值得鼓励。通过不同的形式、不同的方式去学习，包括借助各种网站、视频媒体。但有个问题要提醒青年朋友，网络上传播的有些是错误的知识、错误的理论、错误的观点，还有的是不准确的知识。比如网上有人说孔子讲过"食色，性也"，但是孔子并没有讲过，而是《孟子》一书讲的，并且不是孟子本人讲的，而是跟孟子辩论人性本质问题的告子讲的。此外，还有一些张冠李戴的。我建议青年朋友们学习传统文化要选择好的版本。比如中华书局、商务印书馆、上海古籍出版社、上海人民出版社以及岳麓书社、巴蜀书社的本子都是比较好的。不要轻信，不要盲从，要独立思考，货比三家，不然拿到一个很差的版本，就耽误了自己的时间，乃至耽误了青春。青年朋友要提高辨别能力，要看到有些人传播的传统文化其实是有问题的，所以我们还是要坚持改革创新的时代精神，要用正确的观点来看待这些东西，而不是人云亦云，轻易相信。

谢谢您！

听众提问：非常感谢李教授！真是非常有缘，李教授来自广州，我正好从广州回家乡休假，有缘来参加这次讲座。我在广州时感觉传统文化交流非常多，但是很少听到我们家乡有这种传统文化的交流，今天在座的各位非常有幸。我认为中华优秀传统文化的传播不能只靠个人。请问在湖南汨罗应该如何更好地传播传统文化？谢谢！

李宗桂：谢谢！今天的时代，在弘扬中华优秀传统文化的过程中，每个人都有权利，也有义务和责任去参与、去推动。各个地方的做法可能不一样，但我们应该有全球眼光，还要有全国的观念。比如说湖南汨罗是湖湘文化非常重要的具有典型性的区域。湖湘文化不仅是中国传统文化中非常重要的组成部分，也是当代中国文化重要的构成部分。比如说近代以来湖南出了很多名人。毛泽东出在湖南，曾国藩、左宗棠、魏源、谭嗣同等人都是湖南人。湖南人才荟萃，所谓"惟楚有才，于斯为盛"，绝非虚言。我觉得，在湖南不需要进行一般意义的文化自信的教育。为什么？湖南人很自信啊！很多湖南人跟我说，湖南人很厉害，湖南人会种田，会打仗，会编书，会办电视，等等，非常了不起。我很认同这些说法。

我这次来感叹很多。汨罗是一个县级市，但是修了这么好的屈子文化园，包括创办屈子书院，还有屈子祠的维护，我觉得下的功夫很大，做得很精致。我上午说屈子书院古朴、厚重、典雅，格调很高，我很喜欢，周围环境也很好。但是花钱也不少，地方政府愿意花这么多钱来弘扬地方文化、弘扬屈子文化，这是值得充分肯定的。我们今天认同屈子文化，就是培育家国情怀，这是一种典型的当代中国的爱国主义。屈子文化的弘扬是一个宏大的工程，我衷心地祝愿汨罗的同胞们、朋友们，能够进一步弘扬屈子文化，培育家国情怀，我觉得这是最贴合实际的。所以我觉得充分发掘地方文化资源与历史传统，以此来参与到文化建设中，参与到中华文明的复兴中，是真正值得的，而且是比较有操作性的。

谢谢！

主持人：感谢现场听众的提问，感谢李教授的精彩演讲与回答。今天，李教授以其深厚的学养与宏阔的视野，让我们明白了中华优秀传统文化就是中华民族在长期的发展过程中形成的，在历史上曾经产生过积极作用，在当代依然有着合理价值的一种传统文化，需要我们用一颗友善的心，用善良的心态、友好的情感去善待善用它。让我们一起亲近经典，走进中华优秀传统文化，共同为民族的振兴与文化的复兴而共同努力。现在让我们再次以热烈的掌声感谢李教授。"香草美人地，诗韵汨罗江"。我们下期再会！祝朋友们身体健康，万事如意！

（王琦整理并经主讲嘉宾最终审定）

第11讲

范仲淹与《岳阳楼记》

李存山，中国社会科学院哲学研究所研究员、博士生导师，兼任中华孔子学会副会长，《中国哲学史》杂志主编，国际儒学联合会副会长暨学术委员会主任。1986年被国家人事部授予"中青年有突出贡献专家"称号，1992年获国务院颁发的政府特殊津贴。主要研究中国传统哲学、儒家文化，著有《中国气论探源与发微》《商鞅评传——为秦开帝业的改革家》《中华文化通志·哲学志》《智慧之门·老子》《中国传统哲学纲要》《气论与仁学》《新三字经与社会主义核心价值观》《范仲淹与宋学精神》等，发表学术论文200余篇。

直播二维码　　直播在线参与人数：45.4万

导言

　　热播影视剧《清平乐》中的范仲淹给观众留下了深刻的印象，其作为中国士大夫的典范，处江湖之远，则兴办学校、兴利除弊、惠泽百姓；居庙堂之高，则革新政令、整饬吏治、改革科举、砥砺士风。宦海沉浮，数进数退，苟利国家，生死以之，并留下了"先天下之忧而忧，后天下之乐而乐"传诵千古的名句。

　　在诵读《岳阳楼记》之际，我们不仅为洞庭湖衔远山吞长江，浩浩荡荡、气象万千的景象所惊叹，更为范仲淹不以物喜、不以己悲、忧以天下、乐以天下的风度与气节所折服。范仲淹经历了怎样的波澜人生？《岳阳楼记》中的忧患精神与爱国情怀，对中国士大夫的精神建构与中华民族文化心理的形成产生了什么影响？折射了宋代的何种社会、政治、学术与文化风貌？

　　2020 年 9 月 5 日下午，中国社会科学院博士生导师、国际儒学联合会理事暨学术委员会主任李存山教授莅临屈子书院讲坛，以"范仲淹与《岳阳楼记》"为主题发表演讲。讲座由凤凰网湖南频道全球同步直播，在线参与人数多达 45.4 万；长沙理工大学教授、湖南汨罗屈子书院执行院长王琦担任嘉宾主持。

尊敬的各位领导、各位老师、各位同道学友：

大家下午好！

我非常荣幸参加屈子书院讲坛第 11 期的学术交流。今天我和大家交流的题目是"范仲淹与《岳阳楼记》"。汨罗市离岳阳市很近，大家都参观过岳阳楼，所以大家对《岳阳楼记》都比较熟悉，我们在语文课本里也都会读到这篇文章。范仲淹作为千古名篇《岳阳楼记》的作者，大家对他是比较熟悉的。但一般人都把范仲淹作为一个文学家，很少把他作为思想家、政治家。今天我就想从儒家文化，尤其是从宋代儒学发展这个角度，和大家做一次交流。也就是说，我想深入地讲一讲《岳阳楼记》这个千古名篇的写作背景与思想内涵。

范仲淹在《岳阳楼记》正文的前面写了一个序，说："庆历四年春，滕子京谪守巴陵郡，越明年，政通人和，百废具兴，乃重修岳阳楼……"后署写作的日期是"时六年九月十五日"，也就是庆历六年（1046）九月十五日，把日期写得非常清楚。他在《岳阳楼记》中说"进亦忧，退亦忧"，这实际上概括了范仲淹一生的仕途经历。因为他自从政以来，曾经"四进四退"，也就是四次被提拔到中央，又四次被贬到地方。这个仕途经历和范仲淹写作《岳阳楼记》有密切的关系。若要了解范仲淹写作《岳阳楼记》的政治背景，就需要了解他的生平际遇，在庆历六年之前，他到底经历了什么事。

一、范仲淹的身世

范仲淹生于宋太宗端拱二年（989），卒于宋仁宗皇祐四年（1052）。范仲淹在 58 岁时写成《岳阳楼记》，六年之后就去世了。《岳阳楼记》正是范仲淹在他的仕途达到最高峰，然后退下来在河南邓州写的。此后他又到杭州、青州任职，最后被移官到颖州，但途中走到徐州的时候范仲淹就去世了。范仲淹的祖籍是苏州，但他生在徐州，死在徐州。

范仲淹在徐州出生两年之后，他父亲就去世了，他母亲无所依靠，就改嫁给长山朱氏，这个"长山"就是今山东省长山县。范仲淹也改姓朱，名为"说"，读为"悦"，"朱说"这个名字一直用到他 26 岁中进士，之后才恢复范姓。

范仲淹 21 岁时寄居在长白山醴泉寺（今山东省邹平县南）刻苦读书。直到 23 岁时才知道自己的身世，于是他感愤自立，"佩琴剑径趋南都"，南都就是今天的河南商丘，当时叫睢阳，又名"南京"。在临走的时候，范仲淹和他母亲相约"期十年登第来迎亲"。

关于范仲淹年少刻苦读书的故事，《范文正公年谱》引魏泰《东轩笔录》说："公与刘某同在长白山醴泉寺僧舍读书，日作粥一器，分为四块，早暮取二块，断齑数茎，入少盐以啖之，如此者三年。"也就是说，他在青少年读书时生活非常艰苦，每天做一碗粥，划成四块，放一点儿菜和盐，这就是一天的食物，如此过了三年。成语"断齑画粥"讲的就是范仲淹的这个故事。青年毛泽东在 1917 年《致黎锦熙信》中说："拟学颜子之箪瓢与范公之画粥，冀可以勉强支持也。"[1]青年毛泽东在 1917 年想要有所作为，而生活非常艰苦，他之所以能坚持下来，就是学习了孔子的弟子颜渊之"箪食瓢饮"与范仲淹之"断齑画粥"。

青年毛泽东 1913 年在《讲堂录》中记载："范文正世家子，父丧，幼随母适朱，故名朱悦。初不知其为范氏子也，人告以故，乃感极而泣。励志苦学，三年衣不解带。"[2]《讲堂录》中还记载："有办事之人，有传教之人。前如诸葛武侯范希文，后如孔孟朱陆王阳明等是也。宋韩、范并称，清曾、左并称。然韩、左办事之人也，范、曾办事而兼传教之人也。"[3]他说的"前如诸葛武侯范希文"，指的就是诸葛亮和范仲淹。在宋朝的时候，韩琦、范仲淹并称；清朝的时候，曾国藩、左宗棠并称。青年毛泽东认为韩、左是"办事之人"，范、曾是

---

[1]《毛泽东早期文稿》，湖南出版社 1995 年版，第 90 页。

[2]《毛泽东早期文稿》，湖南出版社 1995 年版，第 593 页。

[3]《毛泽东早期文稿》，湖南出版社 1995 年版，第 591–592 页。

"办事而兼传教之人"。这是青年毛泽东对范仲淹的一个高度评价。当时毛泽东非常佩服曾国藩，他说"愚于近人，独服曾文正公"①。而范仲淹和曾国藩一样都是"办事而兼传教之人"。

青年毛泽东在《讲堂录》中对范仲淹有较多的记述，我想这可能是杨昌济先生对这一段历史了解比较多，所以讲课的时候讲得比较多。《讲堂录》中又有："五代纲维横决，风俗之坏极矣，冯道其代表也。宋兴稍一振，然犹未也。逮范文正出，砥砺廉节，民黎始守纲常而戒于不轨。其至也，程朱礼义之士兴，天下风俗，骎骎比隆东汉焉。"②范仲淹所处的时代，就是刚经历过唐末和五代十国，那时社会动荡、道德沦落，宋朝统一之后所面临的就是儒学的复兴与如何砥砺士风的问题，范仲淹在这里起了一个率先引领的作用。

关于宋代儒学的复兴，理学集大成者朱熹曾经说过一段话："本朝道学之盛……亦有其渐，自范文正以来已有好议论，如山东有孙明复，徂徕有石守道，湖州有胡安定，到后来遂有周子、程子、张子出。故程子平生不敢忘此数公，依旧尊他。"（《朱子语类》卷一二九）道学指的就是理学。周、张、二程的学说在北宋时期主要称为道学，到了南宋时期多被称为理学。朱熹在总结宋代道学或理学的兴起和发展的时候，认为自范仲淹开其端，而后有"宋初三先生"即胡瑗、孙复、石介，他们被认为是宋代理学的先驱。这"宋初三先生"都是范仲淹带出来的，他们都是范仲淹门下的"贤士"。"宋初三先生"之后有周子、程子、张子。周子就是周敦颐，程子就是程颢、程颐，张子就是张载。"故程子平生不敢忘此数公，依旧尊他。"这是朱熹对北宋儒学发展的一个记述和评价。

《宋史·范仲淹传》记载："仲淹门下多贤士，如胡瑗、孙复、石介、李觏之徒，（范）纯仁皆与从游，昼夜肄业，至夜分不寝……"③范纯仁是范仲淹的大儿子，后来也当过宰相。这里说"宋初三先生"是范仲淹门下的"贤士"，范纯仁和他们一起交游读书，"昼夜肄业，至夜分不寝"，揭示了范仲淹和"宋初三先生"的真实关系。

---

①《毛泽东早期文稿》，湖南出版社1995年版，第73页。

②《毛泽东早期文稿》，湖南出版社1995年版，第591–592页。

③ 这条史料又见于朱熹编《三朝名臣言行录》和黄宗羲等编《宋元学案·高平学案》。

青年毛泽东说要"学颜子之箪瓢，范公之画粥"。"颜子之箪瓢"这个典故出自《论语》。孔子说："饭疏食，饮水，曲肱而枕之，乐亦在其中矣。不义而富且贵，于我如浮云。"（《论语·述而》）孔子不是拒绝富贵，而是坚守道义的原则，如果违背了道义而追求富贵，孔子是不干的，他把道德作为人生最高的价值取向。"饭疏食，饮水"，就是指吃的粗食淡饭。"曲肱而枕之，乐亦在其中矣"，虽然生活艰苦，但他在精神上仍然是愉悦自足的，因为他实现了他一生所追求的道德价值。"颜子之箪瓢"，是孔子对其弟子颜回的表扬。孔子说："贤哉回也！一箪食，一瓢饮，在陋巷，人不堪其忧，回也不改其乐。"（《论语·雍也》）这是说颜回的生活穷苦，饮食只能是粗食淡饭，住在粗陋狭窄的巷子里，常人对此是不堪其忧，但颜回仍然能在精神上保持一种"乐"的境界。孔子和颜回在生活艰苦的状况下，为什么能够"不改其乐"，后来这个话题成为宋明理学家们经常讨论的话题，叫"孔颜乐处，所乐何事"。按照周敦颐的解释，就是在人的一生中价值有高有低，当把道德作为人生的最高价值时，其他所谓的贫富穷达、利禄得失等就显得不重要，乃至可以忽略不计了，所以他们在生活很艰苦的情况下仍然能保持一种"乐"的境界。

史料记载，范仲淹到南都（商丘）后，"入学舍，扫一室，昼夜讲诵，其起居饮食，人所不堪，而公自刻益苦"，"冬夜惫甚，以水沃面，食不给，至以糜粥继之"。如此刻苦读书五年，范仲淹乃"大通六经之旨，为文章论说，必本于仁义孝弟忠信"（《宋史·范仲淹传》）。宋真宗大中祥符八年（1015），范仲淹在26岁时中进士。那个时期中进士是非常难的，当时随着印刷术的普及，读书人比以前多了，参加科举考试的人也多了，但是朝廷录用官员的名额是很有限的，所以中进士在那个时候是非常难的。我们在前面讲的"宋初三先生"，比范仲淹小几岁，他们到四五十岁也没有中进士，后来因有范仲淹的奖掖、推荐、提拔，他们才在宋代的儒学复兴中起了重要作用。

范仲淹在登第后，作诗云："长白一寒儒，名登二纪余……"（《范文正公集·年谱》）。他在南都苦学期间曾作诗《睢阳学舍书怀》，其中一句是："瓢思颜子心还乐，琴遇钟君恨即销。"颜子就是颜回，范仲淹所学的就是"孔颜之乐"的境界。《岳阳楼记》里说"先天下之忧而忧，后天下之乐而乐"。我觉得儒家实际上有两种"乐"：一种是"孔颜之乐"，还有一种是"天下之乐"。

"天下之乐"是追求与全社会普遍的道德和幸福一致的"乐",而"孔颜之乐"是个人把道德作为人生的最高价值,这是一种"道义之乐",所以即使在生活非常艰苦的条件下也仍保持一种精神上自足的"乐"。"先天下之忧而忧,后天下之乐而乐",这是追求"天下之乐",但是在"天下之乐"没有达到之前,范仲淹是否就一直处于"忧"的心态呢?实际上,当时范仲淹还有一种当下自足的"乐",这就是"道义之乐"。因为这种"乐"是道义的,所以它一方面是超越个人功利的精神上自足的"乐",另一方面又是有道义感的,有社会忧患意识和担当精神的。因此,在"瓢思颜子心还乐"之后,还有"琴遇钟君恨即销"。钟君就是钟子期,他是伯牙鼓琴的知音。当伯牙遇到了钟子期这样的知音,他的高超琴艺才得到了体现,他也就没什么遗憾了。范仲淹说"琴遇钟君恨即销",就是希望他也能得到"知音",这在宋代的历史环境下就是能考中进士,从而能做官,也就有了能够为社会、为天下人做出重大贡献的机会。我们可以说,"瓢思颜子心还乐"是一种道德高尚的"内圣"的境界,"琴遇钟君恨即销"则是一种具有社会忧患意识和担当精神的"外王"的志向。在范仲淹的思想中,"乐"与"忧"或"内圣"与"外王"是结合在一起的。

欧阳修也是那个时期的一个重要人物,他与范仲淹是共进退的"战友",两人的关系非常密切。在范仲淹去世之后,范仲淹的儿子请欧阳修为范仲淹写了碑铭。关于范仲淹一生经历的记载,最早写得比较详细的就是欧阳修。欧阳修在《资政殿学士户部侍郎文正范公神道碑铭并序》中说:"公少有大节,于富贵贫贱,毁誉欢戚,不一动其心,而慨然有志于天下。"(《居士集》卷二十)后来朱熹对范仲淹也有一个评价:"且如一个范文正公,自做秀才时便以天下为己任,无一事不理会过。一旦仁宗大用之,便做出许多事业。"(《朱子语类》卷一二九)这里说的"以天下为己任",也是儒家孔门弟子曾子所说"士不可以不弘毅,任重而道远。仁以为己任,不亦重乎!死而后已,不亦远乎"(《论语·泰伯》)的一种精神表达。

范仲淹在中进士后曾经到安徽广德县做官,两年后迁文林郎,权集庆军节度推官。范仲淹在中进士做官后,就把母亲从山东迎侍到祖籍苏州。范仲淹欲还范姓,而族人有难之者,他坚请云"止欲归本姓,他无所觊"(《范文正公集·年谱》),这样才恢复了范姓。

二、范仲淹与庆历新政

范仲淹主持的庆历新政发生在宋仁宗庆历三年（1043），而庆历新政的改革思想是范仲淹在十多年之前就开始酝酿了。在宋仁宗天圣二年（1024）的时候，范仲淹写了《奏上时务书》，这是他以后一系列上书倡行新政的开始。书中提出"救文弊"，即要改革文风；"复武举"，即要恢复科举的武科考试，以选拔将才。范仲淹最先认识到宋代"偃武修文"的弊端，而主张重视武备，文武并举。他还提出"重三馆之选"，以改革科举；"赏直谏之臣"，以选贤任能等。他批评当时士人的学风和官员的吏治："修辞者不求大才，明经者不问大旨。师道既废，文风益浇；诏令虽繁，何以戒劝？士无廉让，职此之由。其源未澄，欲波之清，臣未之信也。傥国家不思改作，因循其弊，官乱于上，风坏于下，恐非国家之福也。"（《范文正公集》卷七）范仲淹所主张的改革，主要针对的就是当时社会在士风和吏治方面的种种弊端。

这个时期，范仲淹还作有《四民诗》。所谓"四民"就是中国传统社会的"士、农、工、商"四民结构。范仲淹在《四民诗》中对当时农、工、商阶层所处的困境表达了深切的理解和同情。如关于农，诗中说："制度非唐虞，赋敛由呼吸。伤哉田桑人，常悲大弦急。"关于工，诗中说："可甚佛老徒，不取慈俭书。竭我百家产，崇尔一室居。"关于商，诗中说："桑柘不成林，荆棘有余春。吾商则何罪，君子耻为邻。"范仲淹站在农、工、商的立场上，提出"琴瑟愿更张，使我歌良辰"，这就是主张改革，而改革的思想基础就是"以民为本"，改革的目的是要使广大人民群众过上幸福的生活。在《四民诗》中，范仲淹批评当时的士风和吏治，并且指出儒学在当时处于衰败的状况。诗中说："学者忽其本，仕者浮于职。节义为空言，功名思苟得。"（《范文正公集》卷一）所谓"功名思苟得"就是批评当时的士人读书为的是追求富贵。"仕者浮于职"是批评当时的官员为政敷衍，做事不负责任。当时的儒学处于一种什么状态呢？范仲淹说："裨灶方激扬，孔子甘寂默，六经无光辉，反如日月蚀。"（《范文正公集》卷一）"裨灶"本是春秋时期的一个观星术士，他曾根据星象预言郑国将发生火灾，而子产说"天道远，人道迩，非所及也"。范仲淹在这里说的"裨灶"实际上喻指佛、老。当时佛教和道教的思想特别流行，一些读书人和做官的人也受佛、道二教的影响，这就是"禅灶方激扬"，而儒家学说处于衰落的状况，这就是"孔子甘寂默，六经无光辉，反如日月蚀"。当时儒家的经书没有真正受到重视，因为自唐代以来的科举考试主要靠诗文辞赋取胜，而经学科的考试也主要靠"墨义"背诵。范仲淹针对当时儒学衰落的状况，提出"大道岂复兴，此弊何时抑"。宋代儒学的"复兴"这个词，我想应是范仲淹最先提出来的。他要改变儒学衰败的状况，这也促使他后来主持的庆历新政，以民本思想为基础，重点在于整饬吏治，而以改革科举、兴办学校、砥砺士风、培养人才为本源。

天圣四年（1026），范仲淹的母亲去世了。范仲淹在丁母忧期间，由他倡议，与同年中进士的滕宗谅一同主持，在今江苏南通、泰州、淮安、连云港一带，建成数百里的捍海堤，"民至今享其利"，称为"范公堤"。《岳阳楼记》中说的"滕子京谪守巴陵郡"，滕子京就是滕宗谅，他和范仲淹同年中进士，两人一直是好友。

天圣五年（1027），范仲淹寓南都，当时晏殊为留守，请范仲淹执掌南都府学即范仲淹曾在此学习的应天府书院。"书院"在唐朝的时候就已经有了，但那时书院的主要功能是藏书。后来在唐末和五代时期，历经战乱，由国家办的学校大多被废弃了，一些民间的书院则起了文化传承的作用。应天府书院最初是五代时期由民间办起来的，晏殊在留守南都期间重建了应天府书院，聘请范仲淹为书院的主持。《宋史·晏殊传》说："（晏殊）改应天府，延范仲淹以教生徒。自五代以来，天下学校废，兴学自（晏）殊始。"实际上也可以说，宋代兴学自范仲淹始。

范仲淹在主持应天府书院期间，"常宿学中，训督学者，皆有法度，勤劳恭俭，以身先之。由是四方从学者辐辏，其后以文学有声名于场屋朝廷者，多其所教也。"（《范文正公集·年谱》）后来宋代的许多名人都出自应天府书院。如"宋初三先生"之一的孙复，他四次考进士都落选，穷困潦倒，在范仲淹主持应天府书院期间，孙复曾两次到应天府书院"索游"乞求帮助，范仲淹说，看你的辞色不像"乞客"，为什么到这种地步呢？孙复说，因家里有老母亲要赡养。范仲淹说，如果你留在书院，每月可得三千的赡养费，是否能安心学习？孙复大喜，于是就留在了应天府书院，范仲淹授之以《春秋》，后来孙复以解释《春秋》经的著作而闻名士林。

同年，范仲淹有《上执政书》，更明确地提出了"固邦本，厚民力，重名器，备戎狄，杜奸雄，明国听"的改革纲领。"固邦本"就是民为邦本。《尚书》中说"民惟邦本，本固邦宁"，指出人民是国家的根本，只有这个根本稳固了，国家才能安宁。那么，如何稳固国家的根本呢？范仲淹认为，"在乎举县令，择郡守，以救民之弊也……重名器者，在乎慎选举，敦教育，使代不乏材也；备戎狄者，在乎育将材，实边郡，使夷不乱华也……"（《范文正公集》卷八）首先要"举县令，择郡守"，也就是要整饬吏治，选拔好的官员，以救民之弊。如果官员不好，老百姓的生活问题就难以解决。如何培养好的官员呢？这就是其次"重名器"，"慎选举，敦教育"，也就是要改革科举，兴办学校，砥砺士风，培养人才。第三是"备戎狄"，"育将材，实边郡，使夷不乱华也"。当时宋朝自"澶渊之盟"以后已经有四五十年不打仗了，军队原来的士兵都已老了，新生力量不足，国家缺少武备，而当时宋朝面临的形势是辽与西夏正虎视眈眈，所以范仲淹一直主张文武兼备，培养将才，增强防御，防止边境受到游牧民族的侵扰。

关于整饬吏治，范仲淹说："今之县令循例而授，多非清识之士。衰老者为子孙之计，则志在苟苴，动皆徇己；少壮者耻州县之职，则政多苟且，举必近名。故一邑之间，簿书不精，吏胥不畏，徭役不均，刑罚不中，民利不作，民害不去……四方县政如此者十有七八焉，而望王道之兴不亦难乎！"（《范文正公集》卷八）范仲淹多年在地方基层，深知当时吏治的败坏，"今之县令循例而授"，大多不是清官。当时的风气是"衰老者为子孙之计"，想的是送礼拉关系，一切以自己的利益得失为准。而年轻的官员则"耻州县之职"，嫌自己的官小，为政不负责任，不是真正为老百姓办事，既使有所举措也是为了捞名誉。这样就使地方县政出现"簿书不精，吏胥不畏，徭役不均，刑罚不中，民利不作，民害不去"等种种弊端，而当时"四方县政如此者十有七八焉"，吏治腐败的情况是很严峻的，所以范仲淹主张的改革首先是要整饬吏治。

天圣六年（1028），范仲淹被授以秘阁校理，这是他进入中央权力机构的开始，也是他仕途中的"第一进"。同年，孙复在应天府学习了一年之后，就辞别了范仲淹，到泰山苦学，后来"宋初三先生"在泰山聚在一起。石介当时在泰山已经是一个官员了，但他拜孙复为师。胡瑗和孙复的年龄差不多，也一直没有通过科举考试中举，他后来也到了泰山，三个人一起苦学了十年。

第二年，范仲淹在朝中遇到一件事。宋仁宗为皇太后祝寿，率百官朝拜于天安殿。范仲淹上疏说这不合体制："天子有事亲之道，无为臣之理；有南面之位，无北面之仪。若奉亲于内，以行家人礼可也；今顾与百官同列，亏君体，损主威，不可为后世法。"（《范文正公集·年谱》）疏入不报。后来他又上疏，"请皇太后还政"。由于仁宗最初是幼年即位，所以皇太后垂帘听政，等皇帝已经年长了，皇太后仍然垂帘听政，这就不合体制。范仲淹因上疏而得罪了朝廷，被贬为河中府（今山西蒲州）通判。他在中央不及一年，就被贬到地方，这是他仕途的"第一退"。

后来范仲淹历经"四进四退"，他因此走过的地方特别多，迁官遍及现在的山西、安徽、浙江、江苏、甘肃、陕西、河南、山东等地，他无论到哪个地方，都首先集师资、办学校，所以他对宋代教育和学术的兴起，对人才培养起了非常重要的作用。

天圣八年（1030），范仲淹又有《上时相议制举书》，集中阐述了他的"慎选举，敦教育"思想，提出："夫善国者，莫先育材；育材之方，莫先劝学；劝学之要，莫尚宗经。"他的教育思想是："先之以六经，次之以正史，该之以方略，济之以时务。使天下贤俊，翕然修经济之业，以教化为心，趋圣人之门，成王佐之器。"（《范文正公集》卷九）他首先重视儒经，以培养士人的道德志向；其次重视历史、军事和时务等方面的教育，这在后来影响了胡瑗，成就了胡瑗的"明体达用之学"。范仲淹说的"使天下贤俊，翕然修经济之业"，这个"经济之业"就是经国济世之业。他说要"成王佐之器"，就是要学习一些具体的实用的知识，能够真正有用于社会，惠泽于百姓。

明道二年（1033），章献太后去世，宋仁宗开始亲政。范仲淹又被提拔到中央，任右司谏。太后留有遗诰，以杨太妃为皇太后，参决国事。范仲淹又一次上疏反对，认为仁宗的年纪已经大了，不能再让一个太后垂帘听政，这样不合体制。同年，范仲淹出使到江淮一带赈灾，他回来以后，刚好碰上郭皇后被废的事件。当时宋仁宗与郭皇后不合，仁宗要废后，范仲淹就率谏官御史伏阁争之，反对废郭皇后。这一卜又得罪了仁宗，于是"贬知睦州，又徙苏州"（《居士集》

卷二十《资政殿学士户部侍郎范文正公神道碑铭并序》）。这是范仲淹仕途中的第二进和第二退。

睦州就是现在的杭州淳安，属于桐庐郡，是富春江流经之地。范仲淹在那个地方写过很多诗，如"潇洒桐庐郡"等。富春江畔有个钓鱼台，就是东汉初年严子陵钓鱼的地方。范仲淹在此处写过《严先生祠堂记》，这篇文章也非常有名。《古文观止》里选用了范仲淹的两篇文章，一篇是《岳阳楼记》，另一篇就是《严先生祠堂记》。我一开始不太理解范仲淹为什么要写一篇赞扬隐士的文章，因为严子陵是东汉初年的隐士，他和东汉光武帝刘秀以前是好朋友，后来刘秀当了皇帝，便请严子陵出来做官，但是严子陵没有做官的志向，就隐居到了富春江。范仲淹在《严先生祠堂记》中写道："先生，汉光武之故人也。相尚以道……归江湖，得圣人之清。…… 不事王侯，高尚其事，先生以之。…… 以贵下贱，大得民也，光武以之。……微先生，不能成光武之大；微光武，岂能遂先生之高哉？而使贪夫廉，懦夫立，是大有功于名教也。仲淹来守是邦，始构堂而奠焉，乃复为其后者四家，以奉祠事。又从而歌曰：'云山苍苍，江水泱泱，先生之风，山高水长！'"我初看时想，范仲淹作为一个儒家士大夫，为什么对严子陵的评价如此之高，后来我领会到，他歌颂的是隐士的那种不计较个人功利得失的精神境界，他希望当时的士人也具有这样的境界，而与隐士所不同者，是儒家还有担当社会责任的志向。

景祐二年（1035），范仲淹任苏州知州，便奏请建立郡学。"先是公得南园之地，既卜筑而将居焉，阴阳家谓必踵生公卿。公曰：'吾家有其贵，孰若天下之士咸教育于此，贵将无已焉。'"（《范文正公集·年谱》）这一年"诏苏州立学"，范仲淹把家学之地让出来，创建了苏州郡学。此时，胡瑗"以经术教授吴中，范文正爱而敬之，聘为苏州教授，诸子从学焉"（《宋元学案·安定学案》）。苏州郡学，即现在的苏州中学，在历史上曾经培养出很多人才。胡瑗的教育成就是"始于苏湖，终于太学"，"苏"就是苏州，"湖"是湖州，在范仲淹的好友滕宗谅任湖州知州时，也曾聘胡瑗为湖州教授，后来胡瑗又曾主持太学。胡瑗的教育方法被称为"苏湖之法"，又叫"明体达用之学"。胡瑗是那个时期的大教育家，在王安石当政时，朝廷里"十常居四五"是胡瑗培养出来的，他从太学退休时，他的学生结帐百里来送他。

这一年的冬十月，范仲淹又被提拔上来，任尚书礼部员外郎、天章阁待制，召还判国子监，后又任吏部员外郎，权知开封府，这相当于首都的市长。在范仲淹权知开封府时，他"决事如神"，有很多政绩，"京邑肃然称治"。当时京城有歌谣曰："朝廷无忧有范君，京师无事有希文。"（《范文正公集·年谱》）这是范仲淹的"第三进"。

在此期间，范仲淹与仁宗论迁都事，认为开封无险可守，而洛阳险固，宜将有朝陵为名，渐营储备，"急难则居西洛险固之宅，以守中原"。仁宗将迁都事与丞相吕夷简议，吕称范"迂阔，务名无实"，于是两人发生了分歧。之后，范仲淹上《帝王好尚论》《选贤任能论》《近名论》等等，大抵讥指时政，又献《百官图》，批评丞相用人不公。吕夷简大怒，斥范仲淹"越职言事，荐引朋党，离间君臣"（《范文正公集·年谱》），于是范仲淹被贬，出知饶州（今江西鄱阳）。当时欧阳修为范仲淹说话，亦坐罪，贬为夷陵令（治在今湖北宜昌）。这是范仲淹仕途中的"第三退"。

景祐四年（1037），李觏"乡举不利而往鄱阳访范公"（《李觏集·年谱》）。是年，范仲淹徙知润州（今江苏镇江），当时正值周敦颐在此为母守墓三年，在此期间周敦颐也受到了范仲淹的影响。二程在十五六岁时受学于周敦颐，"每令寻颜子、仲尼乐处，所乐何事"（《河南程氏遗书》卷二上），而"孔颜乐处"的话题在宋代最早出自范仲淹。同年冬十一月，范仲淹又徙知越州（今浙江绍兴）。

康定元年（1040），范仲淹复职天章阁待制，知永兴军（今陕西长安）。七月，范仲淹与韩琦并为陕西经略安抚副使。八月，兼知延州（今陕西延安），抗击西夏，"贼不敢犯"，谓"今小范老子腹中有数万甲兵"（《范文正公集·年谱》）。可见，范仲淹是能文能武，他当时和韩琦在西北抵御了西夏对宋朝的侵扰。这一年，张载来谒，范仲淹劝读《中庸》，"导横渠以入圣人之室，尤为有功"（《宋元学案·序录》），后来张载成为理学中"关学"的代表人物。

据朱熹编《五朝名臣言行录》卷十二载："范公使陕西，辟（胡瑗）丹州推官"，成为范仲淹幕府中的人物。后来胡瑗因母亲去世，守丧期间"改湖州州学教授"。当时滕宗谅知湖州，由此成就了胡瑗的"苏湖之法"，即"明体达用之学"。胡瑗的教育方法是"立经义、治事二斋"，经义斋是学习儒家的经书，而治事斋是"一人各治一事，又兼摄一事"。这个"治事"所学的内容，"如治民以安其生，讲武以御其寇，堰水以利田，算历以明数是也"（《宋元学案·安定学案》）。可见在宋朝时便已有一人专一科又兼一科的分科教育了。这个时期出了很多人才，如胡瑗的大弟子刘彝，他精通水利，据说江西赣州的地下水道就是刘彝设计的，至今仍在发挥作用。

庆历三年（1043），西夏遣使乞和。谏官欧阳修等上疏，言范仲淹"有宰辅才，不宜局在兵府"（《范文正公集·年谱》）。宋仁宗又把范仲淹提拔到中央，官授枢密副使、右谏议大夫，复除参知政事（相当于副宰相）。范仲淹由此在中央核心层，与韩琦、富弼、欧阳修等形成一股推动改革的势力。这就是范仲淹仕途中的"第四进"。

范仲淹"每进见，必以太平责之"。仁宗"赐手诏，趣使条天下事，又开天章阁，召见赐坐，授以纸笔，使疏于前。公惶恐避席，始退而条列时所宜先者十数事，上之"（《居士集》卷二十《资政殿学士户部侍郎文正范公神道碑铭并序》）。范仲淹写了《答手诏条陈十事》，首先指出改革的必要性："历代之政，久皆有弊，弊而不救，祸乱必生。……我国家革五代之乱，富有四海，垂八十年，纲纪制度日削月侵，官壅于下，民困于外，夷狄骄盛，寇盗横炽，不可不更张以救之。然则欲正其末，必端其本；欲清其流，必澄其源。"（《范文正公集·政府奏议》）在范仲淹的改革思想中有明确的本末、源流意识，他在上疏中陈述的"十事"，也就是庆历新政的主要内容，其中大多与整饬吏治和改革科举相关。

第一条"明黜陟"，就是要严明对官员的考核，按实际政绩升迁或贬黜。

第二条"抑侥幸"，就是严格限定把官职赏延给大臣子弟，革滥赏，省冗官。

第三条"精贡举"，即前书"慎选举，敦教育"，改变科举的"专以辞赋取进士，以墨义取诸科"，将考试方法改为"进士：先策论而后诗赋"，"诸科：经旨通者为优等，墨义通者为次等"，"使人不专辞藻，必明理道"（《范文正公集·政府奏议》）。这样就开启了宋代儒学重视"义理之学"的方向。在庆历新政时期，"天子开天章阁，与大臣讲天下事，始慨然诏州县皆立学"，同时在京师建立太学，"天子诏下苏、湖"取胡瑗之教学法，以此"为太学法，至今著为令"（《宋元学案·安定学案》）。这些在改革科举、振兴教育方面的举措，对后来的宋学发展产生了深远的影响。

第四条"择官长"，即前书"举县令，择郡守"，采取了分级推举知州、知县的形式，"得前件所举之人，举主多者先次差补"，相当于得推荐票数多者优先录用。

第五条"均公田"，即均平授予郡县官员以"职田"，"使其衣食得足，婚嫁丧葬之礼不废，然后可以责其廉节，督其善政"。能使官员的日常生活得到保障，这样才能要求官员保持廉洁。

第六条"厚农桑"，即兴修农田水利，发展农业生产。

第七条"修武备"，即逐渐恢复唐代的府兵制。

第八条"减徭役"，即精简机构，减轻农民负担。

第九条"覃恩信"，即在皇帝郊祭大赦天下时，要切实使"恩信"泽及下民，不能虚以应事。

第十条"重命令"，即严明法令，凡违制枉法者，治以重罪。

在这十条中，第一、二、四、五条都是关于整饬吏治的问题，第三条则是"慎选举，敦教育"，旨在培养一批新的人才。庆历新政就是以民本思想为基础，以整饬吏治为首要，以改革科举、兴办学校、砥砺士风、培养人才为本源，兼及经济、军事等方面的改革。据史料记载，这十条里除了恢复府兵制没有得到认可外，其他九条宋仁宗都同意了，从而以政令的方式向全国颁布实行。

但是新政仅行及一年，便因触犯了一部分权贵阶层的利益，致使"谤毁浸盛，而朋党之论，滋不可解"（《范文正公集·年谱》）。在一种很不利的政局下，范仲淹与富弼等"恐惧不敢自安于朝，皆请出按西北"。一年之后，范仲淹以西北有战事为名，离开了首都，改任河东陕西宣抚使。随着范仲淹等人的贬离中央，庆历新政便夭折了，这是范仲淹仕途中的"第四退"。这里需要指出的是，虽然庆历新政只实行了一年，但是其改革科举、兴办学校、砥砺士风、培养人才，对宋代儒学的发展产生了深远的影响。

庆历五年（1045），范仲淹知邠州（今陕西邠县），此年作有《邠州建学记》。年末，因有人诬陷范仲淹、富弼助石介谋乱，遂罢范、富安抚使之职。范仲淹引疾求解边任，迁知邓州（今河南邓县）。庆历六年（1046），范仲淹在邓

州写成了千古名篇《岳阳楼记》。庆历新政的发起、推行和夭折，以及范仲淹的
"四进四退"，就是《岳阳楼记》的政治背景。

三、《岳阳楼记》的道德情怀

《岳阳楼记》作为一篇文学作品，有着重要的审美意义。它的文字是情景交
融，而不同的情感反映了不同的精神境界。

其中有"登斯楼也，则有去国怀乡，忧谗畏讥，满目萧然，感极而悲者
矣"，还有"登斯楼也，则有心旷神怡，宠辱偕忘，把酒临风，其喜洋洋者
矣"。不同的人登岳阳楼而有不同的精神境界，有的感到悲伤，有的感到欣喜。
我认为，范仲淹在这里说的"感极而悲者"和"喜洋洋者"是有一定寓意的。
"满目萧然，感极而悲"，近于佛教的看破红尘的"悲"。佛教讲慈悲，"苦、
集、灭、道"，认为六道轮回，人生最终是"苦"的，所以主张用佛说"涅槃"
来解脱尘世间的悲苦，这就是看破红尘的悲。"心旷神怡，宠辱偕忘"，近于道
家或道教的隐于山水之间，不计较功名利禄，追求齐物逍遥的"乐"。

范仲淹说："嗟夫！予尝求古仁人之心，或异二者之为，何哉？"这里的
"或异二者之为"，就是儒家与佛教、道教有不同的价值取向。"古仁人之
心"，就是先秦儒家与佛、道二教的不同的道德境界。我觉得宋代儒学的复兴，
首先就是要把士人，包括没有功名的读书人和已经做了官的人，重新聚集到儒家
的旗帜下，就是要使士人建立一种儒家的价值取向、人生追求。这种人生追求应
该是什么样的呢？就是应该不计较个人功利，不为个人的功利得失而动心，不是
"功名思苟得"，而是如《岳阳楼记》里说的"不以物喜，不以己悲"，也就是
欧阳修评价范仲淹时说的"于富贵贫贱，毁誉欢戚，不一动其心"（《居士集》
卷二十《资政殿学士户部侍郎文正范公神道碑铭并序》）。其实，佛、道二教的
一些高僧大德也可以达到这种超越个人功利的境界，但是他们没有儒家的"慨然
有志于天下""以天下为己任"、治国安邦、润泽斯民的社会忧患意识和担当精
神。所以，除了超越个人功利的"不以物喜，不以己悲"之外，关键是范仲淹在
后面讲的："居庙堂之高则忧其民，处江湖之远则忧其君。是进亦忧，退亦忧。
然则何时而乐耶？其必曰先天下之忧而忧，后天下之乐而乐乎！"这里的"居庙

堂之高则忧其民，处江湖之远则忧其君"，其核心精神还是要"以民为本"，"忧其君"也是忧朝廷不能够选贤任能，不能够任命合格的官员以为民做事。所以，这里的关键是有社会的忧患意识，担当社会责任，追求"天下之乐"。

"天下之乐"的思想，源于孟子所说："乐民之乐者，民亦乐其乐；忧民之忧者，民亦忧其忧。乐以天下，忧以天下。"（《孟子·梁惠王下》）"天下之乐"是指天下之民的道德与福祉都达到了高度和谐，即"德福一致"的"乐"，这需要有一定的外在条件。在没有达到这种"乐"之前，儒家是"先天下之忧而忧"。那么，在范仲淹的思想中是否只有"忧"呢？其实，范仲淹之所以能够长期保持"先天下之忧而忧，后天下之乐而乐"的境界，是因为他内心还有一种当下的精神上自足的"乐"，这就是"孔颜之乐"或"道义之乐"。这种"乐"就是范仲淹在《睢阳学舍书怀》中说的"瓢思颜子心还乐"，因为这种"乐"是道义的，所以它内在地包含着对社会的忧患意识和担当精神。因此，在"瓢思颜子心还乐"之后就是"琴遇钟君恨即销"，也就是"进亦忧，退亦忧"，"先天下之忧而忧，后天下之乐而乐"。以"孔颜之乐"的境界而追求"天下之乐"，这就是儒家的"忧乐圆融"。在《岳阳楼记》的最后，范仲淹说："噫，微斯人，吾谁与归！"这表明了他高度认同和归往先秦儒家的价值取向。

在写成《岳阳楼记》两年之后，范仲淹"徙知荆南府，邓人爱之，遮使者请留，公亦愿留，从其请也"（《范文正公集·年谱》）。"邓人"就是河南邓州人。因为邓人挽留，范仲淹就继续留任邓州。皇祐元年（1049），范仲淹徙知杭州。此时范仲淹的身体已经不好，"子弟以公有退志，乘间请治第洛阳，树园圃，以为逸老之地。"范仲淹说："人苟有道义之乐，形骸可外，况居室乎！"（《范文正公集·年谱》）由此可见，范仲淹始终保持了"忧乐圆融"的心态。

皇祐三年（1051），范仲淹知青州。皇祐四年（1052），范仲淹徙知安徽颍州，夏五月二十日至徐州病故。他临终前给宋仁宗上《遗表》，其中表达了他对庆历新政夭折的深深遗憾。他说："事久弊则人惮于更张，功未验则俗称于迂阔，以进贤授能为树党，以敦本抑末为近名，泊殄二华之行，愈增百种之谤。"他希望仁宗"上承天心，下徇人欲，明慎刑赏而使之必当，精审号令而期于必行，尊崇贤良，裁抑侥幸，制治于未乱，纳民于大中"（《范文正公集》卷十六）。其中说的"上承天心，下徇人欲"，可见"人欲"在当时还是一个高度肯定的词，但是后来理学家提出"循天理，灭人欲"，这本来先是针对皇帝与官员提出来的，可是后来把它变成了对一般老百姓的要求，这就成为一种道德的"异化"。"人欲"在范仲淹那个时期，指的是人民的愿望，所以"上承天心，下徇人欲"，就是执政者要按照老百姓的愿望来执政，这是范仲淹在临终时的社会忧患与希望。

后人评价范仲淹"一生粹然无疵""天地间气，第一流人物""学贯天人，材兼文武，济贫活族，出将入相""在布衣为名士，在州县为能吏，在边境为名将，其材其量其忠，一身而备数器，在朝廷则又孔子所谓大臣者，求之千百年间，盖不一二见，非但为一代宗臣而已"（《范文正公集》附录《诸贤赞颂论疏》）。

《宋元学案·序录》说："庆历之后，学统四起。"虽然庆历新政只实行了一年，但在它的改革科举、兴办学校、砥砺士风的影响下，确实培养了一大批新的人才。例如，《范文正公集》的"序"最初是苏轼写的，他在"序"中说，当他在家乡上小学的时候，就立志以范仲淹、欧阳修等人为楷模，等他后来到京师应举中进士时，范仲淹已经去世了，他以没有见到范仲淹而深表遗憾。苏轼年少时生活在四川眉县一个很偏僻的地方，而庆历新政对他的一生产生了重要影响，可见庆历新政的影响是深远的、普遍的。可以说，范仲淹是宋代儒学复兴的开创性人物，周敦颐的濂学、张载的关学、二程的洛学，以及苏轼、苏辙的蜀学和王安石的新学等，都受到范仲淹及其庆历新政的影响。

范仲淹这个历史人物是值得我们纪念的，他在《岳阳楼记》中所表达的"忧乐圆融""忧乐天下"的高尚道德情操和价值取向，是值得我们当今深刻领会和学习的。

我今天就讲到这里。谢谢大家！

（王琦整理并经主讲嘉宾最终审定）

现 场 互 动

听众提问：非常感谢李老师的精彩讲座。请问《岳阳楼记》中的"不以物喜，不以己悲"，体现的到底是儒家精神还是一般的道德思想？谢谢！

李存山：刚才我讲"不以物喜，不以己悲"，应该是儒、道、佛都具有的一种境界。"不以物喜"，就是不以自己得到了什么而高兴；"不以己悲"，就是不计较个人的利益得失，不因自己失掉了什么而产生一种"悲"的情绪。"不以物喜，不以己悲"是一种超越了个人功利计较的境界，不仅儒家有，而且佛教、道教的一些高僧大德也具有这样的境界。但是儒家和佛家、道家不同的地方，就在于儒家不仅超越个人功利，而且有一种"孔颜之乐""道义之乐"的境界，这就要肩负起社会责任，具有社会的担当精神，追求"天下之乐"，这是佛、道二教所没有的。

钱穆先生在讲到胡瑗的"明体达用之学"时，说这正是"宋儒所以自立其学"的根基。在此之前，士大夫的风气一种是追求"科举场屋"的个人功利，读书就是为了能中举做官，达身富贵；还有一种就是追求"释、老山林之趣"，以精神上的闲适散淡为价值取向。宋代新儒学的兴起，就是要改变这两种风气，读书不是为了追求富贵，做官就要对社会负责任。范仲淹在一首诗中说"富贵非我望"，这也就是孔子说的"不义而富且贵，于我如浮云"。"明体达用之学"的"明体"是要学习儒家的经典，确立道德的信念，而"达用"就是要把学到的知识"举而措之天下，能润泽斯民"，这是与佛、道二教的价值取向不一样的，这也正是宋代新儒学根本的一个方向和宗旨。

听众提问：请问李教授，在当今时代如何看待儒学的价值和地位？谢谢！

李存山：当今儒学的发展，我认为应该思考当今社会的现实需要是什么，当今社会遇到了什么问题。宋代初期，范仲淹说是"孔子甘寂默，六经无光辉"，儒学衰败，王安石也曾说"儒门淡薄，收拾不住，皆归释氏焉"。当时的儒学遇到了什么问题？我想宋代的新儒学就是要面对、解决社会现实存在的一些问题，按范仲淹的说法就是要"救民之弊"，解决当时民众所处的困境，而这就要整饬吏治，并且通过培养一批新的士人，确立儒家的价值取向，一方面是士人之修身，另一方面是社会之治理。因为在中国古代"士、农、工、商"的社会结构中，士是四民之首，而农、工、商阶层在当时的社会发展条件下往往不能够表达自己的诉求，所以士阶层就应该站在农、工、商阶层的立场上替他们表达诉求。刚才王琦教授讲宋代的士大夫有与君主"共治天下"的思想，这种思想也是范仲淹首先提出来的，他当时说的是"共理天下"，而"理"就是"治理"的意思。

在范仲淹的教育思想中有"趋圣人之门，成王佐之器"。我们知道孔子有一句话叫"君子不器"，意思是君子不要只有某一方面的技能，而应成为人格全面的君子。但是到了范仲淹时期，士人不仅要"明体"，而且要"达用"，所谓"达用"就是要学习一些具体的知识，"成王佐之器"。当时胡瑗的教学分"经义斋"和"治事斋"，而"治事"就是"一人各治一事，又兼摄一事，如治民以安其生，讲武以御其寇，堰水以利田，算历以明数是也"（《宋元学案·安定学案》），也就是要学习"治民以安其生"的行政管理，还要学习军事、农田水利和天文历法等等。当时确实也培养出了一批人才，使宋朝成为当时世界上最先进的国家。

现在的儒学遇到了什么问题？我认为这是很值得深入思考的。儒家的道德境界与道德追求，在现时代仍是有意义的。比如说"君子喻于义，小人喻于利"，这里的"君子""小人"是从道德上作的判断，而如果让老百姓即农、工、商阶层只言义而不言利，这是不可能的。种田的当然要追求粮食丰收，经商的当然要追求有利润，做工的也当然要追求有收入，所以农、工、商必然要追求他们的利益。"君子喻于义"这句话是针对读书人、准备做官和已经做官的人讲的。你既然是读书人，书读好了，学而优则仕，那么你就有机会做官，这时候你就不应该喻于利而应该是喻于义了。我们现在是市场经济，而市场经济不应成为市场社会，不应使全体人民都成为最大利益的追求者，尤其是官场不能成为市场。对于准备做官和已经做官的人来说，就要喻于义而不要喻于利。所以儒家的义利之辨，对于我们当今社会仍然是有现实意义的。

我认为中国传统文化的一个重要特色就是把崇尚道德作为最高的价值取向。在先秦时期就以立德、立功、立言为"三不朽"，首先是立德，"太上有立德"，"太上"就是最高，其次是立功和立言。我认为在中国现代社会也不应该失去这样一个价值取向。我们现今也遇到一些社会现实问题，如官员贪腐的问题。范仲淹的庆历新政就是以整饬吏治为首要，而如何整饬吏治？显然光靠道德约束是不行的，还要有制度规范。在中国现代社会要实现依法治国和以德治国结合的问题，依法治国就是要建立一套民主的法治的制度，这是与范仲淹那个时代所不同的。文化的发展是有"常"也有"变"，"常"是文化发展的继承性、连续性，而"变"是文化发展的时代性、阶段性，这也就是孔子所说的"因"与"损益"。我们对传统文化要继承其"常道"，也要随着时代的变化而有所减损、有所增益。我们现在应该吸取历史的经验教训，针对当今的社会现实问题，而实现我们时代的文化复兴。

主持人：我非常赞同李老师的观点。一个社会的发展，作为社会精英阶层的读书人、官员，也就是古人所讲的士大夫，要有使命与责任的担当。中国文化为什么能够源远流长，并不断地更新，向前发展，其实也是得益于这样一批以天下为己任、有担当意识的知识分子。他们根据时代的变化，去挖掘我们在传统文化中间值得继承的东西，并不断地发展、创新。一种学术思想体系一定是时代的反映，是为解决时代问题而产生的。当某个时代过去之后，相应地一些思想也会随之变得不合时宜，但一定有某种价值值得继承，并需要我们注入一些新的元素。中国文化就不断地在继承中发展，在变革中创新，焕发新的生机。儒学的发展虽然在历史上遇到了很多困境，受到了佛教和道教的冲击，曾经也走向过衰落。但是直到现代，儒学依然没有断绝。为什么没有断绝？因为有适合于中国社会发展的合理因素，如何面对现代社会的实际，促进时代新价值和传统儒学的融合，是我们这一代的知识分子与百姓们，要一起去探索与面对的。

各位尊敬的朋友们，感谢大家2个多小时的守候，感谢李教授的精彩演讲。"香草美人地，诗韵汨罗江。"屈子书院讲坛下个月将继续开讲，邀请名家大咖，与您一起亲近国学，共享经典。我们下期再见。

祝各位朋友身体健康，工作顺利，阖家美满！

（王琦整理并经主讲嘉宾最终审定）

《周易》的人生智慧

　　杜保瑞，台湾大学哲学博士，现任上海交通大学特聘教授，上海抱朴讲堂主讲教授，博士生导师。曾任台湾大学哲学系教授、华梵大学文学院院长、中国哲学会秘书长（台湾）、台湾易经学会理事长、大连理工大学海天学者、《吉林师范大学学报》两岸国学专栏主编。主要从事先秦儒学、道家哲学、禅宗哲学、宋明儒学、当代中国哲学等领域的研究。著有《北宋儒学》《南宋儒学》《功夫理论与境界哲学》《话说周易》《中国生命哲学的真理观研究》《中国哲学的会通与运用》《中国哲学方法论》《基本哲学问题》《哲学概论》《牟宗三儒学平议》《庄周梦蝶》《反者道之动》等著作。

直播二维码　　　　直播在线参与人数：47.2万

导言

　　《周易》作为"六经"之首、大道之源，是中华民族智慧与文化的结晶。其广大精微、包罗万象的思想中蕴含着怎样的人生智慧？如何挖掘《周易》的思想精髓，推天道以明人事，在现代社会与职场中安身立命，趋吉避凶？

　　2020 年 10 月 11 日下午，上海交通大学特聘教授杜保瑞先生莅临屈子书院讲坛，以"《周易》的人生智慧"为主题发表演讲，并回答听众提问。讲座由凤凰网湖南频道全球同步直播，在线参与人数多达 47.2 万；长沙理工大学教授、湖南汨罗屈子书院执行院长王琦担任嘉宾主持。

非常谢谢王琦教授，也非常谢谢屈子书院、汨罗市各级单位的支持！谢谢凤凰网湖南频道的直播！谢谢来到屈子书院现场参与这一次讲座的所有嘉宾和朋友。我看到很多幼儿园的小朋友来听这次演讲，我努力让他们也听得懂。屈子文化园是一个风光明媚的园区，大家平时带着家人来此参观、旅游，感受传统文化以及美丽的园区，是十分惬意的。我是第一次来汨罗，对于汨罗市政府对屈子文化园区的整体规划、建设，我很感动。汨罗江、屈原，是中华文化的源流。我出生在台湾，在台湾成长、读书，最后在台湾大学哲学系任教。2017 年 9 月，我来到上海交通大学人文学院哲学系任教，之后常常在祖国大江南北做演讲。我在成长的过程中，对中国的历史、地理是非常感兴趣的，这次来到汨罗江，来到屈原最后生活的地方，特别感动。上午我参观了屈子祠，听了讲解员对屈原一生事迹的介绍。屈原确实是一个爱国诗人，他的精神对我们现代人有深刻的启发。

一、《周易》简介

我今天要讲的主题是"《周易》的人生智慧"。《周易》这部著作完成于周朝初年。《周易》本来是占筮用的。早上我在屈子文化园参观的时候，导游说当时占筮用的蓍草就在当地。占筮需用 50 根蓍草，剥来剥去，占出来一卦又一卦，夏商都有这样的占筮活动。占筮可以得出卦象。《周易》的卦象总共有 64 个，每一个卦象由 6 根线条组成，连在一起的线条叫阳爻，分开的叫阴爻。总共 6 个位置 6 根线条，所以从排列组合的角度就是 2 的 6 次方，所以就是 64。因此，64 卦从排列组合的角度来说是固定的、必然的。古人要问事情，不像我们现在可以用手机上网查询，只能问告于鬼神，进行占筮活动。周朝初年的政治家集团（文王、武王、周公以及他们的政治集团）针对这 64 个卦象的占筮结果，配以文字。首先有卦象，然后给它卦名，如乾、坤、屯、蒙、需、讼、师、比。给它卦名以后再给它卦辞。每个卦有 6 根线条，叫作爻。给每一个爻一句话，叫作爻辞。如：初九，潜龙勿用；九二，见龙在田；九五，飞龙在天；上九，亢龙有悔。

《周易》64 卦就是由这许许多多的卦象与经文组成。《周易》借由文字把占筮的结果表达出来，蕴含了周朝初年政治家集团的政治思想、人生智慧。

六爻代表什么？下面一二三，地方；上面四五六，中央。下面初二三，初层；上面四五上，高层。我们今天说学会了《周易》就什么都会了，这是因为《周易》包含了天文、历法、中医、政治、伦理、道德，甚至科学。《周易》讲的是一套人生智慧、政治哲学，但《周易》的卦象本身是用来预测的、占筮的，所以有一套特别的技术，叫作象术。这个象术的技术，经过 2000 年的发展，确实非常神妙。中华民族的自然科学知识，借由《周易》的符号、数字、概念去表达。如中华民族的中医医学自古就非常发达，也会使用《周易》的符号、概念、名词、数学去讲中医的观念。但是中医借由《周易》的符号文字表达自身的知识体系时，必须有自己的逻辑，不能完全照搬《周易》的架构，否则就不符合科学了。天文学一年是 365 又 1/4 天，中国古代的天文历法从来没有改变过。《周易》有 384 爻，也不可能变成 384 天，但是可以用卦象来谈一年的时间变化，科学知识可以借由《周易》的概念、符号来表达。因此我们有独立的天文学、独立的历法学、独立的中医学，也有独立的命运预测学（占筮学），还有独立的《周易》经文所包含的政治哲学、人生智慧。

二、《周易》卦爻辞与人生智慧

上面我简单定义了《周易》，下面专心谈谈《周易》的政治哲学和人生智慧。这一套政治哲学和人生智慧，我们借由爻辞来表达。

我们先来看乾卦（䷀）。乾卦有六个阳爻，是《周易》的第一个卦，可以直接定位为"君王的养成哲学"，讲的是君王从小到大的成长过程。君王天生就是王子，然后是太子，然后做君王。第一爻："初九，潜龙勿用。"君王小时候，新进入一个集团，身份是小王子，就像刚才会场中那几位小朋友。小朋友说："所有的同学，现在下课了。"你们会听他的话吗？不会。君王小时候是太子，那又怎么样？他太小了，说话没人听。第一爻告诉我们，新进人员即使再厉害，也要"潜龙勿用"。在座的各位，有没有一进单位就"指点江山"的？如果有，那你就犯大错误了。

第二爻："九二，见龙在田，利见大人。"领导开始分担给你一些责任，你就要把自己的事情做好，呈现你的能力，让君王看到你。

第三爻："九三，君子终日乾乾，夕惕若厉，无咎。"将来整个公司是要你继承的，所以你要比其他所有的同事更加努力地付出，要关心公司的运营和发展。所以人家五点半下班，你到九点半还在厂房园区到处检查，看看所有的生产线的流程有没有疏漏的地方。"终日乾乾"，指一直用心做事，担心会有危险。也只有这种态度，才不会有咎难。要成大事的人，一定要有这个阶段。如果有一天，你单位的领导给你比同事多了两倍甚至三倍的任务，你觉得领导对你不公平。你的感觉是对的。但是你不能拒绝接受，否则你就错失了将来当"皇帝"的机会，所以聪明人不会拒绝领导安排的工作。你领一份薪水，做三人份、四人份的工作，一年这样，两年这样，五年这样，天道最后是公平的，所以到时候连升三级的人是你而不是别人。所有的事情你都会做，所有的事情你都能做，所有的人你都见过，所有的人都看到你的能力，于是你就这样成长了。所以，以后在办公室，不要计较人家给你的任务，明白吗？

第四爻："九四，或跃在渊，无咎。"差一步就是帝王，但是你现在不是帝王，却要做帝王应该做的所有事情，而且你的姿态绝对不能像帝王。所以，大臣永远是这样的，总干事、秘书长永远是这样子。到了这个位阶，你所有的任务都要完成，但是绝对不要邀功。你所有的人际关系都重要，但是最重要的是跟领导的关系。不要在这一件事情上犯错误，因为决定权在领导手上。

第五爻："九五，飞龙在天，利见大人。"天下安危系于一人之身，所有人的功劳都是你的功劳。如果当年楚王用了年轻的屈原，国家蒸蒸日上，是楚王的功劳；后来楚王不用屈原，国家衰败了，责任也在楚王。

第六爻："上九，亢龙有悔。"在最高的领导位置坐久了是很辛苦的，因为你要非常严厉、赏罚分明。你喜欢的人犯错了，你可以不罚吗？如果你不能秉公处理，你就不适合在这个位置上。君王是法律的最后一道防线，也是破坏法律的始作俑者。要想国家强大就必须严明法律，赏罚分明。

第二个卦是坤卦（䷁），全部是阴爻，可直接给它定位为"宰相的成长与命运"。我自己从上大学开始，一直在扮演总干事、副总干事、秘书长、副秘书长的角色。这种角色是什么？就像宰相。宰相是什么？宰相肚里能撑船。宰相不是君王，所以宰相要明白一个道理，所有人马都是君王的人马，要配合君王将国家治理好。管仲辅佐齐桓公称霸天下，这就是宰相能扮演的最好的角色。

一个人如何能够成为宰相呢？第一爻："初六，履霜，坚冰至。"看到霜就知道不久河面要结冰，对于事情的发展演变了如指掌。一个人在年轻的时候就要非常用功学习，积攒力量。孔子说："吾十有五而志于学。"但十五岁才志于学，太晚了。我们今天在座有这么多幼儿园的小朋友，从现在开始就要志于学了。我现在60岁了，常常幻想如果我能够变成20岁，以我今天懂得的道理去成长，那么我今天的人生就完全不一样了。所以我现在要努力教书，让20岁的年轻人就能够懂得许多道理。年轻人要读哪些书呢？《周易》是其中一部，因为比较难读，可以放在后面去读。"四书"当然是非常基础的，老子、庄子、韩非子的书也要读，《人物志》也要读，这几部书你都读了的话，你就可能为社会做出贡献。

第二爻："六二，直方大，不习，无不利。"以正直、规矩、宽大的态度承担重任，就算不是特别熟悉的事情都会做得非常圆满，为什么？人家已经准备好了充分的知识、能力、技巧。

第三爻："含章可贞，或从王事，无成有终。"对于将来要做宰相的人，在成长的过程中，要经历的第三爻是关键时刻。如果说一二三是基层干部，四五六是高层，那么"五"是高层核心。所以五是帝王、是董事长，四就是经理、总经理、部长这个位阶。"三"呢？就在"二"跟"四"中间不上不下。这时候要怎么做呢？"含章可贞"，内心怀抱着美好的品格，"或从王事"，只要是公家的事情，就全力以赴，协助第四爻，帮助第二爻，做好上下沟通的工作。"无成"，成功不在我的身上；"有终"，这件事情圆满地完成。哪一天第四爻有空缺的机会，第二爻希望升上去的人是第三爻。就算第三爻没有升上去，也应该扮演这样的角色，这才是真正的正人君子。

当你到了第四爻，就是高阶的主管。任何高阶的主管都必须有能力，否则就不能坐在这个位置上，所以所有该你办的事情都要办成功。办成功之后，"括囊"，将袋子口闭起来，也就是说将你的嘴巴闭起来，不邀功。难道人家不知道你能干吗？人家就是怕你太邀功，所以不想赞美你，不想夸奖你，所以你不要邀功，坐在这个位置上就是你人生最大的福报。不忘初心，牢记使命，就是讲给高阶主管听的，不是讲给基层士兵听的。你将必须完成的事情完成后要谦虚，不要高调，叫"无誉"。你把别人犯的错误消解掉，然后又不炫耀，"无咎"。这样，在单位谁也离不开你，因为出了事情只有靠你才能摆平；好事只有靠你带领，大家才能够团结获得成功。这样，你的位置就坐得长长久久、稳稳当当了。

第五爻："黄裳元吉。"虽居君位，却不敢傲慢；穿着黄色的衣裳，却极尽谦虚之态。本来这种人才是不做帝王的，但是突然发生了情况，皇帝还很年轻却过世了，只能找一个幼小的王子做君王。小君王讲话不会有人听，肯定要你做代理君王的事。你一定要知道一件事情，即小君王总有一天会长大，长大之后会跟你抢权力，所以你要准备随时将权力交接给他。千万不要觉得我也可以做皇帝，否则就会走到第六爻。

第六爻："龙战于野，其血玄黄。"君王长大后来跟你争抢权力，你又不让，受苦受难的是天下百姓。

我们运用六爻位阶的思考方式来解读《周易》64卦，当然解读不完，所以挑几个卦跟大家解读，解读到最后再做一个《周易》整体的思考。

如屯卦（䷂）。读一个卦，知道这个卦象为什么叫这个卦名并不重要，重要的是知道六爻在讲什么。屯卦上坎下震，下卦是一个行动的卦，上卦是一个危险的卦，动入险中。你虽有雄心壮志，但这不是你统一天下的时机。屯卦就非常像朱元璋一开始"广积粮、高筑墙、缓称王"。第一爻"盘桓，利居贞，利建侯。"说明一开始时，你前路茫茫，只能建立一支小部队。到了第二爻的时候，你粗具规模，人家想来兼并你，但你心中想的是做帝王，所以你不接受人家的兼并。到了第三爻，你觉得自己成熟了，羽翼丰满了，准备逐鹿中原。你冲进去以后发现情势比你想象的严峻得多，所以你见好就收，无功而返。到了第四爻，你积攒力量，实力更强大，所有人都想跟你结盟。而对你来说，跟谁结盟都好，然后就在这个地方，高筑墙，广积粮，缓称王。但是屯卦有六个爻，故事还会继续发展。人性通常也是这个样子，也就是你想去争霸天下了，果然你抢得了优先位置，做了第一把手，但问题是整个时代都是动荡不安的，整个社会还有太多力量在掣肘你，因此在这个情况下，你没有办法让百姓安居乐业，那些跟你敌对的竞争势力你一个也没有消除，于是过了不久又从位置上被拉下来了。屯卦告诉我们，当环境非常恶劣的时候，你唯一该做的事情就是巩固自己，等待实力壮大。

蒙卦（䷃）是下坎上艮，意向是内险外阻，险而遇止，行进无方，处于蒙昧之局。怎么办呢？找到可信赖的人给你方案，你再去落实，你的人生也许就转危为安、再度光明了。第一爻："发蒙，利用刑人，用说桎梏，以往吝。"一开始你什么都不会，需要找到一个可以信赖的人来指导。比如说家里的小孩子才 2 岁，要不要问他想干吗？你可不可以放纵他？小孩在第 20 层楼的阳台窗户上爬来爬去，可以吗？不可以。如果你不管他，他会不会做这件事情？会的。所以你用一招，把他关起来。对于完全不通人事、在森林里面住了 30 年而突然跑到文明社会的原始人，你就必须把他关起来，然后慢慢地教他，最后才能还给他人权，还给他自由。一开始就把他关起来，然后找到了一个可以信赖的人，这是第二爻，我们就听他的话，他说什么就是什么，让他当家作主。第三爻，这种"蒙"的人里面，有一些人虽然没有出路，但他们认为自己很聪明，想要用自己的方式去找人合作、找人结盟，就不会有结果，"无攸利"。第四爻"困蒙，吝"。处在"蒙"中的人为什么"蒙"呢？因为他们从来不肯努力，从来不勤劳，与时代脱节，把自己困住了。第五爻还是君王之位。君王只要承认自己过去所犯的错误，愿意重用君子贤人，就一定有改过的机会。就像"童蒙"一样，承认自己"蒙"，当你掌握了关键位置，随时把权力的棒子交给正确的人，就可转危为安了。

需卦（䷄），下乾上坎。下面是一个君王的卦，上面是一个危险的卦。有刚健意志的人面对危险，会怎么办呢？会突破困难，只不过一开始需要等待，所以需卦是很棒的一个卦。一个意志力坚定、一定要击溃对方的领袖在备战，经过交战，占领对方国土，解决问题。这个卦是非常有图像性的。第一爻"需于郊，利用恒，无咎"。让你的部队在森林里面驻扎训练，但不是永远躲在里面，而是要从树林里面走出来，走到平坦的陆地上，想要占据河的对岸。第二爻"需于沙，小有言，终吉"。河的对岸是敌军，敌军后面是城堡，敌军看到你们从森林里出来，好像要跟你们打架的样子，开始对你嘲笑、揶揄、谩骂，说你们不是正义之师，说你们没有权力进攻，说你们设备不精良，说你们没有合法性。但是这一个意志坚定的领袖，不但没有被骂跑，反而一直往前走，走到接近河水泥泞的地方，一只脚踏下去陷入沼泽，还不退出来，敌人知道是真的要打他了，所以说是你自己招致了敌人。但是领袖意志坚定，在初九"需于郊"的时候就做好了足够的准备，不怕打这一仗。到了第四爻"需于血，出自穴"，就在河水上交战起来，血流成河，自己也会受伤、受损，但是敌人被你歼灭了，最后你赢了。你进入了河的对面，到了敌人的城堡里面，好好犒赏三军，享受胜利的庆功宴，这是第五爻"需于酒食，贞吉"。第六爻"入于穴，有不速之客三人来，敬之终吉"。对方的非军事人员即地方的士绅、国家文臣过来找你，希望你保留这个城池的元气，不要杀戮，他们归顺于你，要求你把这里建设好。你接受了建议，最终坐稳了位置。所以《周易》64卦，每卦六爻，讲两种逻辑：一种逻辑是事情发展的时段，第二种逻辑是对一个事情的不同位阶应有的反应。需卦是以时间为主，但也有阶层的思路。

讼卦（☰☵）就是不同位阶对同一件事情的反应策略。讼卦是乾上坎下。下面是危险，上面是刚健。明明是危险，你却还要去动，结果进入诉讼的格局，并且这个诉讼的格局，是基层跟高层的诉讼。讼卦六个爻辞就告诉你怎么处理这一件事情。初爻"不永所事，小有言，终吉"。你觉得很不爽快、不公平，个人利益受损，后来想一想，我不把力气放在这一件事情上，我大好的人生不是用来跟你吵架的，我努力用功、赚钱，前途光明灿烂。到了第二爻"不克讼，归而逋，其邑人，三百户，无眚"。第二爻是基层的干部，一个村庄的村主任，本来带着全村村民准备上京去抗议，但这一去，一是要花很多路费，二是稻田里的工作可能就荒废了，算盘打一打，觉得干这件事情好像不太值得。虽然那个政策对村庄不利，但只要努力，其实日子还可以过下去，所以"不克讼"，不上京去诉讼了，于是反而没事。第三爻"食旧德，贞厉，终吉。或从王事，无成"。地方有钱的士绅阶级，或者说像企业家盖了工厂，赚了钱，然而市政府下了一个命令，要提高工厂供水排水的检查标准，或者要测量工厂排放黑烟的浓度。这简直是找工厂的麻烦，因此企业家准备去诉讼。结果想一想：其实我已经赚了很多钱，多花一些成本在这些事情上，还是可以继续赚钱的。如果不去诉讼的话，一样过得了关，只是少赚一点钱，所以决定不去诉讼。"或从王事，无成"，接受政府的要求与安排，我没有什么新的利益，但也没有灾殃。到了第四爻"不克讼，复即命，渝安贞，吉"。高阶官员本来要下达命令，惩罚这个惩罚那个，结果基层百姓不跟你吵，地方干部也不跟你吵，企业家也不跟你吵了，所以我也不处理、惩罚他们了，既往不咎了，一切按照新的法律来做。第五爻是君王"讼元吉"，将这件事情看得清清楚楚，如果有诉讼他会处理得很清楚。第六爻"或锡之鞶带，终朝三褫之"。那个高阶官员，或其他人物借着这个法令的诉讼，强占别人的土地，抢夺百姓的资源。一开始，你也许可以得到，但是这个行为是不义的，所以最后不当的利益又被撤走了，所以高层不可以为了一己私利而利用法律欺压百姓。

如何学习《周易》的政治哲学和人生智慧呢？如师卦（䷆），五个阴爻、一个阳爻。这个阳爻在什么位置呢？一二三是基层的干部，四五六的五是高层领导。其中"五"是君王，"二"是基层干部，象征在下位的领导者带领所有的百姓、士兵，大家听命于他，这就是将在外君命有所不受。这个卦讲什么？将军、元帅领兵在外作战，这就有一套军事管理哲学。师卦六个爻，跟我们讲了军队管理的六个原则。

第一条"师出以律，否臧凶"。士兵不可以议论作战策略，要相信你的统帅，相信统帅对战争的布局。孔明不是最会打仗吗？他常常安排他的部队打败仗。如果他的将军总是想"我是一个常胜将军，为什么要打败仗呢？"，孔明的兵法就不会那么神奇了。孔明让军队打了败仗就往后退，敌军就追，追到某个特殊的地形，只要安插一小股部队，就能够歼灭大量的敌军。军队管理的第一个原则，"师出以律"，军法是最严格的。"否臧凶"是什么意思呢？士兵议论统帅作战的策略，会失败得更快。

第二个原则"在师中，吉无咎，王三锡命"。师卦第二爻为阳爻，其他都是阴爻，所以他就是元帅。他作为元帅，朝廷上其他老将军可能不服气：这个元帅一定会打胜仗吗？当然不一定。所以君王有一个责任，那就是召见大家，告诉大家自己要任命他，赐他一个什么高位。过几天君王又召集大臣，任命他为元帅，再加官奖赏。一而再、再而三地由君王亲口确认，大家必须听他的指挥。君王百分之一百地授权，打赢了是他的功劳，打败仗是我君王犯的错误，谁都不许说，必须如此做。第三爻"师或舆尸，凶"。不懂事的小将军带领小部队想去外面邀功，结果战败，将士兵的尸体用马车拖回来。第四爻"师左次，无咎"，比较高阶的将军沉得住气，虽然不服年轻元帅的领导，但接受他的部署，按兵不动，埋伏在某个地方守候，没有灾难。第五爻"田有禽，利执言，无咎。长子帅师，弟子舆尸，贞凶。"讲的是君王的田地被别人侵略了，一定要任命最优秀的军官做元帅，绝对不可以让其他人越界，否则就是弟子舆尸了。这句话告诉君王军队管理和元帅任命的原则。第六爻"大君有命，开国承家，小人勿用。"战争打完了，国家转危为安，继续管理自己的家园，不要让小人做大官，一定让有用的人做大官，小人勿用。以上就是师卦讲的六个战争时期军事管理原则。主要是位阶思维。

接下来的几个卦，我只讲比较重要的一个原则，说明《周易》的思考方式。比卦（䷇），一个阳爻，其他都是阴爻。这个阳爻在什么位置？第五爻君王的位置。这个卦说明了百年不遇的明主诞生了，所有的人都要向他靠拢，因为他能力强、有智慧，能够领导一切。但是有些人并不想向他靠拢，不想投靠他，不愿意接受他的任命。这个君王就采取这样一种态度：你们不愿意就算了，比如我去打猎，只将三面围起来，如果这个动物跑得快，从另一面溜掉，那就让它溜掉。这就是帝王的胸襟格局。

小畜卦（䷈）只有一个阴爻，其他五个都是阳爻，碰到这种情况就以单阴或者单阳为男主角或女主角，以他的位阶为他的角色定位。第四爻是什么位阶呢？大官的位阶。五个阳爻表示什么？皇帝从皇子到太子到君王的位阶，是慢慢成长的一个过程。小畜卦从两个人的关系看，就是大臣培养君王。各位爸爸妈妈，如果你家里有独生子女，这跟你们与独生子女的关系也是很像的。一开始小君王绝对乖乖地听这位大臣的话，因为他自己还小，处于"初九"的阶段。到了九二，差不多是初中生的年纪了，他有一些自己想做的事，但是大臣不让他做，他也听大臣的话，大臣可以把他牵回来。到了第三爻，相当于小君王到了上高中、大学这个阶段了，有更多想做的事情，大臣不想让他做，他不想听大臣的话，就直接跟大臣反目。大臣跟年轻的君王起冲突了，国家不知道何去何从。所幸惹了不少事情之后，小皇帝知道治理国家没有那么容易，还是好好听大臣的话，接受大臣的建议与政策，"有孚，血去惕出，无咎"，坏事都没有了。第五爻讲的是君王本身。这位君王已经四十多岁了，成熟了，治理国家非常认真，百姓丰衣足食。

"富以其邻"，让百姓赚钱过好日子，他完全能够独当一面。这个时候小畜卦讲的一个重点是，大臣已经功德圆满了，在第四爻这个阶段角色就要停止了，之后就是君王的角色。结果大臣还不愿意停止角色，到第六爻的时候，大臣还想要给君王提意见。"既雨既处，尚德载，妇贞厉。"君王已经把国家治理好了，雨下来了，土地获得滋润了，国家治理好了，大臣还婆婆妈妈地跟他讲这个讲那个，那就有危险了。"月几望，君子征凶"，月到了望日就要往下走了，所以在功德圆满的时候，大臣就要告老还乡，过幸福快乐的生活；否则的话，君王会亲自处理大臣，因为大臣直接威胁到君王的权力。

履卦（☰），乾上兑下，喜悦面圣，小官赔笑脸的哲学。为什么是这样子呢？因为第三爻是一个阴爻，柔性的角色。第三爻处在不上不下的位阶，以他为主角，所以他就像赔笑脸的小官一样。下卦是兑，上卦是天，等于也是君王，喜悦地面对君王。喜悦地面对君王，谁处理得最好呢？古代宫廷中的太监处理得最好。为什么要这样面对君王呢？没有办法，这个君王个性太强。但他又不是没有能力、倒行逆施的君王，只是脾气不太好，所以所有的官员只能唯唯诺诺、卑躬屈膝地伺候君王。这位官员取悦君王虽然做得很好，但是当他对于其他人时，面目马上就变成狰狞的，这个官员所犯的错误就是履卦的第三爻。"眇能视，跛能履，履虎尾，咥人，凶。武人为于大君。"你不是君却自以为是君，你就犯了大忌讳，越界了。相反，如果谨慎事君，则君无不悦，而中至吉。

泰卦（☰）在讲什么呢？泰卦下面是一个乾，是天；上面是一个坤，是地。天应该在上面，结果跑到下面了；地应该在下面，结果跑到上面了。天地怎么颠倒了？天地颠倒了谁都不舒服，天想往上爬，地想往下滚，所以天地交泰，故而一切事情都有了通路，大家都在积极地寻找出路。虽然处在一个天下大乱的时代，因为一切都在交流中，所以一些坏的事情被公开后反而很好，大家都在采取相应行动，寻找时机，这时来做事，真可谓大开大阖、披荆斩棘、无往不利了。第一爻，除恶务尽。第二爻是召集天下英雄，用人唯才而不是唯亲，把任何事情都做好。第三爻，什么事情都改正了。第四爻，位阶高的人，把事情都完成，不用担心被替代。到了第五爻，君王主动跟百姓结婚、结盟，站在人民这一边，那就是太美好的事情了。泰卦最特别的是在第六爻！"城复于隍，勿用师。自邑告命，贞吝。"城墙倒下来掉到护城河里。这是什么意思呢？允许百姓做任何想做的事情，与人民沟通，放下自己的身段与既得利益，重新建构一个新的体制。物极必反，这才是泰卦所讲的原理。

否卦（▓），乾上坤下。否卦讲的是什么？大功告成，不意竟疏忽。天下大事已定，所以君子都在上面。但是基层呢？好像战争打完了，重要的位置都是优秀人才，大家没有危险意识，基层的位置又开始被小人占领。小人不是一个集团，小人不过就是人性，可以同甘苦共患难却不能同安乐。安乐的时代，人性的恶劣又跑出来了，又会有一些小人的行为，所以基层弄不好。但是否卦是天下太平、能力强的人在高层，绝对可以扭转乾坤，只要高层的人自我改正，便可防止基层的过失，所以否卦提醒高层的人：一不小心就会翻跟头，所以要像之前创业那样谨慎，否则人性会自动攀比贪婪，小人容易从中获得渔翁之利，事情就做不好。

三、从《周易》六爻谈人生的阶段性角色

接下来，从《周易》六爻谈谈人生的阶段性角色。

第一爻，新进人员；第二爻，基层干部；第三爻，资深基层人员、外放边疆主管；第四爻，中央高层主管；第五爻，唯一领袖、董事长、国君；第六爻，将要退休但还在体制内的现任高阶主管。大家只要是在职场上工作，就一定在其中一个位阶。不同的职场有不同位阶的角色，每个位阶有一个固定的命运，跟这个机构有关系。第一爻，事不关己，不论好坏。第二爻，受命承担，喜得荣誉。第三爻，不上不下，凶险危难。在基层又是资深人员，不上不下，会成为上下交锋的夹心饼干。第四爻，身居高位，战战兢兢。这一爻位阶高、资源多，人员之间为获得私人资源而争斗。第五爻，最高领袖，天下安危系于一人之身。成功都是因为领袖用人得当，失败都是因为领袖用人失当。政策对了天下得利，政策错了天下遭殃。到底要用什么政策，领袖要询问专家，领袖要让国家最优秀的专家负责这个领域的业务。第六爻，功成身退，荣华富贵。到了第六爻的时候，领袖的任务就是告退，绝对不要再忧国忧民，不要担心国家的大事。

了解了人生不同位阶的角色后，我们该扮演什么角色呢？当你在第一爻的时候，要沉潜学习，低调不张扬，实践求成长。当领导要你做事情的时候，你不可以谦虚地说自己能力不行而推辞，因为领导是要历练你。领导可以历练你，也可

以历练别人，但领导觉得你有潜力，给你一个机会做事，所以你要勇于承担。第二爻告诉我们：承担炼意志，勇敢学能力，服务得荣誉。

第三爻，夹心饼干。有两种出路：第一种，儒家与老子的出路，忍耐再学习，一心为团体，坚忍以待变。像刚才讲的坤卦的六三，"含章可贞，或从王事"，只要是公家的事情我都认真地做，总有一天我可以升到第四爻，然后我去施展我的抱负，发挥我的才华。第二种是庄子哲学给我们的出路，即专心做自己，自在得解脱，逍遥又快活。你为什么选择这条出路呢？因为这个高层不行，这个集团不行，升上去只能是为虎作伥，所以我做好自己，就待在基层。

第四爻，谦虚且收敛，合作以成事，圆融得福报。君王说这个事情有谁要做，你说我没有这个能力，要换别人做，你这样做就对了。为什么？因为所有人都想做，所有人都有能力做，所有人都想要抢这个事情做，如果你第一个出手抢这个事情，你就有可能被砍头了，这叫作不敢为天下先。在基层要敢为天下先，到了高层要不敢为天下先。敢为天下先是因为别人没有能力，也不敢来抢事情做，所以需要你。不敢为天下先是因为你太有能力了，但是别人也有能力，这件事情你有能力做，做了会成功，成功了后对社会有帮助，自己会获得功劳，但是其他人也一样有能力获得成功，也一样对社会有帮助，也会得到功劳，其他人都有能力的时候，这个时候不敢为天下先，道理非常清楚。

第五爻，主宰却无我，政策与人事，保位安天下。主宰一切权力，但是要绝对的无我。因为天下就是你的，你若还有私心，那你就德不配位了。政策跟人事都是最重要的，但是人事尤其比政策重要，人事之重要在于你有胸襟，愿意让有能力的人掌握最重要位置的权力。你之所以有这个胸襟，是因为你有理想，有仁德之心，所以一个有儒者胸怀的人成为了最高的领袖，他就能够不嫉妒人才。但是我要再强调一件事情，如果真的是人才，到了第四爻，一定要谦虚，否则绝对不是人才。为自己的名誉、荣誉计较的人都不是大人才，大人才到了第三爻、第四爻，就要遮蔽自己的荣誉，把事情做好才是唯一重要的事情。第五爻的人若没有这个胸襟，就没有办法欣赏优秀人才，而优秀人才没有这个智慧，就不懂得遮蔽自己的光芒。于是君臣虽然都是聪明人，都是优秀的人才，碰到一起却相撞，那么百姓就没有好日子过了，第五爻的逻辑就是这样的，就是要无我无私，有胸襟而用人为重。

第六爻，快乐获长寿，盘整人生事，智慧求永恒。你的任务就是快乐求长寿，把人生的事情处理好。你的人生最后还有一件事情要去面对，大家知道是什么事情吗？死亡。我们看过太多的长辈，甚至朋友的死亡，百分之几是好死，百分之几是死得很痛苦。我们都知道自己也会有那一天，我们当然希望自己是好死，不会是痛苦死。什么叫作好死呢？当你退休以后健健康康的，每天可以跟朋友喝茶聊天，时不时还出去旅游，快快乐乐、健健康康的，从来不进医院，慢慢地、安静地活过超过95岁，或者100岁。我想念的人全部在另一个世界等我。所以当你到了这个位阶，管好你自己，就是替别人省事。

四、以六爻架构谈社会阶级

大家也许会想一个问题：初爻就是基层人员，这个社会上许多人都是基层人员，而且一辈子都是基层人员，永远都是被领导者，这样的人占社会人数的比例是多少？我每次演讲提问，听众告诉我人数的百分比都超过我的想象，在开始演讲的时候，我很客气地说超过50%，听众常常说到了70%、80%，甚至90%。

从第二爻开始就是要照顾第一爻的人。有没有人一辈子都是第二爻的人呢？有的。公务员、老师、基层干部永远在第一线。所以，一个国家、社会，只要基层干部是稳定的，这个社会就是稳定的。所以我们需要一堆又一堆的基层干部坚守阵地，成为人民的英雄。

第三爻，是体制内基层资深人员或外放人才。如体制外个体户、自由职业者、遗世独居者、艺术家、小说家、文学家。企业家也可以属于第三爻，因为企业家不依靠社会体制的角色过日子，专业的门槛高，有自己的特殊技艺，能够把自己照顾得很好。但其前提是社会非常稳定，天下太平，富庶繁荣。越富庶繁荣的社会就有越多人做天才、做快乐的自己、做达人，使社会多彩多姿，这就是最好的社会。

第四爻，有政府高层官员、私人公司高层主管、各专业领域的高级工程师。天下太平，每个人只要有能力，社会一定给你机会，这是大有卦。有能力的人今生一定会绽放在第四爻，扮演好角色，功成身退，累积福报。

第五爻，是极少数的，只有极少的特别人才适合做第五爻。

　　最后是第六爻，这个社会有人没有经历过第一、二、三、四、五爻，直接到第六爻。富三代贵三代，他们的人生就是幸福快乐地活到老。另外还有人，如宗教家、哲学家、慈善家，不靠社会体制的帮助，以自己的财富、自己的智慧，成为什么观念的宣扬者，或者是慈善机构的负责人，这都属于第六爻的人。

　　中华民族的国学学派，恰恰可以与这六爻对应。第一爻墨家。墨家站在老百姓的角度讲话，主张善行，追求尚同，要求保护人民的生命财产，从体制外关怀基层百姓。第二爻儒家。儒家敬鬼神而远之。为什么？因为儒家认为治理国家要靠专业知识，讲究学而优则仕，主动承担社会责任，注重君子小人之辨，在体制内关怀天下百姓。第三爻庄子哲学。庄子哲学追求体制外的自由，是个人主义、自由主义，非集体主义。第四爻老子哲学。老子哲学是天下哲学、领导哲学。现在讲领导有两个意思：一个是指长官、主管，另一个是指从事领导的工作。一个人要领导众人，但领导不是统治。君王可以统治，但是管理的内涵是领导，领导的核心是服务，服务的绝对精神是让利。老子哲学跟儒家哲学是相辅相成的，老子哲学是让利领导，儒家是利他奉献。如何领导？把好处给你，你跟着我一起做对天下人有利的事情。当然这也是儒家的思想，但是老子讲透了。第五爻君王的哲学，法家的哲学说得更透彻。儒家也好，道家也好，甚至佛家也好，都教我们做好人。孔子不是帝王，老子不是帝王，庄子不是帝王，释迦牟尼不是帝王，商鞅、韩非子也不是帝王，但是他们接近帝王，所以才了解角色。不是智商高的人没有办法做好帝王。中华民族的圣贤有多少位？中华民族的圣王有多少位？请问圣贤多还是圣王多？当然是圣贤多。做圣王要难一些。法家把问题讲清楚了，讲得很露骨。如何让大家接受唯一的法律呢？控制人、管理人的"术"非常多，其中最重要的一条就是赏罚分明。有功一定要赏，有过一定要罚。做单位主管的人，要去学学韩非子，才知道怎么管理。当到第六爻，就是面对生死的问题、命运的问题了。在中华民族的许多学派里面，佛教哲学直面这个问题。我们可以信，也可以不信。如果我们退休以后学学佛学，也许对我们有用。

　　谢谢大家！

（王琦整理并经主讲嘉宾最终审定）

现场互动

听众提问：杜教授，请问《周易》通常有一个起卦的仪式或者手法，不知道《周易》是如何通过起卦再去预判这个卦的？可以用什么形式来起卦呢？

杜保瑞：只要是起卦就是《易》，只要是《易》就是《周易》，不是说《周易》有另外的起卦方式，而是说所有的起卦方式就是《易》的起卦方式，也就是《周易》的起卦方式，所以你不管学的是哪一套，都是《周易》起卦的方式中的一套。关于起卦的方式，不同门派有不同的做法，梅花易数是最自然的，不用工具，把周围情况看一看，有几个人，后来发生了什么事情，从那个形象就可以起一个卦。所谓起卦就是起三爻的八卦。起三爻的八卦做什么呢？当你获得两个三爻的八卦，把它组合起来，就可以组成64卦中的一卦，借由起卦的某个意象联想就获得了某一个卦。古人的起卦是很有规矩的，50根蓍草拿走一根，分而为二，再拿走一根，四四一数，剩下拿走，不断地这样，最后得到六堆或者七堆或者九堆，通过四根四根一数的蓍草，得到六少阴或是七少阳或是八少阴或是九老阳，做几次才最后把卦象弄出来，所以古人的起卦还是比较麻烦的。比较简单的方法就是，你可以拿六个铜板，其中一个铜板贴一个小红纸，从下面往上面撒出去，初，然后二、三、四、五、上，自己约定好哪一面是阴、哪一面是阳，这样就弄出一个卦。那个小红纸的铜板在哪一个爻位上，哪个爻就是你要占筮的东西。所以起卦是很自由的一个事情，重点是得到某个卦象就可以了。

听众提问： 请问杜教授，《河图》《洛书》对于中华文明的指导意义是什么？

杜保瑞：《河图》《洛书》就是我刚才所说的，许许多多从术数的角度，把最神秘的数字、图案、符号放在许多不同的学科上来做解释。但是我想说明一点，今天飞机起飞、火箭升空、手机微信、信息传播跟《河图》《洛书》又是什么关系呢？一个符号跟一个工具之所以有用，是因为它们能做出具体的东西，而不是我们可以拿这些东西去解释什么。所以如果我们用《河图》《洛书》来比附现代已经知道为正确的某个物理学原理或化学原理，我们之所以知道这个物理学原理或化学原理，是物理学家搞出来的，是化学家搞出来的，不是《河图》《洛书》的作者当时就写出来的，也不是拿着《河图》《洛书》去比附物理学、化学原理就能创作出来的。所以，我们不要花力气做这样的比附工作，花这个力气还不如把"四书"读好，把老子或庄子的书读好。如果要学中国古代的天文历法当然可以，但我们要强调真知识。

听众提问： 杜教授，请问用《周易》的智慧如何看待屈原的命运？

杜保瑞： 这个问题问得太好了。屈原的早年十分风光，但在封建王朝的体制下，所有的权力都掌握在君王的手上。当一个王朝成熟以后，像否卦一样，基层往往被小人占据。我刚才也说小人不是一个集团、不是某个政党，而是人性。人到了那个位阶，如果不懂得修养自己，没有读圣贤书，就会变得自私自利。就算是读了圣贤书，而没有吸取老子谦虚的智慧，也会刚愎自用。所以楚国的高层官员要么自私自利、要么刚愎自用，始终没能真正让楚国强大起来。因此，当屈原不能跟他们虚与委蛇的时候，就只能被小人逐出权力核心。

我没有时间讲。如果给我 10 个小时，我会把 64 卦都讲完。64 卦中有一卦是大过卦。大过卦是什么意思呢？国家根基腐烂了，大厦将要倾倒之际，就算有人能做中流砥柱，也只是一时而已，国家最后还是会垮掉。屈原做过一段短时间的中流砥柱，但是楚国的根基腐烂了，所以垮掉了。屈原一生的客观命运（不是主观命运，因为他决定跳汨罗江），是王朝成长的必然的逻辑。因此，王朝要强盛，君王必须是 No.1 的人担任，大臣也必须是最优秀的人。但是大臣一定要懂得，不是君王做不了大臣，因此要懂得进退、谦逊守正。楚国后来被灭了，屈原做出了非常悲愤的选择，这样的选择跟王子比干、箕子都不一样。比干在朝廷上大骂，箕子装疯卖傻，在朝廷中奋斗到最后一刻。比干通过自己的骂彰显纣王无德，让天下人看清楚了周王朝取代商朝的必然趋势。比干死得轰轰烈烈，迎来了一个更好的时代。但是屈原没有机会扮演这样一个角色。当然，我们敬佩屈原的爱国精神，欣赏他写的诗，但是，我们无论如何不要模仿屈原跳汨罗江的那个动作。人要看自己的命运，看国家的命运，看民族的命运，看国际的命运，看天下的命运，甚至看地球的命运、看宇宙的命运。知识分子要为自己好好地活下来，过好自己的日子，这样才有机会承担天下的责任，鞠躬尽瘁，死而后已。

汨罗江是一条美丽的江，我希望每年举办国际龙舟比赛，请世界各国龙舟比赛的第一名、第二名到汨罗江来参加比赛。只有这里，才是国际龙舟比赛的总决赛场，才能够真正举办国际一流的龙舟比赛。

祝福汨罗江！

主持人：谢谢杜老师为我们分享了《周易》不同的卦对人生智慧的启迪。《周易》作为群经之首、大道之源，反映了中华民族对国家治理、社会发展、个人成长的经验总结，是人生智慧结晶，体现了先民们对人和人、人和社会、人和自然关系的一种思考与处理，深深地影响了中国人的精神世界、民族性格、社会习俗、审美心理。如《周易》"天行健，君子以自强不息"，就是我们每个人耳熟能详的名言，讲的是作人应该效法天道，刚健有为，积极进取，百折不挠；"地势坤，君子以厚德载物"，讲的是要效法大地无私承载万物的精神，要宽厚兼容，和而不同，这些都成为我们中华民族精神最深层的基因。又如"一阴一阳之谓道"，中国人很早发现天地运行及事物之间有阴阳两种相反相成的力量，这些也深深地影响了中国人的思维方式。在中华文化中类似"阴阳"的词语非常多，如上下、长短、刚柔、强弱、经纬、左右、前后、高低、难易等。正是由于中国人的这种辩证思维，所以中国人做事特别强调"中道"的原则，追求不偏不倚，把握分寸与刚刚好的那个"度"。由于杜教授对儒、道、佛等领域有深刻研究，所以能够用深入浅出的语言，把《周易》的高深理论与现实生活联系起来，给我们带来了一场思想盛宴。现在让我们以热烈的掌声再次感谢杜教授，感谢参与我们现场提问的听众。谢谢大家！

"香草美人地，诗韵汨罗江。"屈子书院讲坛下个月将继续开讲，邀请名家大咖与您一起亲近国学、共享经典。我们下期再见。

祝各位朋友身体健康，工作顺利，阖家美满！

（王琦整理并经主讲嘉宾最终审定）

    初见屈子书院,是在 2018 年的暑假。当我和先生及女儿沿着长长的阶梯来到屈子书院门口之时,立即被这座典雅、精致、古朴的书院"惊艳"了:那低调沉静的朱红色大门、古色古香的沅湘堂、恢宏大气的藏骚阁、小桥流水的亭台馆榭、错落有致的东西院落等,无不显示出这座书院的湘风楚韵与千古骚情,体现了建造者们的独特构思与匠心独运,呈现了千年屈子文化的特色与底蕴,而这正是我心目中"理想"的书院模样,不用增加一分,也不必减少一分。

    因各种机缘巧合,2018 年 12 月,中共汨罗市委、汨罗市人民政府聘请朱汉民教授和我分别担任屈子书院的院长与执行院长,负责书院的运营与管理,希望我们能够将屈子书院打造成湖南乃至全国知名的文化地标。如何激活屈子书院的功能,发挥其现代作用与价值,是当务之急。朱院长和我分析了汨罗当地的资源禀赋与文化特色,认为汨罗作为一个县级市,虽然有屈原这个文化IP,但本地没有大学作为依托,难以复制岳麓书院的成功之道。因此,我们确定了以中华优秀传统文化传播为导向的战略定位,启动屈子书院讲坛,与凤凰网湖南频道开展战略合作,构建了以现代信息技术为支持的文化传播平台，面向海内外推广与传播中华文化。每个月邀请国内外顶级专家来屈子书院演讲，采取"线下＋线上""文化＋融媒体"相结合的方式，挖掘屈子文化与湖湘文化地域资源，整合国内外传统文化研究与传播的优秀力量，打破时间与空间的限制，拉近学术与大众、传统与现代的距离，让中华优秀传统文化深入千家万户。屈子书院讲坛旨在为汨罗的文化建设、经济发展及文旅融合赋能，成为汨罗市委提出的文化汨罗战略的有机组成部分。每期讲坛，不仅能够在屈子书院公众号的"讲坛直播"上随时回看，而且后续新闻报道从前 3 期的 10 多家扩展到 100 多家，至第 10 期达到了 200 多家，屈子书院讲坛的影响力逐渐扩大，成为湖南省甚至全国的一个知名文化讲坛，获得了学界内外与社会大众的好评，极大地提高了汨罗的知名度，为汨罗经济文化发展做出了贡献。

从 2019 年 4 月开始到 2021 年 4 月，屈子书院讲坛虽然受到"新冠"疫情的影响不得不停讲 8 个月之久，但至今已经进行了 16 期，共计为线上线下近 780 万名听众带来了思想的盛宴与启迪。为了更好地传播国内外"学术大咖"的思想观点，传承文化经典，讲好中国故事，弘扬中国精神，书院讲坛 12 期紧密围绕着"儒学与中华传统文化"这个主题展开。专家们的演讲内容经过整理与校对后，汇集成册，以"家国情怀与文明传承"为题，予以编辑出版。同时，附上讲座直播二维码，让读者根据自己的喜好，既可以选择看文字，也可以直接观看讲坛直播。未来的屈子书院每 12 期讲座，都将选择一定的主题，出版一本专辑，做好中华优秀传统文化的传播与弘扬工作。

在打造屈子书院讲坛的过程中，我们不仅得到了中共湖南省委网络安全和信息化委员会办公室、湖南省文史研究馆、中共汨罗市委宣传部的精心指导，而且得到了湖南汨罗屈子文化园、汨罗市文旅集团有限公司、凤凰网湖南频道等单位的全力支持。中共汨罗市委书记喻文，市长朱平波，市政协主席彭千红，市委常委、常务副市长林治学，市委常委、宣传部部长王敏求，市委常委、市委办主任舒文治，副市长姚书茂等为讲坛的顺利举办创造了条件；汨罗市文旅集团董事长周征、总经理郭艳阳等为讲坛提供了各项人力、物力支持；凤凰网湖南站站长曾雪峰、执行总经理卢仕奇及其团队为讲坛直播与宣传付出了许多精力；屈子书院秘书处及汨罗文旅集团各相关单位的工作人员，秉持"人人均是汨罗市形象的代言人"的责任意识，为讲坛的成功举办倾注了大量心血。同时，屈子书院讲坛得到了线下与线上许多忠实粉丝的大力支持，每期现场听众在 100 至 400 不等，线上直播参与人数均在 40 万以上。

本书能够顺利付梓，凝结了许多人的心血与汗水。衷心感谢湖南大学出版社责任编辑王桂贞女士、美术编辑吴颖辉女士耐心而细致的工作，感谢屈子书院讲坛主讲嘉宾们的大力支持，以及许多为讲坛付出辛勤劳动、提供无私帮助的朋友们。

"香草美人地，诗韵汨罗江。"未来的屈子书院将秉承初心，守正创新，爱国忧民，修远求索，凝聚各方力量，关注社会发展，传承文化经典，共筑精神家园，为中华民族复兴的伟大梦想而贡献自己的力量。

王　琦

2021 年 4 月于长沙